CONSTANZE KURZ UND FRANK RIEGER

CYBERWAR – DIE GEFAHR AUS DEM NETZ

Constanze Kurz und Frank Rieger

CYBER WAR

DIE GEFAHR AUS DEM NETZ

**Wer uns bedroht
und wie wir uns wehren können**

C. Bertelsmann

MIX
Papier aus verantwortungsvollen Quellen
FSC® C014496

Verlagsgruppe Random House FSC® N001967

1. Auflage September 2018

Neumarkter Str. 28, 81673 München
Umschlag: Büro Jorge Schmidt, München
Umschlagmotiv: © deepadesigns/shutterstock
Gestaltung und Satz: Uhl + Massopust, Aalen
Gesetzt aus der Sabon
Druck und Bindung: GGP Media GmbH, Pößneck
Printed in Germany
ISBN 978-3-570-10351-7

www.cbertelsmann.de

Dieses Buch ist auch als E-Book erhältlich.

Inhalt

Einleitung

Das Schlachtfeld ist überall

Wir leben in einer durchdigitalisierten Welt. Unsere Abhängigkeit von Mobiltelefonen, Internet, Computern ist total. Auch wenn man selbst ohne vernetzte Geräte lebt: Der Strom aus der Steckdose, das Geld aus dem Automaten, die vollen Regale im Supermarkt, die Bahn zur Arbeit, die Fußballübertragung im Fernsehen, die Produktion von Autos und Maschinen – praktisch alle Aspekte des Lebens funktionieren nur, wenn Computer und Netze störungsfrei ihren Dienst verrichten. Fast alle diese Systeme, von denen die moderne Welt abhängt, weisen Schwachstellen, Angriffspunkte, Verwundbarkeiten auf. Früher war deren Ausnutzung nur ein Hobby für neugierige Hacker oder ein Mittel zum Zweck für Onlinekriminelle. Heute sind es jedoch Staaten, die mit ihren ungleich größeren Ressourcen den systematischen Angriff auf die Fundamente der digitalen Welt vorbereiten und auch erproben.

Kriegführung im digitalen Raum ist nicht gänzlich anders als bisherige Formen kriegerischer Auseinandersetzung, hinzukommen jedoch weitere Dimensionen wie Cyberspionage, Desinformations- und Einflussoperationen sowie strategische Aktivitäten zur Erringung von vorteilhaften Positionen. Ob es sich überhaupt um einen militärischen oder geheimdienstlichen Angriff handelt (und nicht etwa um normale Onlinekriminalität), wer der Urheber und was das eigentliche Ziel einer Attacke ist – nicht einmal auf die grundlegenden Fragen eines Konfliktes gibt es verlässliche Antworten.

Trotzdem – oder genau deswegen? – überschlagen sich Militärs und Geheimdienste seit einigen Jahren dabei, eigene Einheiten für Cyberangriffe aufzubauen. Es wird um Budgets und Befugnisse gerangelt und vor allem um talentiertes Personal geworben. Als durch die Enthüllungen von Edward Snowden ab Sommer 2013 klar wurde, wie umfangreich die Fähigkeiten der Amerikaner und Briten auf dem Gebiet der Cyberspionage sind, war die Begierde erst recht geweckt.

Computer und Netze sind die essenziellen Informationslebensadern der modernen Gesellschaften. Angriffe gegen sie können Teil einer umfassenderen Aggressionsstrategie sein. Deswegen tönen bei jedem Anzeichen eines größeren Cyberangriffs in den Lagezentren die Alarmsirenen: Wer weiß schon, ob es sich nicht um einen Vorstoß im Rahmen einer groß angelegten Offensive handelt, deren weitere Elemente man nur noch nicht gesehen hat? Die Grenzen und Mittel von Kriegen im Digitalzeitalter sind schwer auszumachen. Geschickte Kombinationen von Infrastrukturstörungen, Netzwerkangriffen und Trojanern im Konzert mit Desinformation (»Fake News«), Wahlbeeinflussung und politischen Aktionen können eine große Wirkung entfalten und eine Gegenwehr schwer machen.

Um eine Übersicht über das Treiben der verschiedenen Akteure und ihre Interessenlagen zu bekommen, wollen wir einen Blick hinter die Kulissen werfen. Dazu hilft es, sich vor Augen zu führen, wie sich die digitale Welt verändert hat, seit die Netze und Computer zu Schlachtfeldern geworden sind, auf denen sich allerhand potente Akteure tummeln.

Um verständlich zu machen, warum unsere Software und Hardware so verwundbar sind, werden wir erklären, welche Schwachstellen digitale Angreifer typischerweise ausnutzen und wie sie beim Bau ihrer Cyberwaffen vorgehen.

Zwar umweht der Mythos des Hackers den Cyberraum, doch die Praxis des Hackens hat in der Realität nur noch wenig zu tun mit den Darstellungen, die man aus Filmen oder Vorabendserien kennt. Die IT-Sicherheitsbranche hat sich längst professionalisiert und folgt den Regeln des Marktes, der mit den Geldern von Kriminellen, Geheimdiensten oder Militärs befeuert wird. Welche weiteren verschiedenen Akteure mit welchen Motiven ihren Anteil an der heutigen IT-Sicherheitsmisere haben, werden wir ebenfalls beleuchten.

Natürlich ist der Zeitpunkt des Buches fünf Jahre nach Beginn der Enthüllungen von Edward Snowden nicht zufällig. Nicht nur, weil es aus den Papieren, die er ans Licht der Öffentlichkeit gebracht hat, qualitativ und quantitativ viel Neues über die Praktiken der Geheimdienste zu lernen gab, sondern auch, weil nach Bekanntwerden dieser brisanten Informationen eine neue Diskussion beginnen konnte. Denn was nicht mehr zu leugnen ist, bedarf eben der Rechtfertigung. Im Nachgang des Snowden-Erdbebens kann heute ehrlicher über die strategischen Interessen der digitalen Angriffsmächte, allen voran der Vereinigten Staaten, gesprochen werden.

Staatlich finanzierte Cyberoperationen sind untrennbar verbunden mit dem irreführenden Begriff »Fake News«. Wir widmen daher ein Kapitel unseres Buches dem Komplex Desinformation und Einflussoperationen, in denen erhackte Informationen, Leaks und die destruktive Nutzung sozialer Medien eine zentrale Rolle spielen.

Der Begriff »Cyber« ist allein stehend im Englischen ein Synonym geworden für alles Digitale, zugleich aber vom amerikanischen Militär übernommen und allzu kriegerisch umgedeutet worden. Uns hat es zunächst widerstrebt, dem Buch den Titel »Cyberwar« zu geben. Denn er bringt zwangsläufig den Krieg in unsere zivilen Netze. Doch wenn man ehrlich auf die derzeitige Situation blickt, kommt man nicht umhin, die Anzeichen der kriegerischen Handlungen zu sehen: die immensen Summen für die digitalen Angriffe, der professionalisierte Waffenbau, die Strategien und Taktiken sowie die Militärs selbst als Akteure. Dabei ist es kein Zufall, dass die aktuellen Ausformungen des »Cyberwars« sich entlang der Kriege entwickeln, die mit konventionellen Waffen ausgetragen werden. Mehr noch, digitale und konventionelle Kriege wachsen immer stärker zusammen.

Auch wenn es vielen heute so vorkommen mag: Mit den derzeitigen katastrophalen Sicherheitsbedingungen von Hard- und Software muss sich niemand dauerhaft abfinden. Deswegen unterbreiten wir zum Schluss des Buches Vorschläge, wie man eine bessere und weniger verwundbare digitale Welt bauen könnte, in der die grassierende IT-Vertrauenskrise nach und nach überwunden werden kann. Dass allerdings der aktuelle Zustand in der IT-Sicherheit überwunden werden muss, ist eine Notwendigkeit. Diskutiert werden muss daher nicht das Ob, sondern nur noch das Wie.

1

Alarmstufe 2

Ein Cyberangriff und seine Folgen

Berlin, Ostersonntag, der 9. April 2023

Der Morgen ist kühl und feucht. Trotzdem sitzt Fjodor Bernhart auf dem Fahrrad. Er wird den ganzen Tag vor Monitoren verbringen und es bestenfalls kurz zur Kantine ins Nachbargebäude schaffen, deshalb braucht er die Bewegung am Morgen und Abend, egal wie das Wetter ist. Am Pförtnerhaus seiner Behörde hat sich eine Schlange gebildet, die Kollegen der Frühschicht im Gemeinsamen Cyber-Lagezentrum Deutschland sehen schon etwas genervt aus. Offenbar gibt es ein Problem mit der Zugangskontrollanlage. Der Pförtner wirkt zunehmend verzweifelt. Die Mutmaßungen von drei Dutzend Behörden-Nerds, was denn nun das Problem sein könnte, helfen auch nicht weiter.

Direkt vor Fjodor stehen zwei jüngere Beamte in der Schlange, einer spielt auf seinem Telefon einen Song vor und erzählt, wie er ihm gestern den Feierabend vermasselt hat. Als das Lied in seinem Musikstream lief, spielte plötzlich sein Auto verrückt. Die Fenster gingen auf, die Heizung stellte sich auf Maximalleistung, und der Bordassistent versuchte, nacheinander die Kontakte aus seinem Telefonbuch anzurufen, während auch noch der Warnblinker aktiviert wurde. Das alles passierte, erklärt der Autobesitzer dem Kollegen, weil der Song, so zumindest die erste Erkenntnis, neben einem sehr eingängigen Beat aus darin versteckten, nur für Maschinen hörbaren Sprachkommandos bestehe. Diese wiederum manipulieren die inzwischen überall in Autos verbauten Assistenzsysteme. Die beiden beschließen herauszufinden, wie viele andere Autofahrer das gleiche Problem hatten und ob die großen Musikstreaminganbieter das Lied schon von ihren Plattformen verbannt haben. Immerhin erledigen die Kollegen schon mal ihre Arbeit, bevor sie am Arbeitsplatz sind, denkt sich Fjodor beim Zuhören, während die Schlange immer länger wird.

Nach ein paar Minuten wird klar, dass die elektronische Zugangskontrolle wohl nicht so bald wieder in Gang zu setzen sein wird. Fjodor ist der ranghöchste Beamte, der hier auf Einlass wartet, also lässt er sich vom Pförtner das Festnetztelefon geben und verhandelt mit dem Schichtleiter der privaten Sicherheitsfirma, die das Gelände bewacht. Danach dürfen die Mitarbeiter nach Sichtkontrolle der Dienstausweise hereingelassen werden. Noch während sich die Schlange abbaut, beginnen erst Fjodors Telefon und wenig später auch die Geräte fast aller anderen Kollegen zu brummen und zu vibrieren. Die Schritte werden schneller, alle joggen zu der großen Betonhalle, in der das Lagezentrum gerade erst letzten Winter eröffnet worden ist.

Cyberalarm, Stufe 3. Das bedeutet, dass mehrere große oder wichtige Systeme betroffen sind, aber keine landesweite kritische Infrastruktur. Herbert Ganz, ein graubärtiger Zyniker, der seit Jahrzehnten im Staatsdienst ist und von dem es heißt, er sei früher beim BND gewesen, aber wegen irgendeines Skandals zum Cyber-Lagezentrum weggelobt worden, ist der Schichtleiter der Nachtschicht. Er brieft Fjodor kurz: Seit 5:45 Uhr, also genau zum Eintreffen der Frühschicht, die um sechs Uhr beginnt, zeigten die

Monitoring-Systeme mehrerer Internetprovider einen massiven Anstieg der übertragenen Datenmengen, zum Teil bis an die Kapazitätsgrenzen.

Es gibt schon reihenweise Warnungen, dass Banken und öffentliche Einrichtungen nicht erreichbar sind, auch Nutzer im Internet berichten darüber, zumindest soweit die Social-Media-Seiten noch funktionieren. Man wisse noch nichts Genaues, so Ganz in seinem Briefing, die automatischen Meldesysteme hätten aber reagiert und einen Stufe-3-Alarm ausgelöst. Er würde Fjodor empfehlen, nach Freiwilligen aus der Nachtschicht zu fragen, die noch dableiben könnten, das Ganze sehe für ihn nach einem größeren Ding aus. Er selbst müsse jetzt aber leider los, schließlich ist Ostern und die Familie …

Fjodor zögert kurz und folgt dann dem Ratschlag. Er stellt sich vor die große Monitorwand des Lagezentrums und bittet um Ruhe. »Wir haben es hier offenbar mit einem umfangreicheren Problem zu tun. Wenn das noch weiter eskaliert, kann es sein, dass wir, um genügend Personalstärke zu haben, Stufe 2 ausrufen müssen. Dann war es das ohnehin mit Ostern. Wer also noch dienstfähig ist und es irgendwie einrichten kann hierzubleiben, hebt bitte die Hand. Ich lasse Feldbetten in Konferenzraum 3 aufstellen, wenn Sie sich zwischendurch kurz hinlegen wollen. Und die Kantine wird gleich Kaffee und belegte Brötchen herüberbringen.« Gemurmel macht sich breit. Das klingt ernst. Knapp die Hälfte der Nachtschicht, meist jüngere Mitarbeiter ohne familiäre Verpflichtungen, hebt die Hand und bleibt zu einer zweiten Schicht.

Fjodor fährt fort: »Wir gehen nach dem gleichen Muster vor wie bei der Notfallübung im Februar. Zuerst Statusberichte von den Industrie-CERTs und den Providern einholen. Die Verbindungsbeamten nehmen Kontakt zu ihren Lagezentren bei BKA, Bundeswehr CNO, BSI, ZITiS, Verfassungsschutz, BND und NATO auf, ob dort schon eine Einschätzung vorliegt oder jemand eine Idee hat, was eigentlich los ist. Um die EU-Cyberkoordinationsstelle kümmere ich mich.« Fjodor nickt mit dem Kopf Richtung Presseteam: »Social-Media- und News-Monitoring auf das Stichwortmuster für Denial of Service und Hinweise auf neue Trojaner fokussieren, falls die Feeds noch erreichbar sind.« Wieder an alle gerichtet und mit Blick auf die Uhr fährt er fort: »Telefonkonferenz um sieben Uhr mit allen deutschen Behörden, danach Bericht an Innenministerium und Kanzleramt.« Wieder Richtung Presseteam, aber mit besonderer Betonung: »Frau Stolz, Presseanfragen bis auf Weiteres ohne konkrete Details beantworten: Wir wissen Bescheid und kümmern uns um das Problem. Rufen Sie bitte auch die Sprecher der anderen Behörden an, damit keiner mit halb garen Spekulationen aus der Reihe tanzt. Wenn irgendwo etwas Relevantes zu erfahren ist, kurze Zusammenfassung auf den Lageschirm. An die Arbeit!«

Die Meldungen kommen nun in schneller Folge. Das Problem betrifft nicht nur Deutschland, sondern praktisch die gesamte EU, Großbritannien, die Vereinigten Staaten, Australien und halb Asien. Die Übertragungskapazitäten der Internet Exchanges, an denen die großen Provider zusammengeschaltet werden, sind am Limit. Google, Facebook, YouTube und Twitter sind nur noch sporadisch und mit viel Glück erreichbar. Die Mobilfunknetze sind völlig überlastet, internetbasierte Festnetztelefone vollständig ausgefallen. Die Behördennetze funktionieren nur noch teilweise, Onlinebanking ist nicht mehr möglich, und Geldautomaten sind ausgefallen. Die Medien berichten inzwischen pausenlos, auch wenn sie nichts Substanzielles zu sagen haben.

Noch während der Telefonkonferenz mit den Lagezentren der anderen Behörden erhöht Fjodor um 7:10 Uhr die Alarmstufe auf 2. Stufe 1 ist für den Ausfall der Energieversorgung reserviert, die scheint jedoch noch ohne größere Probleme zu funktionieren. Der Krisenstab im Kanzleramt ist zusammengerufen worden. Weil über die Mobilfunknetze kaum noch Daten durchgehen, stößt die Alarmierung der Techniker allerorten auf große Schwierigkeiten. Fjodor hat auf dem kurzen Dienstweg die Feldjäger der Bundeswehr und die Bundespolizei, deren Funksysteme noch funktionieren, dazu herangezogen, wenigstens die von den verschiedenen Bundesbehörden an sein Lagezentrum abgestellten Mitarbeiter einzusammeln.

Der öffentliche Nahverkehr und die Bahn laufen zum Glück noch einigermaßen problemlos, auch wenn niemand mehr Fahrkarten an den Automaten kaufen oder in den Apps nachsehen kann, wann die Züge eigentlich fahren. Onlinezahlung ist so gut wie unmöglich, da kaum noch Internetverbindungen aufgebaut werden können. Damit fallen auch Taxi-Apps, Car-Sharing-Dienste oder das Ausleihen von Fahrrädern über Onlineplattformen aus.

Das Computer Emergency Response Team (CERT) beim Bundesamt für Sicherheit in der Informationstechnik (BSI) liefert schließlich um kurz vor halb acht einen ersten Hinweis darauf, was eigentlich gerade geschieht: Eine Vielzahl unterschiedlicher Digitalgeräte – Computer, Internetrouter, Fernseher, Mobiltelefone, »intelligente« Lautsprecher, vernetzte Produktionsmaschinen, aber auch Autos und internetbasierte Festnetztelefone – hat nahezu zeitgleich um 5:45 Uhr angefangen, Verbindungen zu allen möglichen

Servern im Netz aufzubauen und viele Daten zu übertragen. Die Anfragen an die Server weisen keine gemeinsame Charakteristik auf, die es erlauben würde, den Datenverkehr zu filtern, sie sehen für sich betrachtet eigentlich ganz normal aus. Sie kommen von überall her und gehen in alle Himmelsrichtungen. Es gibt kein konkretes identifizierbares Ziel, wie es normalerweise bei solchen Denial-of-Service-Angriffen der Fall ist.

Um neun Uhr beginnt die Krisensitzung im Bundeskanzleramt. Nicht alle Behörden und Ministerien sind mit ihren Chefs vertreten, viele sind im Osterurlaub, einige im Ausland. Die Videokonferenz-Verbindungen, auf denen normalerweise die Lagezentren der Behörden zugeschaltet werden, funktionieren nur teilweise. Als Erstes werden das Innenministerium, die Bundespolizei und die Bundeswehr angewiesen, mit ihren Fahrzeugen und Hubschraubern die wichtigen Fachkräfte in ihre Dienststellen zu bringen. Dies gilt auch für die Internetanbieter und IT-Sicherheitsfirmen, mit denen das BSI zusammenarbeitet. Der Cyber-Notstand wird intern ausgerufen.

Die erste Bilanz im Kanzleramt fällt gemischt aus. Der plötzliche Ausfall des Internets scheint keine größeren Verkehrsunfälle oder Ähnliches verursacht zu haben, Opfer sind bisher keine zu beklagen, das ist die gute Nachricht. Die Stromversorger melden, dass zwar der Stromhandel lahmgelegt ist und die Steuerung von Solar- und Windenergie versagt hat, aber die konventionellen Kraftwerke funktionieren. Außer den riesigen Mengen Datenverkehr hatten sie keine Anzeichen von Angriffen feststellen können. Die Tankstellen funktionieren zumindest für Barzahler noch. Durch das lange Wochenende sind die Supermärkte geschlossen, um die Lebensmittellogistik muss man sich also erst einmal keine Gedanken machen. Weil es noch früh am Morgen des Ostersonntags ist, sind noch keine Panikhandlungen zu verzeichnen, allerdings ist klar, dass es dazu kommen wird, sobald immer mehr Menschen aufwachen und bemerken, dass kaum noch etwas funktioniert.

Ein großes Problem sind die massenweise gestrandeten automatischen Lieferdrohnen. Um endlich die mit Kleintransportern zugestauten rechten Spuren in den Innenstädten freizubekommen und der notleidenden deutschen Autoindustrie wieder auf die Beine zu helfen, hatte die Regierung vor zwei Jahren eine aggressive Förderung von rollenden Auslieferdrohnen ›Made in Germany‹ beschlossen. Während der Vorweihnachtszeit Ende letzten Jahres hatte das Programm schon Wirkung gezeigt: Die Lieferdrohnen waren schlagartig hochpopulär geworden, nicht nur, weil es weniger Staus gab, sondern vor allem durch die Ausdehnung der Lieferzeiten in den späten Abend und über das gesamte Wochenende – die Roboterfahrzeuge haben schließlich keine Familie und keine Gewerkschaft.

Nun standen die Lieferdrohnen jedoch nutzlos in der Gegend herum und versperrten Straßen und Gehwege, viele machten dabei auf der Suche nach einer Netzverbindung nervtötende Geräusche. Immerhin gab es noch keine Berichte über Plünderungen oder Gewaltanwendungen gegen die Geräte. Das Innenministerium hatte alle Bundesländer vorsorglich um maximale Polizeipräsenz auf den Straßen gebeten. In als besonders gefährdet eingestuften Vierteln sollen möglichst schnell Beamte aus den Einsatzhundertschaften der Bundespolizei auf Patrouille gehen, um Randalen und Einbrüchen vorzubeugen. Der Cyber-Notstand wird langsam zum echten Ausnahmezustand.

»Wer war das? Hat sich schon irgendjemand dazu bekannt?«, lautet die erste Frage des Geheimdienstministers im Kanzleramt, nachdem die Statusberichte vorgetragen wurden und die vorbeugenden Maßnahmen gegen Unruhen und Plünderungen angeordnet sind. »Wir gehen von einem staatlichen oder terroristischen Angriff aus. Die Kollegen bei den Amerikanern denken das Gleiche. Einen solchen Angriff gab es noch nie, das sprengt alle Dimensionen!«, meldet sich Frauke Ebehard, die stellvertretende BND-Chefin und Zuständige für Cyberfragen zu Wort. Dieser Einschätzung schließt sich der Verfassungsschutz an. Das Innenministerium ist nur durch einen parlamentarischen Staatssekretär vertreten, der eigentlich für Flüchtlingsfragen zuständig ist und deshalb liebend gern seiner untergeordneten Behörde, dem BSI, das Wort überlässt. »Wir wissen bisher noch nichts über die Urheber. Die Kollegen in der Slowakei meldeten gerade, dass es ihnen gelungen ist, die Schadsoftware auf einem DSL-Router zu isolieren, die Analyse läuft aber gerade erst, und wir haben noch keine Ergebnisse. Wir versuchen das Gleiche, aber es wird ein paar Stunden dauern, bis wir irgendwas sagen können. Vom Umfang des Angriffs her würden wir aber auch von einem staatlichen Ursprung ausgehen.«

Während die Telefonkonferenz noch läuft, flimmert auf Al Jazeera ein Bekennervideo des »Nation of Islam Cyber Jihad« über die Bildschirme. »Wie sieht der BND das? Ist das glaubwürdig?«, will der Geheimdienstminister wissen. Frau Ebehard vom BND versucht es mit einer Antwort: »Wir haben das jetzt natürlich noch nicht analysieren können, aber diese Gruppe hat nach unserer Kenntnis bisher nichts weiter gemacht, als ein paar Medien-Webseiten anzugreifen. Das sieht so ganz aus dem Bauch heraus eher nach Trittbrettfahrerei aus, aber wir werden dem nachgehen und die befreundeten Geheimdienste in der Region anfragen.« Der Geheimdienstminister fragt in die Runde: »Wen haben wir sonst, der so was anrichten könnte?« Die BND-Frau sagt mit matter Stimme: »Unsere Lageeinschätzung in der Reihenfolge der Gefährlichkeit führt Russland, China, Iran, Nordkorea und danach ein paar kleinere Staaten auf. Wir holen gerade noch die Meinung der Partnerdienste ein.«

Der Vertreter der Bundeswehr, Generalmajor Schmal, meldet sich zu Wort: »Die NATO-Cyberzentrum-Krisensitzung findet um zehn Uhr statt, wir sind gerade dabei, die Pläne für Gegenschlagsoptionen für die wichtigsten Verdächtigen zu eruieren und dann mit den Partnern abzustimmen. Ein solcher Angriff kann nicht ohne Antwort bleiben!« Die Staatssekretärin aus dem Justizministerium hebt die Hand: »Ich sehe ja noch ein, dass wir die Bundeswehr heute hinzugebeten haben, aber – mit Verlaub – wir wissen doch bisher gar nicht, was geschehen ist. Was reden Sie da von Angriffen und offenbar einer militärischen Antwort?« Danach setzt ein kurzes Schweigen ein, das der Geheimdienstminister mit der Bemerkung unterbricht, dass die Frau Staatssekretärin vielleicht erst Rücksprache mit der Ministerin halten solle, ehe sie versuche, Optionen von vorneherein auszuschließen.

Fjodor, der bisher außer seinem Statusreport nichts gesagt hat, bringt eine Idee vor, die eine Kollegin ihm kurz vor der Konferenz geschickt hat: »Wir werden mit den Internetanbietern und den Partnerbehörden in den anderen EU-Staaten versuchen herauszubekommen, welche Länder weniger oder gar nicht betroffen sind. Vielleicht hilft das ja bei der Eingrenzung der Verdächtigen. Dazu bräuchten wir aber auch eine Priorisierung auf den BND-Überwachungspunkten und Hilfe von den deutschen Botschaften.« – »Machen

Sie das, so schnell es geht«, weist der Kanzleramtsminister an. »Frau Ebehard, sehen Sie zu, dass das Lagezentrum alle Unterstützung bekommt, die es braucht!« Die stellvertretende BND-Chefin wiegt den Kopf: »Wir haben da ein paar Probleme, viele unserer ausländischen Ausleitungspunkte sind auch über das Internet angebunden und liefern derzeit nicht. Die NSA hat das gleiche Problem, sie versuchen gerade, auf Satelliten auszuweichen, um das zu umgehen.« – »So geht es uns auch«, meldet sich das Außenministerium, »wir erreichen unsere Botschaften gerade fast nur auf Kurzwelle und ...« – »Dann eben nachfragen, in welchen Ländern das Internet gerade noch geht und wo nicht, das sollte darüber ja wohl möglich sein!«, fällt ihm der Geheimdienstminister ins Wort. Der barsche Tonfall verbirgt kaum seine Verunsicherung.

Nächster Tagesordnungspunkt: Was kann kurzfristig getan werden, um die Lage in den Griff zu bekommen? Das BSI empfiehlt, die Bürger über den Rundfunk dazu aufzufordern, den Datenmodus ihrer Mobiltelefone zu deaktivieren, oder die Geräte ganz auszuschalten und zugleich die Provider anzuweisen, die Internetanschlüsse in den Haushalten lahmzulegen, um die Menge des Datenverkehrs wenigstens so weit zu reduzieren, dass die grundlegenden Funktionen noch gewährleistet oder wieder angefahren werden können. Die Datenübertragung im Mobilfunk vollständig zu deaktivieren, würde das Chaos nur noch verschlimmern, da sowohl Behörden als auch die Industrie darauf angewiesen sind. Die Hoffnung ist, dass die Bürger durch das Ausschalten ihrer Geräte die Netze wieder für die wichtigen Dinge benutzbar machen.

Deutschland ist schließlich dabei aufzuwachen und soll dann möglichst rasch offline gehen. Der Vertreter des Wirtschaftsministeriums merkt an, dass man keine gesetzliche Grundlage sehe, nach der man private Unternehmen dergestalt anweisen könnte. Das Kanzleramt will davon nichts hören. Dann solle sein Haus gefälligst eine finden, schließlich habe man genau dafür ja das BSI-Gesetz geändert. »Jetzt ist die Zeit zum Handeln, nicht für juristische Erbsenzählerei!«, beendet der Geheimdienstminister die Konferenz.

Um 14 Uhr tagt die nächste Krisensitzung. Der Netzwerkverkehr ist nach den Aufrufen im Radio und der Abschaltung der meisten Internetanschlüsse zwar zuerst etwas abgefallen, aber nicht weit genug, weil viele Menschen nach dem Aufwachen natürlich zuerst einmal ihre Telefone und Tablets angeschaltet haben, kein funktionierendes Internet zu Hause mehr vorfanden, ins Mobilfunknetz gingen und das Problem damit wieder verschlimmerten. Sprachtelefonie ist in den Mobilnetzen praktisch nur noch für die glücklichen Besitzer einer SIM-Karte mit Behördenpriorität möglich. Das neue 5G-Netz, angeblich konstruiert für gigantische Datenübertragungsraten, ist längst unter der Last von Dutzenden Millionen Endgeräten zusammengebrochen, die nach dem Einschalten alle sofort so viele Daten senden, wie sie nur irgendwie können.

Konventionelle Radioempfänger gibt es in vielen Haushalten nicht mehr. Ob Fernsehen, Hörfunk, Zeitungen, Nachrichtenseiten – der Medienkonsum hat sich fast vollständig ins Netz verlagert, auf das nun kaum noch zugegriffen werden kann. Viele private TV-Sender sind nicht mehr zu empfangen, da auch sie ihre Übertragung zu den Senderstandorten über das Internet abwickeln. Wer doch noch Nachrichten empfangen kann, hört, dass der Tonfall der Sprecher längst in den Katastrophenmodus gewechselt ist, den man bislang nur von der Berichterstattung über den GAU eines Atomkraftwerks kannte. Niemand weiß, was genau geschehen ist. Da es bislang nur eine kurze offizielle Meldung des BSI gibt, die wenig Informationen liefert, schießen die Spekulationen ins Kraut. Echte und selbst ernannte Experten füllen das Informationsloch mit allerhand Unsinn und Mutmaßungen, aber auch einigen sinnvollen Verhaltenshinweisen: Internetgeräte ausschalten, Radio oder, falls er noch funktioniert, Fernseher anmachen.

Nach wie vor werden die Server im Internet permanent mit Anfragen bombardiert, die Router sind allerorten überlastet. Die Internetprovider versuchen, was sie können, sind aber nun mit der Lage überfordert. Auch die meisten Behörden und Unternehmen sind betroffen: Statt eigener fester Leitungen haben sie sich auf verschlüsselte Virtual Private Networks durch das Internet verlassen, die nun natürlich kaum noch funktionieren.

Nachmittags wird das Lagebild langsam etwas klarer. Es gibt einige Länder, die weniger betroffen sind oder aus denen kein Netzwerk-Störverkehr kommt: Russland, Weißrussland, Thailand, Taiwan, Japan sowie einige kleinere Staaten wie die britischen Überseegebiete. China hat die Verbindungen ins Ausland weitgehend gekappt. Trotz der stark eingeschränkten Kommunikation, die eine internationale Kooperation beeinträchtigt, gibt es erste Analysen der Schadsoftware. Offenbar ist die Infektion über Monate erfolgt, sie betrifft praktisch alle Plattformen der modernen Informationsgesellschaft.

Dem Cyberzentrum der holländischen Behörden ist es gelungen, einen Infektionsprozess zu beobachten. Was sie darüber berichten, ist beängstigend: Die Schadsoftware suchte nach neuen Geräten im Netz, identifizierte das Betriebssystem und die darauf laufende Software und lud von Servern im Netz die passenden Einbruchswerkzeuge nach. Dabei war sie in den vergangenen Monaten so intelligent, langsam vorzugehen, sodass ihre Verbreitung bisher nicht aufgefallen war. Die NSA schickt an ihre Partnerdienste einen vertraulichen Bericht, wonach der Trojaner auch Einbruchsmethoden angewendet hat, die »uns bekannt, aber nicht öffentlich sind«. Mehr Details gibt die amerikanische Behörde jedoch nicht preis. An diesem Ostersonntag um fünf Uhr morgens stoppten die Neuinfektionen. 45 Minuten später schaltete die Software in den Angriffsmodus und begann, massiven Netzwerkverkehr zu generieren.

Das Cyber-Koordinationskomitee der NATO hatte sich am Vormittag auf 15 Uhr vertagt, um mehr Informationen abzuwarten. Die Cyber-Offensivkräfte aller Verbündeten wurden angehalten, ihre Optionen für Gegenschlagsoperationen gegen die üblichen Verdächtigen zu prüfen. Die US-Präsidentin tritt um 14.30 Uhr vor die Presse und verkündet, was die NSA ihren Partnerdiensten wenige Minuten zuvor per Eildepesche mitgeteilt hat: Die US-Dienste gehen davon aus, dass Russland hinter dem Angriff steckt. Über das Rote Telefon, die eigentlich zur Deeskalation im Falle eines drohenden Atomkrieges etablierte direkte Leitung vom Weißen Haus in den Kreml, habe sie den russischen Präsidenten gerade aufgefordert, den Angriff sofort zu beenden, sonst müsse Russland mit schwerwiegenden Konsequenzen rechnen.

Die Außenministerien der NATO-Staaten haben zeitgleich die russischen Botschafter in ihren Ländern einbestellt und die gleiche Nachricht übermittelt. Russland hält auf allen Kanälen dagegen: Man habe mit der Cyberattacke nichts zu tun und werde jede Aggression des Westens »robust« beantworten. Aus der Satellitenüberwachung der westlichen Dienste kommt die Nachricht, dass unmittelbar nach dem Anruf der US-Präsidentin die russische Armee aus ihren Kasernen in weit verstreute Bereitstellungsräume ausrückt, viele Atom-U-Boote auslaufen und die Marine die Häfen verlässt. Die Atomstreitkräfte sind ohnehin schon im erhöhten Alarmzustand.

Quellen des Mossad auf unteren Ebenen des russischen Militärs haben zwar auch keine Anhaltspunkte für eine russische Urheberschaft des Angriffs, berichten aber, dass Russland mit einem Kriegsausbruch rechnet. Das wird als Zeichen dafür interpretiert, dass die Operation auf allerhöchster Ebene geplant und gesteuert worden sein muss, in der keiner der westlichen Dienste zuverlässige Informanten hat. NATO und EU mobilisieren ihre schnellen Reaktionskräfte. Die Armeen der NATO-Staaten bereiten die Aktivierung ihrer Reserven vor. Die US-Streitkräfte gehen auf Alarmstufe DEFCON 3 und bereiten sich auf DEFCON 2 vor.

Die Telefonkonferenz der NATO-Regierungschefs kommt auf der Basis ihrer Geheimdiensterkenntnisse zu dem Schluss, dass es an der Zeit ist für einen »Warnschuss«, der in Form eines konzertierten Cyberangriffs auf die russischen Regierungsnetze, die Medien und die Bankeninfrastruktur erfolgen soll. Weiterhin sollen das russische Telefonnetz lahmgelegt und russische Internetfirmen aus dem Netz geschossen werden. Aus Sorge vor einer militärischen Eskalation und Angst, die Zugänge zu verlieren, die für die digitale Spionage und das Abhören der russischen Regierungskommunikation wichtig sind, werden das Mobilfunknetz im Raum Moskau und alle militärischen Systeme auf eine Tabu-Liste gesetzt, die keinesfalls angegriffen werden sollen. Man will schließlich nicht noch blinder werden, als man ohnehin schon ist.

Die Zielplaner setzen sechs Uhr abends Moskauer Zeit als Beginn des Angriffs fest, jedes Land hat eine Liste der Ziele eingereicht, die es angreifen kann, um Dopplungen zu vermeiden. In der Abteilung Cyber Network Operations (CNO) der Bundeswehr herrscht hektische Betriebsamkeit, die Verteidigungsministerin ist trotz Ostern persönlich anwesend. Die Cyberkrieger stehen vor einem komplizierten Problem: Um die zugewiesenen Ziele in Russland zu attackieren, muss man irgendwie eine Netzverbindung zu ihnen bekommen. Mithilfe des Kanzleramts und der NATO werden deshalb verschiedene europäische Netzwerkanbieter verpflichtet, direkten Zugang zu ihren Glasfaserleitungen nach Russland zu ermöglichen. Nicht alle stehen jedoch Gewehr bei Fuß, sie haben ohnehin mit ihren Oster-Rumpfmannschaften alle Hände voll zu tun. Manche stellen Nachfragen und verlangen formale Anordnungen des Innenministeriums. Nicht alle sind bereit, sich lediglich auf Zuruf zum Handlanger der Bundeswehr zu machen.

Die CNO-Kommandos der Bundeswehr packen nach einer kurzen Ansprache der Ministerin ihre Sachen und machen sich auf den Weg zum militärischen Teil des Flughafens Frankfurt/Main, von wo sie nach Gdansk, Tallin, Kiew, Stockholm und Helsinki geflogen werden. Zwei Teams bleiben in Frankfurt. Über die dortige Fastline-Glasfaser werden sie versuchen, direkt Smolensk anzugreifen. Zur Koordination haben sie Satellitentelefone bekommen. Die Stimmung ist hochgradig angespannt, auf dem Hauptschirm sind alle Indikatoren zu sehen, die darauf hinweisen könnten, dass auch Russland seine Außenverbindungen gekappt hat. Doch bisher sieht alles gut aus, die Leitungen stehen noch.

Kurz nach 20 Uhr rennt der Leiter der Schadsoftware-Analyseabteilung des BSI, Franz Blau, so schnell ihn seine Beine tragen durch die endlos langen, trostlosen Behördenflure des Bundesamts in Bonn. In der Nachrichtenzentrale angekommen, lässt er sich per Videoschaltung sofort mit dem Cyber-Lagezentrum verbinden. Ein privater Sicherheitsforscher, der gelegentlich Hinweise an die Behörde schickt, hat ohne Zutun der Behörden ein Exemplar der Schadsoftware analysiert und sich durch die diversen Schichten gegraben, die darin eine Analyse erschweren sollen. Was er gefunden hat, ändert die Lage grundlegend, erklärt Blau hektisch, sobald die Leitung steht: Punkt Mitternacht wird die Schadsoftware aufhören, Netzwerkverkehr zu senden, und sich dann selbst deaktivieren.

Ungläubige Verwunderung macht sich breit. »Sind wir uns absolut sicher, dass das so ist?«, will Fjodor zuerst wissen. Auf dem Bildschirm ist deutlich zu sehen, wie nervös Blau ist, der Schweiß rinnt ihm von der Stirn. »Wir haben die Analyse noch nicht selbst nachvollziehen können, aber wir kennen den Forscher. Und wir haben Folgendes getestet: Die infizierten Geräte und Mobiltelefone, denen wir auf die Schnelle eine falsche Uhrzeit vorgegaukelt oder eingestellt haben, hörten hier bei uns im Labornetz tatsächlich auf zu senden. Danach haben sie nicht wieder angefangen!«

Fjodor entscheidet schnell: »Sofort den BSI-Kurzbericht an alle Behörden, die NATO und die Partnerdienste schicken, als FLASH-Nachricht! Das Kanzleramt soll sofort Kontakt zu den Amerikanern aufnehmen. Frau Schwarz, machen Sie mir eine Leitung zur Bundesnetzagentur, vielleicht können die Provider ja die zentralen Uhren in ihren

Netzen nach vorne drehen! Und wir brauchen eine Pressemitteilung, die so schnell wie möglich über den Rundfunk geht und die Leute auffordert, die Uhren vorzustellen und dann ihre Geräte zu rebooten!« Hektische Aktivität bricht aus. Vielleicht gibt es ja eine Möglichkeit, doch noch ohne einen Krieg aus dieser Situation herauszukommen.

1. April 2023, Tarifa, Spanien

Es ist ein sonniger Vorfrühlingstag. Die Sonne brennt an diesem schönen Nachmittag schon so stark, dass es lohnt, im Halbschatten zu sitzen, um keinen Sonnenbrand zu bekommen. Von der Terrasse hat man einen guten Blick auf die Schiffe, die zur Meerenge von Gibraltar steuern. Die Runde aus knapp einem Dutzend Männern und einigen wenigen Frauen, die sich hier auf einen Sonnenuntergangs-Drink versammelt hat, kennt sich seit Jahren, wenn auch nicht mit realem Namen.

Einem aufmerksamen Beobachter würde auffallen, dass niemand ein Telefon in der Hand hat, auch Smartwatches sind nicht zu sehen, man bevorzugt gediegene mechanische Zeitmesser. Genauer gesagt befindet sich kein einziges Stück Elektronik in ihrer Nähe. Sie alle sind Veteranen der Cryptocoin-Szene, die den europäischen Winter am südlichsten Punkt Spaniens verbracht haben. In den letzten Monaten haben sie an einem großen Projekt gearbeitet: Wenn es Erfolg hat, wird es dafür sorgen, dass sie den nächsten Winter in Luxusresorts verbringen können, in der Südsee oder wo auch immer es ihnen gefällt.

Der Plan, der ihnen endlich zu richtig großem Reichtum verhelfen soll, ist im Detail komplex, aber im Grunde eigentlich ganz einfach. In etwas mehr als einer Woche, am Ostersonntag, wird »Pay« gestartet, ein revolutionärer neuer Cryptocoin. Es soll eine neue kryptografische Währung werden, mit der ein Konsortium der größten Internetfirmen, Kreditkartenunternehmen, Banken und Anbieter von digitalen Dienstleistungen endlich ein universelles Zahlungsmittel etablieren will. »Pay«-Coins werden schon an den großen Börsen gehandelt, die Erwartungen sind riesig.

Der Kurs ist in den letzten Monaten praktisch durchgehend gestiegen, schon vor dem eigentlichen Start, ab dem man dann mit der neuen Währung alles Mögliche von Zeitungsartikeln über Softwarelizenzen bis zu Uber-Fahrten bezahlen kann. Die Investoren glauben daran, dass durch die Marktmacht des Konsortiums schnell alle anderen Kryptowährungen für praktische Anwendungen in die Irrelevanz gedrängt werden. Die entspannte Runde in Tarifa will auch ein Stück von diesem gigantischen Kuchen abhaben und ist willens, dafür zu ungewöhnlichen Mitteln zu greifen.

Ihr Plan beruht darauf, den Kurs der Kryptowährung an den diversen Börsen, an denen sie gehandelt werden, kurzzeitig drastisch nach unten zu manipulieren. Dafür wollen die Mitglieder der Runde die automatischen Algorithmen, die aus Gründen der Zeitersparnis inzwischen direkt auf den Systemen der Börsen laufen, in einen Panikverkaufsmodus zwingen. Sobald der Kurs drastisch sinkt, wollen sie möglichst viele »Pay«-Coins für einen Bruchteil ihres Wertes aufkaufen. Um einen noch größeren Hebel zu bekommen, werden zusätzliche Optionen zur Anwendung kommen.

Damit eine echte, tief greifende algorithmische Panik entsteht und man verhindert, dass menschliches Eingreifen die Panikverkäufe verhindert, muss dazu aber etwas Unerhörtes geschehen: Das Internet muss für ein paar Stunden in seiner Kapazität reduziert und in seiner Zuverlässigkeit beeinträchtigt werden, möglichst weltweit, kurz bevor die Akzeptanz der neuen Währung offiziell beginnt. Da die neue Währung an vielen internationalen Stellen gehandelt wird, reicht es nicht, punktuell die Börsen anzugreifen. Zum einen sind diese gegen bekannte Denial-of-Service-Angriffe recht gut gesichert, zum anderen würden sie einfach den Handel einstellen, wenn klar wird, was der Plan ist.

Die Manipulation erfordert eine größere Katastrophe, die verschleiert, was das eigentliche Ziel ist und in deren Schatten die Gruppe ihren Plan unauffällig in die Tat umsetzen kann. Die Modellrechnungen der Gruppe zeigen, dass es wahrscheinlich ausreicht, den Netzverkehr in den wichtigsten westlichen Ländern zu beeinträchtigen, um den Start der neuen Währung im Desaster enden zu lassen. Einige Länder, in denen sich wichtige Börsen mit eher laxen Kundenregistrierungsregeln befinden, sollen vom Angriff ausgenommen werden, um flexibler reagieren zu können.

Die entspannte Nachmittagsrunde ist das letzte Mal, in der alle Teilnehmer persönlich zusammenkommen werden. Danach verteilen sie sich um die Welt, jeder wird auf eigene Rechnung an denjenigen Börsen handeln, die er oder sie am besten kennt. Was die Gruppe eint, ist das Wissen darum, in welchem Zeitraum das Internet für den Rest der Welt gestört und unzuverlässig sein wird.

Doch um ihr Ziel zu erreichen, braucht die Gruppe eine Schadsoftware, die den Rahmen des bisher Bekannten sprengt. Sie muss auf möglichst vielen verschiedenen Geräten laufen, sich unauffällig verbreiten und zum programmierten Zeitpunkt zuschlagen. Die Mitglieder der Tarifa-Gruppe kennen sich gut mit Computern und Netzen aus: Sie wissen, wie verwundbar das Internet ist und wie viele Angriffsmöglichkeiten sich bei den verschiedensten Geräten und Dienstleistern weltweit bieten. Sie können den Angriff organisieren und haben genügend Geld, um talentierte Hacker anzuheuern, die bei generöser Bezahlung keine Fragen stellen.

Das Projekt wird in viele kleine Teile aufgesplittet, die für sich genommen nach normaler krimineller Aktivität aussehen und kein Aufsehen erregen werden. Der Kern ist ein auf möglichst geringen Speicherplatzverbrauch optimiertes Machine-Learning-System, das automatisch erkennt, welche Software auf einem Gerät läuft und selbsttätig die Angriffswerkzeuge aus dem Netz lädt, die nötig sind, um einzubrechen. Die Exploits dafür stammen zum einen aus den öffentlichen Beständen der Sicherheitslücken, die eigentlich längst behoben sein sollten, die jedoch oft genug nicht gepatcht werden.

Um eine möglichst große Zahl an Geräten zu infizieren, brauchen sie jedoch auch noch unbekannte, nicht behobene Sicherheitslücken, sogenannte Zero-Days. Die kann man zwar kaufen, jedoch ist das ein arbeitsintensives, auffälliges und teures Unterfangen. Sie wählen daher einen anderen Weg, brutal, aber effektiv: Durch eine Kombination von Bestechung und Hacking gelingt es ihnen, in die Netze von kommerziellen Exploit-Händlern einzudringen und gleich ganze Sammlungen von frischen Zero-Days abzufischen, die von diesen Händlern an Regierungen, Geheimdienste und Industriespione verhökert werden. Für einen substanziellen Betrag gelingt es sogar, eine Kopie des aktuellen Angriffswerkzeugkastens zweier großer Geheimdienste anzukaufen.

Um die Ausbreitung der Schadsoftware so unauffällig wie möglich zu machen, wird wiederum durch Bestechung und Hacking die Firmware in einer Serie chinesischer Überwachungskameras mit dem Trojaner infiziert. Die Kameras sind eher von minderer Qualität und werden aufgrund ihres geringen Preises vor allem in Russland, Asien und Afrika verkauft, sind aber auch in Europa und den USA verbreitet. Schließlich gilt es nun nur noch zu verhindern, dass die Schadsoftware vorzeitig entdeckt wird.

Der Hauptrisikofaktor dafür sind die großen Antivirus-Firmen. Auch hier arbeiten aber Experten, die für ein paar Hunderttausend Dollar in Kryptowährungen gern bereit sind, ein Auge auf die hereinkommenden Meldungen und Dateien zu werfen, und im richtigen Moment dafür sorgen, dass der »Pay«-Trojaner als nicht relevant klassifiziert wird. Wie einer aus der Runde vor ein paar Monaten gelernt hat, ist dies eine gängige Methode, die sonst die Geheimdienste verwenden, um die Lebensdauer ihrer Spionagetrojaner zu verlängern.

Das alles war viel Arbeit und hat viel Geld gekostet, da es zahlreiche unerwartete Probleme zu lösen gab. Da die Gruppe jedoch nur das Ziel hatte, bis zum großen Tag unentdeckt zu bleiben, waren die Schwierigkeiten am Ende alle überwindbar. In wenigen Tagen würden sie nicht nur wohlhabend, sondern richtig reich sein.

São Paulo, Brasilien, 30. April 2023

Auf der klimatisierten Terrasse eines Penthouse auf einem der zahllosen Hochhäuser der Stadt haben sich vier Männer niedergelassen. Es soll noch regnen, das Wetter ist drückend und schwül, die Stimmung eher gedämpft. Fast alle in der Runde sind seit dem sonnigen Nachmittag in Tarifa sichtlich gealtert. Sie haben Millionen in den Plan zur Manipulation des »Pay«-Coins investiert, aber haben letztlich gerade mal eine mickrige Verdreifachung ihres Einsatzes erzielt.

Statt sagenhafter Reichtümer haben sie nun das Problem, dass sie sich das Hirn zermartern, wie lange es wohl noch dauert, bis sie zu weltweit gejagten Outlaws werden. Noch hat sie niemand auf dem Schirm, noch überziehen sich Russland und die westlichen Staaten gegenseitig mit Schuldzuweisungen in den Medien. Die Öffentlichkeit glaubt noch an die Beinahe-Cyberwar-Geschichten. Ob das so bleibt, ob nicht irgendwann ihre falschen Fährten enttarnt werden, ob sich nicht doch einer aus der Tarifa-Runde von den zehn Millionen Dollar, die die Strafverfolgungsbehörden für Hinweise ausgelobt haben, zum Auspacken verleiten lässt, ob sie vorsichtig genug waren, mögliche Rückschlüsse auf ihre echten Identitäten gegenüber den anderen in der Gruppe zu verhindern – diese Ungewissheiten rauben allen den Schlaf.

Ihre Schadsoftware war viel zu effektiv, sie hat viel zu viele Geräte infiziert, viel zu viel Netzwerkverkehr erzeugt und statt der gewünschten massiven Störung einen globalen Cyber-Notstand vorher nicht gekannten Ausmaßes verursacht. Die Börsen, an denen sie den Crash des »Pay«-Coin-Kurses ausnutzen wollten, waren auch in den Ländern, in denen sie sich niedergelassen haben und die von dem Angriff eigentlich verschont bleiben sollten, nicht mehr funktionsfähig. Zu viele der infizierten Geräte hatten versucht, sich dorthin zu verbinden.

Sie hatten damals gemeinsam beschlossen, die Adressen der Börsen nicht in der Malware auszusparen, um keinen Hinweis auf ihr eigentliches Ziel zu geben. So ging der Plan der Gruppe nur zum Teil auf: mit den automatischen Algorithmen und ein paar Optionsschein-Wetten, die auf den Börsen selbst liefen und hier und da erfolgreich waren.

Der große Kurscrash war zwar passiert, jedoch waren die Handelsvolumina viel kleiner als gedacht, weil sich niemand mehr für einen Panikverkauf auf den Börsen einloggen konnte.

Sie hatten sich verkalkuliert. In den meisten anderen Runden von Kriminellen gäbe es jetzt hitzige Schuldzuweisungen – nicht jedoch hier. Sie haben die Modellrechnungen gemeinsam gemacht, die Parameter und Infektionsalgorithmen der Schadsoftware zusammen erarbeitet. Keinem Einzelnen kann die Schuld zugeschoben werden. Es war ihr gemeinsames Problem, daran gibt es keinen Zweifel.

Die Diskussion dreht sich denn auch eher um die Zukunft: Wo können sie sich sichere neue Identitäten beschaffen, welche ihrer biometrischen Merkmale können und sollen sie verändern, welche unauffälligen Länder sind am geeignetsten für das künftige Flüchtlingsleben. Sie sind es alle seit Jahren gewohnt, so wenig Spuren wie möglich zu hinterlassen, nicht aufzufallen, nur unter Pseudonymen zu agieren, nur verschlüsselt zu kommunizieren. Früher waren es jedoch eher Finanzämter und Konkurrenten, um die sie sich Sorgen machten, nicht die geballte Macht aller Regierungen und Geheimdienste der Welt auf einmal.

Am Ende beschließen sie eine letzte gemeinsame Operation, um ihre Zukunft zu sichern: Durch gezieltes Lancieren von falschen Spuren wollen sie dafür sorgen, dass die Staaten weiter in dem Glauben bleiben, dass ein anderer Staat der Urheber des digitalen Angriffs war. Iran ist schließlich ein guter Kandidat für einen Schuldigen, man wäre die Russen los, und der Westen würde es nur zu gerne glauben …

2

Schlamperei und kaputte Software

Warum wir so verwundbar sind

Um zu verstehen, welchen Bedrohungen unsere digitale Infrastruktur und unser gesamtes auf Daten und Vernetzung basiertes Leben ausgesetzt sind, ist es nötig, sich ein wenig mit den Details zu beschäftigen. Nur wenn man weiß, wie Cyberangriffe funktionieren, kann man lernen, mit der Gefahr aus dem Netz sinnvoll umzugehen, und herausfinden, welche politischen Entscheidungen jetzt gefällt werden müssen.

Wenn in den Nachrichten über eine neue Welle von digitalen Angriffen berichtet wird, geschieht das häufig in der Form von Katastrophenreportagen. Das Muster der Berichterstattung ähnelt dem von fatalen Naturereignissen oder Reaktorexplosionen. Schätzungen über Schadenssummen in Millionenhöhe wechseln sich mit wenig hilfreichen emotionalen Soundbites von Betroffenen ab (»Es passierte ganz plötzlich, wir waren darauf nicht vorbereitet!«). Außer dem Rat, vorsichtig zu sein und seine Geräte regelmäßig upzudaten, gibt es normalerweise keine sinnvollen Ratschläge und meistens auch keine verständlichen Erklärungen, was nun eigentlich das Problem ist. Und wer die Verantwortung für den entstandenen Schaden trägt, bleibt in den meisten Fällen bestenfalls vage.

Der Grund dafür ist einfach: Aus der Perspektive eines normalen Nutzers ohne allzu tiefe Technikkenntnisse ist der Unterschied zwischen einem verheerenden Wintersturm und einer Trojaner-Epidemie nur, dass die möglichen Schäden in verschiedenen Sphären seines Lebens eintreten können. Außer ein paar allgemeinen Schutzvorkehrungen und Haareraufen, wenn die Katastrophe dann doch über ihn kommt, hat er keine echten Handlungsoptionen. Mehr als die Möglichkeit, sich darüber zu informieren, ob die eigenen Geräte betroffen sind und wie groß der Schaden sein wird, bleibt ihm im Fall einer Cyberattacke kaum.

Wenn man aber verstehen will, wie Konflikte im digitalen Raum ausgetragen werden, wieso unsere moderne Welt so verwundbar ist und weshalb die Situation trotz der Cyberabwehrzentren in vielen Ländern und Milliardenumsätzen mit Sicherheitsprodukten für Computer nicht besser wird, hilft es, die wichtigsten Basisprinzipien von Computerangriffen zu verstehen. Dabei ist es sinnvoll, wie ein Angreifer zu denken. Was will er, was ist sein Ziel? Welche Wege kann er gehen, um erfolgreich zu sein? Was benötigt er dafür? Was motiviert ihn, sein Ziel zu erreichen?

Angriffe in der digitalen Sphäre sind von höchst unterschiedlicher technischer Komplexität, bei einer typischen Attacke wird meist eine Kombination aus mehreren Techniken und Tricks verwendet. Im einfachsten Fall kann der Angreifer etwa ein Standardpasswort benutzen, mit dem er aus der Ferne auf eine Internetkamera oder einen Kopierer zugreifen und darauf neue Software installieren oder Daten auslesen kann. In komplizierteren Fällen macht man sich Lücken in der Art, wie Computer miteinander kommunizieren, zunutze und kombiniert diese mit einer Abfolge von Softwareschwächen. Damit wird letztlich die Kontrolle über den Computer erlangt oder ein Zugangsmechanismus für Datenbanken ausgehebelt.

Die häufigsten Angriffsmethoden sind das Ausführen von Software auf fremden Computern, um diese für die eigenen Zwecke zu nutzen, die Umgehung von Zugangskontrollen, um auf Daten zuzugreifen oder Administratorenrechte zu erlangen, und die Beeinträchtigung der Benutzbarkeit eines Systems, der sogenannte Denial-of-Service-Angriff. Kurz gesagt: Sabotage und Spionage in vielen Formen. Diese Methoden werden gern kombiniert eingesetzt, ganz ähnlich wie man zum Aufbohren eines Zylinderschlosses sowohl Bohrmaschine als auch Schraubendreher braucht: die Bohrmaschine, um die Zylinderstifte wegzubohren, und den Schraubendreher, um das Schloss am Ende auch aufzudrehen.

Software auf fremden Computern ausführen

Um eigene Software auf einem Ziel-Computer auszuführen, muss ein Angreifer die schon auf dem System laufende Software austricksen. Einer der grundlegenden Tricks besteht darin, Programmierfehler, Unbedachtheiten und Schwachstellen zu finden, die man ausnutzen kann, um Daten, die eigentlich vom Computer verarbeitet werden sollen, als Programm interpretieren zu lassen. Um etwa eine Schwäche in einem Videoplayer im Webbrowser auszunutzen, kann der Angreifer beispielsweise ein Schadprogramm als Videodatei tarnen und ins Netz stellen.

Ein Video besteht aus vielen großen Datenblocks, in denen die Filmbilder komprimiert abgelegt sind. Um das Video abzuspielen, liest das Videoplayer-Programm zuerst den Anfang der Datei, den sogenannten Header. Dort befindet sich eine Art Vorwort, in dem allerlei technische Informationen stehen, die für die korrekte Interpretation der Datei nötig sind: die Auflösung, das Seitenverhältnis, die Anzahl der Bilder pro Sekunde, mit welchen Parametern die Videokompression genau durchgeführt wurde, wie groß die Datei ist, welche Untertiteldaten enthalten sind, wie viele Tonspuren in welchen Sprachen enthalten sind, mit welchem Kompressionsverfahren der Ton kodiert wurde und einiges mehr. Diese Informationen benutzt der Videoplayer, um den Film Stück für Stück aus dem Netz in den Arbeitsspeicher zu befördern, dort zu dekomprimieren und die daraus resultierenden Bilder und Töne im Webbrowser anzuzeigen und abzuspielen.

Die Daten im Speicher haben dabei eine bestimmte Struktur und Abfolge. Wenn nun die Videoplayer-Software so programmiert ist, dass sie sich blind auf das verlässt, was am Anfang der Header-Tabelle steht, kann ein Angreifer diese Gutgläubigkeit ausnutzen. Dabei macht er sich zunutze, dass in praktisch allen modernen Computersystemen keine feste Trennung existiert zwischen dem Arbeitsspeicher, in dem Daten liegen, und dem Speicher, in dem Programmteile liegen. Nehmen wir der Einfachheit halber an, dass nach einem Speicherbereich, in den ein Stückchen des Films geladen wird – dem sogenannten Pufferspeicher –, Programmteile der Videoplayer-Software liegen.

Der Videoplayer verlässt sich nun darauf, dass die Informationen im Header über die Größe des nächsten zu ladenden Datenblocks stimmen. Er reserviert den entsprechenden Pufferspeicher für einen Block. Da die Blöcke verschieden groß sein können, zum Beispiel weil der letzte Block des Films kürzer sein kann als die Standardlänge, enthält jeder Block eine Ende-Markierung, etwa ein Byte mit einer Null. Damit das Laden des Blocks schnell geht, zählt die Software im Videoplayer nicht mit, wie viele Daten schon geladen wurden, sondern prüft nur, ob sie gerade eine Null aus dem Netz geladen hat, also die Ende-Markierung erreicht ist.

Genau hier liegt die ausnutzbare Schwachstelle. Der Angreifer baut einfach einen Block in das Video ein, der länger ist als der reservierte Pufferspeicher. Die Laderoutine lädt fröhlich immer weiter auf der Suche nach einer Null in den Daten und überschreibt dabei den Programmcode, der eigentlich hinter dem Puffer im Speicher lag. Anstelle des ursprünglichen Programmcodes liegen nun Daten, die der Angreifer in seine Videodatei ans Ende des übergroßen Blocks eingebaut hat – seine Schadsoftware. Da der Angreifer die Funktionsweise des Videoplayer-Programms sorgfältig analysiert hat, weiß er, welche Programmteile normalerweise hinter dem Pufferspeicher liegen. Wenn nun der Videoplayer zu diesem Programmteil springt, der ursprünglich harmlos war, kommt stattdessen die Schadsoftware zur Ausführung. Aus Daten wurde schädlicher Programmcode.

Diese Angriffsmethode heißt Pufferüberlauf (englisch: buffer overflow) und bezeichnet die einfachste Exploittechnik, die seit vielen Jahrzehnten bekannt ist. Eine solche Schwäche in einer Videoplayer-Software ist relativ einfach zu identifizieren. Statt sorgfältig beim Laden mitzuzählen, wie viele Bytes in den Pufferspeicher geladen werden, und abzubrechen, wenn die reservierte Menge Speicher erreicht ist, hat sich der Programmierer auf die korrekt positionierte Ende-Markierung verlassen. Das spart Programmieraufwand, beschleunigt die Programmausführung ein kleines bisschen und funktioniert meistens ganz gut – solange es kein Angreifer auf diese Schwachstelle abgesehen hat.

Den relativ einfachen Angriffstrick des Pufferüberlaufs gibt es in unzähligen Varianten, moderne Exploittechniken sind hingegen weitaus komplexer. Sie hebeln über die Zeit entwickelte Schutzmechanismen aus und benutzen eine Vielzahl von Mechanismen, um am Ende das gleiche Ziel zu erreichen: Daten werden zu einem Programmcode, der ohne Wissen und Intention des Nutzers ausgeführt wird. Dazu muss der Nutzer nur versuchen, vom Angreifer präparierte Daten mit einer verwundbaren Software zu verwenden, deren Schwächen der Angreifer kennt und ausnutzt. Generell gilt: Je mehr Daten, die unter der Kontrolle eines Angreifers stehen können, ein System verarbeitet, desto angreifbarer ist es. Und je komplexer diese Daten sind, desto mehr Chancen hat ein Angreifer, Schwachstellen in der Software auszunutzen, die sie verarbeiten.

Zugangskontrollen umgehen

Die meisten komplexen digitalen Systeme beruhen auf einem Konzept von abgestuften Rechten und Privilegien für ihre Nutzung. Diese Rechte und Privilegien kennen wir von vielen digitalen Diensten: Wenn man sich etwa auf einer Webseite registriert und einen Nutzernamen und ein Passwort wählt, wird in der Datenbank der Software, welche die Webseite bereitstellt, ein Eintrag erzeugt. Dort ist vermerkt, auf welche Daten und Dienste mit diesem Login zugegriffen werden darf. Oder das Passwort für das WLAN, das einem das Recht gibt, dieses Netz zu benutzen. Ein anderes Beispiel ist der kryptografisch unterschriebene Datumsbereich auf dem Chip in der Schlüsselkarte im Hotel, der Zugang zum Zimmer für diesen Zeitraum gewährt. All diese digitalen Torwächter beschränken den Zugang, und sie alle lassen sich auf verschiedenen Wegen umgehen.

Im einfachsten Fall kann ein Angreifer versuchen, den Nutzernamen und das Passwort zu erraten. Die meisten Menschen verwenden immer noch Passwörter wie »passwort«, »1234« oder – wenn es besonders sicher sein soll – »passwort1234«. Damit ist natürlich gegen einen Angreifer, der automatisiert und mit Computerhilfe Passwörter ausprobiert, kein Blumentopf zu gewinnen. Auch die Kosenamen von Partner oder Haustier sind denkbar ungeeignete Passwörter, sie stehen höchstwahrscheinlich in einem Wörterbuch oder in einer der umfangreichen Passwortlisten, die aus schon einmal geknackten Webseiten extrahiert wurden.

Die unausrottbare Angewohnheit vieler Computernutzer, das gleiche Passwort für viele verschiedene Dienste und Systeme zu verwenden, ist zusätzlich fatal. Geht das Passwort bei einem Anbieter verloren, ist jeder Account gefährdet, bei dem es ebenfalls verwendet wurde. Ein übliches Vorgehen von Computerkriminellen (aber auch von Geheimdiensten) ist es, die Passwörter, die bei einem erfolgreichen Angriff auf Datenbanken erbeutet wurden, zeitnah bei anderen beliebten Diensten auszuprobieren. Im Netz werden ellenlange Listen mit erbeuteten Zugangsdaten gehandelt, je nach potenziellem kriminellem Wert eines Accounts liegen die Preise dabei zwischen ein paar Hundertstel Cent und ein paar Euro pro Nutzer.

Noch einfacher wird es Angreifern bei allerhand Geräten gemacht, die an das Internet angebunden sind. Oft haben diese Geräte voreingestellte Standardpasswörter, die der Nutzer eigentlich bei der Inbetriebnahme ändern soll, was allerdings gern vergessen oder aus Bequemlichkeit unterlassen wird. Manchmal gibt der Hersteller dem Nutzer jedoch gar nicht die Möglichkeit, ein Standardpasswort auf seinem Gerät zu ändern, sei es weil bei der Produktion nicht daran gedacht wurde oder weil man dadurch Geld sparen wollte.

Zu allem Übel sind solche Standardpasswörter oft noch über verschiedene Gerätetypen desselben Herstellers hinweg gleich. Man findet sie im Handbuch zum Gerät oder in Dateien im Netz, die der Hersteller manchmal selbst anbietet. Natürlich gibt es umfangreiche Sammellisten mit diesen Passwörtern, die einfach im Netz zu finden sind. Der Grund für die Existenz dieser Standardpasswörter ist einfach: Nach Herstellung der Hardware wird die Firmware des Gerätes aufgespielt – etwa bei einer Netzwerk angebundenen Kamera. Diese Firmware ist für alle Geräte eines Typs identisch und enthält das Standardpasswort für die Inbetriebnahme beim Nutzer.

Prinzipiell kann ein Hersteller jedem Gerät ein individuelles Passwort geben. Das bedeutet jedoch zusätzlichen Aufwand: Das individuelle Gerätepasswort muss einzeln eingespielt und dem zukünftigen Nutzer mitgeteilt werden – etwa in Form eines Aufklebers oder eines Zettels in der Verpackung. Auch der Support wird dadurch aufwendiger, etwa wenn der Nutzer das Gerät reparieren lassen muss, es verkauft oder verschenkt und es in den Auslieferungszustand zurücksetzen will, jedoch den Zettel mit dem individuellen Passwort verbummelt hat. Solche Komplikationen erzeugen Kosten, die nur wenige Hersteller in Kauf nehmen. Gerade im hart umkämpften Billigsegment, in dem die Margen immer dünner werden, treibt niemand diesen Aufwand. Wer einen Kleinstcomputer für ein paar Euro anbietet, würde sich schlicht um den Gewinn bringen.

Doch Passwörter sind nicht der einzige Weg, um Kontrolle über fremde Geräte zu erlangen. Meist gibt es verborgene Zugänge, etwa Fernwartungszugänge für den Hersteller, die nicht oder nur mit entsprechendem Detailwissen stillzulegen sind. Über solche Zugänge hat der Hersteller die Möglichkeit, Kunden zu unterstützen, die sich aus dem Gerät ausgesperrt haben, Firmware-Updates durchzuführen und Probleme zu analysieren, oder auch Daten über die Nutzer zu sammeln. Sehr beliebt sind auch verborgene Zugänge, die bei der Entwicklung des Gerätes in die Software eingebaut wurden, um Tests und Anpassungen lange vor der Produktion einfacher zu machen. Diese werden dann gern in der Software vergessen und millionenfach ausgeliefert. Die Frage, ob die Entwickler wirklich nur vergessen haben, diese Zugänge auszubauen, oder ob sie absichtlich in der Software gelassen wurden, um beispielsweise den Geheimdiensten des Herstellerlandes klandestinen Zugriff auf die Geräte und die darin enthaltenen Daten zu geben, ist ein wichtiger Aspekt in den Diskussionen um Strategien bei Cyberkonflikten.

Schließlich gibt es noch eine Reihe von Möglichkeiten, Zugangskontrollen auf technischem Wege zu umgehen. Aus der Sicht eines Angreifers sind Nutzernamen, Passwörter, biometrische Fingerabdrücke und kryptografisches Schlüsselmaterial auch nur Daten, die von Software verarbeitet werden. Wenn die Software, die ein Passwort überprüft oder einen kryptografischen Zugangscode lädt, anfällig für einen der Exploit-Tricks ist, kann ein Angreifer ein kleines Schadprogramm einsetzen, das dem System eine erfolgreiche Authentifizierung nur vorgaukelt. Andere oft verwendete Methoden nutzen aus, dass sich verschiedene Teile eines Systems gegenseitig vertrauen. Überlistet der Angreifer eine Komponente des Systems, ist es sehr wahrscheinlich, dass andere Komponenten die erfolgreiche Zugangsprüfung einfach übernehmen.

Ein sehr häufiger Grund, warum Zugangskontrollen umgangen werden können, ist schlichte Schlamperei, Zeitdruck oder mangelndes Wissen oder Erfahrung aufseiten der Entwickler. Längst nicht jeder, der heute Software schreibt, beschäftigt sich auch mit der Sicherheit von IT-Systemen. Vielerorts gibt es keine ordentliche Durchsicht des programmierten Codes, bei der Fragen der Sicherheit eine Rolle spielen. Immer noch sind viele Programmierer der Meinung, dass es reicht, wenn niemand weiß, unter welcher Adresse eine Datenbank oder ein Dokument liegt. Dabei gibt es längst gut funktionierende Scanner, die systematisch alle IP-Adressen im Internet abtesten, ob dort ein bestimmter Dienst läuft oder eine bestimmte Software installiert ist.

Gerade auf den Systemen von Cloud-Anbietern finden sich oft gigantische Datenmengen, die nicht oder nur mit einer trivial zu umgehenden Zugangskontrolle geschützt sind. Wenn man »mal eben schnell« ein paar Gigabyte Daten transferieren muss, ist es tatsächlich sehr praktisch, den Speicherplatz dafür einfach in der Cloud anzumieten. Dabei jedoch anzunehmen, dass niemand die Daten dort finden kann, ist illusorisch. Aus diesem Grund gibt es deshalb alle paar Wochen neue Schlagzeilen, dass wieder große Datensammlungen auf ungesicherten Cloud-Speichersystemen gefunden wurden – auch sensible Daten von Militärs, Firmen und Forschungseinrichtungen.

Die Tatsache, dass immer mehr Unternehmen und Behörden Cloud-Dienste nutzen, ist natürlich auch den Geheimdiensten nicht entgangen. So enthüllte der britische »Guardian« 2013, gleich im ersten Jahr der Snowden-Veröffentlichungen, dass die westlichen Geheimdienste ganze Programme aufgelegt hatten, um an Cloud-Daten zu kommen.

Die Ursachen der IT-Sicherheitskrise

Warum sind unsere Systeme so anfällig? Warum existieren all diese Lücken? Warum wird das Problem tendenziell eher noch größer, obwohl es bekannt ist und viel diskutiert wird?

Darauf gibt es viele Antworten, die man wie ein Puzzle betrachten muss. Jeder Aspekt trägt einen Teil zu der Gesamtsituation bei. Feststellen lässt sich vorab jedoch schon, dass die IT-Sicherheitsbranche gerade kollektiv die weiße Fahne gehisst hat. Zwar verdient sie sehr gut daran, Produkte zu verkaufen, mit denen Nutzer ihre Geräte vor Angriffen schützen können sollen. Doch diese Produkte können das Problem nicht lösen, auch wenn sie es zumindest erträglich einhegen.

Die Verwundbarkeit von Software hat einige klar benennbare Ursachen, die seit Jahrzehnten diskutiert und auch erforscht werden. Neben der unbestreitbaren Tatsache, dass Software oft komplex ist und Menschen beim Programmieren einfach Fehler machen, gibt es auch strukturelle Ursachen: Die meisten Softwareentwickler sind nie in sicherem Programmieren ausgebildet worden. Defensives Programmieren, das mögliche Angriffswege mitdenkt und ihnen vorbeugt, ist ein Handwerk, das gelernt und gelehrt sein will. Es ist aber zugleich eine zusätzliche Fähigkeit, denn die IT-Sicherheit ist nur selten das eigentliche Ziel von Softwareentwicklung. Normalerweise will der Entwickler in erster Linie die Funktion zum Laufen bringen, für die er seine Software schreibt. Dabei einen späteren Angreifer mitzudenken, fällt nicht immer leicht. Die Bedingungen bei der professionellen Softwareentwicklung, die unter hohem Zeitdruck geschieht und wenig Raum zum Testen vorsieht, lassen es manchmal kaum zu.

Das wesentliche Problem ist dabei nicht, dass in der IT-Branche eine hohe Quote an Menschen arbeitet, die sich das Programmieren ganz oder teilweise selbst beigebracht und keine formale Ausbildung in ihrer gewählten Profession durchlaufen haben. Von solchen Autodidakten ist die IT-Branche im Grunde seit ihrem Beginn geprägt. Gravierender ist, dass auch dort, wo eine formale Ausbildung stattfindet, an den Universitäten, Hochschulen und in der Berufsausbildung, Sicherheit immer noch als ein Problem für Spezialisten betrachtet wird. Zu lernen und lehren, wie Softwareschwächen ausgenutzt werden, wie typische Angriffe funktionieren und wie man Software dagegen schon bei der Entstehung schützt, ist nur selten Bestandteil des verpflichtenden Curriculums.

Dass Software nicht in einem Vakuum existiert, dass es unverantwortlich ist, nicht auch an mögliche Angriffswege zu denken, ist noch immer nicht in der Informatik- und den angrenzenden Berufsausbildungen angekommen. Die Materialien und didaktischen Methoden, um sicheres Programmieren zu lehren, sind jedoch problemlos verfügbar. Programmierer, die sich ihr Handwerk selbst beigebracht haben, können sie genauso nutzen wie Professoren und Tutoren. Häufig genug ist dafür jedoch weder die Motivation noch die Zeit vorhanden. Meistens geht es ja darum, die Software überhaupt fehlerarm zum Funktionieren zu bringen. Das ist schwer genug und der Lehrplan ohnehin übervoll. Andere Prioritäten werden gesetzt.

In unseren Breiten sind Themen wie Stabilität, Sicherheit und Zuverlässigkeit seit Langem ein akzeptierter und wichtiger Bestandteil der Ausbildung in vielen verschiedenen Berufen. Eine kontinuierlich fortentwickelte Kultur des sicheren Ingenieurwesens, die selbstverständlicher Schwerpunkt der Ausbildung in den einzelnen Fachgebieten ist, sorgt etwa dafür, dass nicht reihenweise Dampfkessel explodieren, Brücken und Häuser einstürzen und dass die Benutzung von Elektrogeräten nicht mit hohen Risiken verbunden ist. Dabei geht es jedoch um den Schutz vor den Auswirkungen von Naturgesetzen und -gewalten und vor menschlichen Fehlern, aber gerade nicht vor böswilligen Menschen.

In der Informatik werden vergleichbare Probleme – etwa die Langzeitzuverlässigkeit von Chips und Speichermedien oder die Ausfallsicherheit von Systemen – durchaus ausführlich erforscht und gelehrt. In der englischen Sprache gibt es zwei Worte für Sicherheit: »safety«, bei der es um ebendiesen Schutz vor inhärenten Problemen von Technologien und Materialien geht, und »security«, bei der es um den Schutz vor böswilligen Menschen geht. Letzterer Aspekt fällt leider oft genug unter den Tisch – auch weil Menschen so erfinderisch sind und Informatiker lieber interessante technische Probleme lösen, als darüber nachzudenken, mit welchen Tricks ihre Entwicklungen ausgenutzt, sabotiert oder umgangen werden könnten.

Das gilt auch auf der konzeptionellen Ebene, beim Design von Systemen. »Security by Design«, die Lehre von der Planung von Systemen unter dem Gesichtspunkt möglicher Angriffswege und ihrer Erschwerung und Unterbindung, hat viele Parallelen zu den Safety-Prinzipien aus dem klassischen Ingenieurwesen. Beim Bau einer Brücke wird etwa darauf geachtet, dass es Sicherheitsreserven bei der Stabilität gibt. Die Materialstärke der Brückenträger ist doppelt oder dreimal so groß wie eigentlich als notwendig berechnet. Das Design wird also so gewählt, dass der Bruch von einem oder mehreren Teilelementen nicht zu einem katastrophalen Versagen der Gesamtkonstruktion führt.

In der Informatik findet sich dieses Denken meist nur in einigen Teilaspekten, zum Beispiel bei Datenspeichermethoden, die gegen den Ausfall von einer oder mehreren Festplatten eines Servers schützen sollen. Die gleichen Prinzipien kann man auch zur Anwendung bringen, um es Angreifern sehr viel schwerer zu machen. Man kann die Menge an Daten reduzieren, die in ein System fließt und vom Angreifer beeinflussbar sind. Man kann Teile des Systems gegeneinander isolieren und prinzipiell davon ausgehen, dass ein Angreifer einen oder mehrere Komponenten erfolgreich übernommen hat. Diese Art der Konzeption ist natürlich etwas aufwendiger, sie braucht mehr Zeit auch in der Umsetzung und erzeugt selbstverständlich auch mehr Kosten.

Und deshalb wird sie nur selten und vor allem von großen Firmen umgesetzt. Die meisten Unternehmen im Digitalbereich stehen unter einem hohen Zeitdruck. Man will als Erster am Markt sein, ein neues Produkt vor allen anderen anbieten können. Alles, was dabei im Wege steht, ist ein potenzieller Umsatzkiller, ein Hindernis auf dem Weg zum Erfolg. Die Motivationsstrukturen für die Projektmanager und in der Folge für die Programmierer sind in erster Linie darauf ausgelegt, im Zeitplan zu bleiben und die gewünschte Funktionalität möglichst fehlerfrei zu realisieren. Sicherheitsaspekte sind dabei bestenfalls sekundär.

Die Start-up-Kultur unter dem Motto »Move fast and break things« hat sich in den letzten Jahren bis in die Entwicklungstechniken gefressen, mit denen die Produkte konzipiert und programmiert werden. Darüber hinaus kann es schwierig sein, gegenüber den Kunden einen Sicherheitsgewinn zu kommunizieren, für den er einen höheren Preis zahlen soll. Denn ob tatsächlich ernsthaft Zeit und Mühe in eine sichere Software investiert wurde, kann der Nutzer eines Produktes im Grunde beim Kauf nicht erkennen. Niemand schreibt ja an sein Produkt, dass es wegen fehlender Tests und ohne eine gute Konzeption in Sachen IT-Sicherheit aus der Abteilung »quick and dirty« kommt. Das stellt sich meistens erst heraus, wenn man das neue Gerät längst nach Hause getragen oder die neue App auf seinem Smartphone installiert hat und später in der Zeitung liest, welche Sicherheitsprobleme damit einhergehen.

Holladrio

Folgende Geschichte aus einem deutschen Start-up illustriert das Problem recht gut. (Der Name und die Geschäftsidee sind fiktiv, die sonstigen Geschehnisse sind in verschiedenen Firmen so passiert.)

Das Start-up, nennen wir es Holladrio, hat als Geschäftsidee einen Service, um sowohl kurzfristig als auch längerfristig Personal für die häusliche Krankenpflege zu vermitteln. Über eine Webseite und eine Mobiltelefon-App sollen sich einerseits hilfesuchende Angehörige und andererseits freiberufliche Pflegekräfte, die Kunden suchen, registrieren können. Für die pflegebedürftigen Menschen gibt es zudem ein elektronisches Armband, über das sie mit einem Knopfdruck einen zeitnahen Besuch einer Pflegekraft anfordern können. Die Firma ist jung, es gibt aber immerhin schon einen gut aussehenden Prototypen des Armbands und der Webseite, mit dem es den Gründern gelungen ist, ein Investment eines bekannten Venture-Capital-Fonds zu erlangen.

Mit dem frischen Geld wird das Entwicklungsteam drastisch vergrößert, Marketingspezialisten werden eingestellt.

Den neu angeheuerten Mitarbeitern wird von Anfang an klargemacht, dass alles sehr schnell gehen muss. Die Gründer reden gern von »time to market« und »first mover advantage«, schließlich gibt es auf dem hiesigen Markt bisher keinen Konkurrenten. Mindestens genauso wichtig ist jedoch, dass der Investmentvertrag einige Meilenstein-Klauseln enthält, die unter anderem regeln, wann das System am Markt sein muss und wann erste Umsätze in die Kasse kommen müssen.

Werden diese Meilensteine nicht eingehalten, verschlechtern sich die Bedingungen des Investments: Der Venture-Capital-Fonds bekommt mehr Aktien fürs gleiche Geld, die Anteile der Gründer sinken. Der Investor hat die Meilensteine in den Vertrag schreiben lassen, weil er glaubt, dass auf dem Markt nur Platz ist für einen, vielleicht zwei Services, wie ihn Holladrio plant. Wer zu spät kommt, den bestraft der Markt, der Platz an der Sonne ist dann schon vergeben. Acht Monate ist die Frist, die der Investor den Gründern gesetzt hat, danach schrumpfen ihre Anteile im Zweimonatstakt.

Diese Motivation treibt in der Folge alle Entscheidungen, auch jene, die für die technische Entwicklung getroffen werden. Der aggressive Zeitplan ist nur einzuhalten, wenn möglichst viele Komponenten verwendet werden, die schon vorhanden sind, und der Anteil der echten Eigenentwicklungen eng begrenzt wird. Diese Herangehensweise ist an sich vollkommen üblich: Es gibt schließlich für viele Teilaufgaben Angebote wie Cloud-Dienste oder Fertigkomponenten und als freie Software verfügbare Module, in denen schwierige Probleme schon gelöst sind und die man in sein System einfach integrieren kann. Ähnlich wie ein Autohersteller die meisten Teile eines Fahrzeugs von Zulieferern bezieht und sich nur noch auf den Zusammenbau, den hochgezüchteten Motor und vielleicht die Karosserie konzentriert, aber keine eigenen Scheibenwischer, Sitze oder Bremsen mehr entwickelt und baut, funktioniert heutzutage auch die Softwareentwicklung. Diese Form der Arbeitsteilung spart Zeit und Kosten und ermöglicht die Konzentration auf das Wesentliche.

Der große Unterschied zu einem Autohersteller ist jedoch, dass dieser eine umfangreiche Qualitätssicherung für die zugelieferten Teile betreibt, sie vorab genau spezifiziert und dabei die Gesamtkonstruktion ständig im Blick hat. Schließlich muss ein Auto am Ende eine Vielzahl von Umweltregularien und Sicherheitsnormen erfüllen, darf nicht klappern oder auseinanderfallen und sollte möglichst selten innerhalb der Garantiezeit in die Werkstatt müssen. Im schlimmsten Fall droht ein teurer Rückruf, der auf jeden Fall zu vermeiden ist.

Im Bereich von Software sieht das grundlegend anders aus, kaum jemand erwartet heutzutage noch ein nahezu perfektes Softwareprodukt. Der Entwicklungsleiter bei Holladrio steht vor einigen weitreichenden Entscheidungen. De facto hat er vier Projekte zu planen: die Webseite, die App fürs Smartphone, die Hard- und Software für das Armband und das sogenannte Backend-System, das im Hintergrund alle drei für die Nutzer sichtbaren Komponenten miteinander verbindet, die eigentliche Funktionalität realisiert und die Daten speichert.

Damit der Zeitplan überhaupt irgendwie realistisch ist, wird die Entwicklung der Hardware für das Armband an einen auf solche Produkte spezialisierten taiwanesischen Zulieferer outgesourct. Der Zulieferer hat schon ähnliche Projekte realisiert, gilt als zuverlässig und wickelt auch die Produktion des Armbandes in China ab. Das Backend-System, die Datenspeicherung und die Webseite werden auf den Servern eines großen Cloud-Anbieters laufen. Immerhin muss man dann keine eigenen Server kaufen und administrieren. Denn auch so bleibt genug zu tun, und die Zeit ist knapp. Während in den Büros nebenan schon die Werbekampagne geplant und Preismodelle durchgerechnet werden, laufen in der Entwicklung noch die Einstellungsgespräche für die Programmierer.

Gute Leute so kurzfristig zu finden ist schwer und vor allem teuer. De facto wird jeder eingestellt, der auch nur über ein bisschen Erfahrung verfügt, sofort anfangen kann und einigermaßen zum Finanzplan passende Gehaltsvorstellungen hat. Schnell wird klar, dass die Entwicklung der Mobiltelefon-App in der Kürze der Zeit auch nur durch Outsourcing zu schaffen ist. Auf die Empfehlung des Freundes eines Marketing-Mitarbeiters hin wird ein Vertrag mit einer ukrainischen Outsourcing-Firma geschlossen, die bisher Spiele und Apps im Auftrag verschiedener Werbeagenturen programmiert hat. Die ukrainischen Programmierer gelten als gut und zuverlässig, allerdings brauchen sie natürlich genaue Aufgabenbeschreibungen, um mit der Arbeit beginnen zu können.

In Deutschland hat Holladrio auf die Schnelle nur einen Produktmanager und eine Programmiererin finden können. Ihre Aufgabe besteht nun darin, für das Team in der Ukraine Spezifikationen zu erstellen und dafür zu sorgen, dass die dort entwickelte App auch mit dem Rest des Systems zusammenspielt. Sowohl der Produktmanager als auch die Programmiererin haben vorher nur in Teams vor Ort gearbeitet und keine Erfahrung mit Outsourcing-Management. »Aber so schwer kann das ja nun auch nicht sein«, sagt der Entwicklungsleiter und hetzt weiter ins nächste Meeting.

Nebenan im Großraumbüro, das sich die Teams für die Webseite und das Backend-System teilen, läuft die großspurig »Evaluation« genannte Suche nach zeitsparenden, möglichst frei verfügbaren Softwarekomponenten und Cloud-Diensten, die für das Produkt geeignet sind. In der Autoindustrie würde der Hersteller Angebotsaufforderungen an eine Handvoll qualifizierter Zulieferer schicken, die dann ihre Preise, Lieferzeiten und möglichen Liefermengen melden. Aber bei der Produktion eines neuen Autos haben sie auch mehr Zeit als ein halbes Jahr und zudem erfahrene Leute und eingespielte Abläufe, außerdem Vorschriften, Standards und Normen.

Bei Holladrio gibt es nichts davon. Was es gibt, ist ein Whiteboard an der Wand mit einer handgemalten Tabelle, in der die Kandidaten für die wichtigsten Komponenten notiert sind: Datenbank, Webserver und Frameworks für Backend und Webseite. Frameworks nennt man Softwarepakete, die es möglich machen, arbeitssparend zu programmieren, weil sie viele Grundfunktionen, die oft benötigt werden, schon fertig bereitstellen. Sich für eines davon zu entscheiden, hat weitreichende Folgen, weil man sich damit auf die Art und Weise festlegt, wie sich die Entwickler des Frameworks die Architektur einer Gesamtanwendung vorstellen.

Man kann das ein wenig mit der Planung eines Bewässerungssystems für den Garten vergleichen: Hat man sich einmal für ein bestimmtes System entschieden, ist man zwar festgelegt auf Schlauchkupplungen, Pumpen und Sprüher, die von diesem Hersteller stammen. Man hat es aber auch einfacher, weil innerhalb des Systems alles gut zusammenpasst und für viele Wünsche und Probleme, wie etwa die Zeitsteuerung der Bewässerung, einfache Lösungen als fertiges Gerät im Angebot sind. Zugleich muss man sich bewusst sein, dass Bauteile anderer Hersteller nun nicht mehr verwendet werden können beziehungsweise umständlich adaptiert werden müssen, um ins System zu passen.

Im Gegensatz zu Gartensprühern gibt es bei Softwarekomponenten jedoch keine Garantie für irgendwas. Funktionsfähigkeit, Sicherheit und zukünftige Weiterentwicklung – für alle diese in anderen Industriezweigen selbstverständlichen Elemente eines Produktes gibt es bei Software nur dann Zusagen, wenn man sie kundenspezifisch entwickeln lässt und entsprechend dafür bezahlt. Das ist jedoch nur noch selten der Fall. Unbelastet von echten Verbindlichkeiten, ist die Entwicklung einfach schneller und billiger. Häufig und schnell neue Versionen herauszubringen, das ist das Ziel. Die Leitsprüche dieser Entwicklungsphilosophie sind: »Move fast and break things!« und »Release early, release often!« Wenn ein Nutzer oder Kunde ein Problem findet, wird es möglichst schon mit der nächsten Version behoben – und obendrein gibt es dazu viele neue Funktionen.

Die Softwarekomponenten, die für die Verwendung in Holladrios zukünftigem System infrage kommen, werden nicht selten von Gruppen von Freiwilligen entwickelt, die in ihrer Freizeit daran arbeiten. Oft gründen sie dann Firmen, deren Geschäftsmodell darin besteht, dass andere Firmen, die ihre offenen Frameworks verwenden, früher oder später ihre Beratungsleistungen in Anspruch nehmen oder eine kostenpflichtige Version des Frameworks mit größerem Leistungsumfang benutzen. Selbst für diese Bezahlversionen gibt es aber keine expliziten Funktionsgarantien oder gar Sicherheitszusagen. Der Support besteht größtenteils im Erfahrungsaustauch mit anderen Nutzern. Wenn es ein größeres Problem gibt, gibt es meist die Option, beim Hersteller Zeitkontingente für die Arbeit an diesem Problem zu erwerben. Sicherheitsprobleme werden behoben, wenn sie bekannt werden, man Zeit findet oder dafür bezahlt wird, daran zu arbeiten.

Natürlich besteht dank der Open-Source-Kultur die theoretische Möglichkeit für Programmierer, selbst nachzusehen, wie es um die Sicherheit der Software bestellt ist, und danach die Probleme auch selbst zu beheben. Dies ist jedoch aufwendig und kostet Zeit – Zeit, die Holladrio nicht hat. Das wichtigste Auswahlkriterium für die Komponenten ist daher, ob und wie aktiv die Weiterentwicklung des Frameworks gerade betrieben wird und wie viele andere Entwickler dieselbe Komponente in ihren Systemen verwenden. Erfahrene Projektmanager schauen sich noch an, wie in puncto Sicherheit der bisherige Leumund der Komponente aussieht, wie schnell und gründlich Probleme behoben wurden und was sie von anderen Anwendern zu diesen Punkten gehört haben. Das kostet jedoch wieder viel Zeit und braucht auch etwas Erfahrung und Einschätzungsvermögen. Am Ende läuft es meist mehr auf ein Bauchgefühl hinaus als auf eine rationale Entscheidung.

Die Auswahl der Hauptkomponenten bei Holladrio wird noch durch ein weiteres Kriterium bestimmt, das ebenfalls dem engen Zeitplan geschuldet ist: Gibt es überhaupt genügend Entwickler im Team, die sich mit den Komponenten auskennen? Denn Zeit, um sich in etwas neu einzuarbeiten, hat niemand. Und so entsteht ein System, das aus vielen bereits existierenden Bausteinen zusammengestoppelt wird. Gegenüber dem Investor sprechen die Gründer hochtrabend von »Software-Architektur«. Die Realität ist jedoch, dass es schon schwierig geworden ist, überhaupt den Überblick zu behalten, welche Cloud-Dienste, Frameworks und zusammenkopierte Codestücke am Ende verwendet werden.

Die Vielzahl der Einzelteile, die zusammenspielen müssen, haben das entstandene Gesamtsystem hochkomplex und kaum mehr überschaubar gemacht. Zeit für die eigentlich übliche Dokumentation blieb wenig. Zudem ist sich niemand in der jungen Firma sicher, ob die derzeit zusammengestoppelte Software eine lange Zukunft haben wird und es sich lohnt, das eigene Vorgehen zu dokumentieren. Natürlich nimmt sich die Programmiererin vor, später alles noch mal von Grund auf neu zu planen – hat aber insgeheim ihre Zweifel, ob das wirklich geschehen wird. Das senkt ihre Motivation zu einer gründlichen Dokumentation nochmals.

Eine weitere Herausforderung für die Programmierer bei Holladrio ist, dass sich die verwendeten Komponenten ständig weiterentwickeln. Wenn sich dann an den Programmierschnittstellen einer der Komponenten etwas ändert, kommt es oft zu Problemen. Eigentlich versuchen die Holladrio-Entwickler, immer die neuesten Versionen der Komponenten zu verwenden, die normalerweise weniger Fehler und Verwundbarkeiten haben als ältere Versionen. Jedoch steigt natürlich der Aufwand, nach jedem Update die Fehler im Zusammenspiel zu suchen, mit der Anzahl der Komponenten. Deshalb beschließt der Entwicklungsleiter, alle von außen hinzugeholten Bausteine in einer bestimmten Version einzufrieren: »Sonst werden wir nie fertig.« Überhaupt erst mal ein stabiles, funktionierendes System zusammenzubekommen, ist wichtiger als alles andere.

Zu allem Überfluss erhöht sich auch noch der Zeitdruck: Auf einer wichtigen Gesundheitsmesse will das Holladrio-Marketing unbedingt eine Version präsentieren, die schon so aussieht wie das Endprodukt – drei Monate vor dem eigentlich anvisierten Termin. In Wochenend- und Nachtarbeit schaffen es die Entwickler, Webseite und Backend so weit fertigzustellen, dass sie halbwegs funktionsfähig sind. Die ersten Muster des zugehörigen Armbands treffen gerade noch rechtzeitig aus China ein.

Jedoch gab es ein Missverständnis mit dem Zulieferer, weshalb der Mechanismus der Signalübertragung vom Armband zum Backend nicht wie erwartet funktioniert. Um beim Zulieferer in Taiwan eine Korrektur anzufordern, ist die Zeit zu knapp. Während das Marketing und Sales Team schon unterwegs zur Messe ist, passt der Leiter des Backend Teams von Holladrio an einem komplett durchgearbeiteten Wochenende ohne Schlaf viele Teile des Gesamtsystems an die neue Technik des Zulieferers an.

Am Ende klappt wie durch ein Wunder alles, die Messe ist ein voller Erfolg. Holladrio hat einen glänzenden Auftritt, die Fachpresse berichtet in lobenden Tönen. Über alte Parteiseilschaften hat es der Marketingchef sogar geschafft, den Gesundheitsminister bei seinem Messerundgang an den Stand zu lotsen, der dort gegenüber der Presse die Firma Holladrio als herausragendes Beispiel für die Innovationskraft deutscher Start-ups im Gesundheitssektor lobt. Damit ist Holladrio nicht nur in der Fachpresse, sondern auch in überregionalen Zeitungen Thema, sogar ein kurzer Fernsehbeitrag wird gedreht. Die Vertreter des Venture-Capital-Investmentfonds, die Holladrio das Geld für die Entwicklung gegeben haben, sind hochzufrieden. Andere Investoren haben noch auf der Messe Kontakt mit den Gründern aufgenommen und für die nächste Investmentrunde ihr Interesse bekundet.

Nun muss Holladrio »nur noch« liefern. Der Termin für den Start des Services wurde auf der Messe schon verkündet, die Uhr tickt lauter als je zuvor. Nachdem alle von der Messe zurück sind – und die Entwickler sich mal wieder ausgeschlafen haben –, gibt es ein Meeting der Gründer mit allen Entwicklern. Der Leiter des Backend Teams, ein erfahrener Start-up-Veteran, macht eine schonungslose Bestandsaufnahme. Seine Hauptsorge: Die technisch relativ unbeleckten Gründer und das Marketing und Sales Team haben durch den Messeauftritt den Eindruck erweckt, dass fast alles fertig sei, dass nur noch Kleinigkeiten poliert und das System auf einen größeren Nutzeransturm vorbereitet werden muss. Die technische Realität ist jedoch, dass das System, das auf der Messe gezeigt wurde, eigentlich das ist, was man in der Softwareentwicklung einen funktionalen Prototypen nennt. Der wird primär entwickelt, um alle Aspekte des Systems zu verstehen und zu lernen, an welchen Stellen der Aufbau des Gesamtkonstrukts und die Entscheidungen für externe Komponenten noch mal überdacht werden müssen.

Wenn beispielsweise ein neues Auto entworfen wird, baut der Hersteller auch erst mal eine Serie von Prototypen, an denen das Zusammenspiel der Einzelteile getestet wird: die Größenverhältnisse, die Auslegung von Fahrwerk und Motor, die Sicht nach draußen vom Fahrersitz aus und wie viel Platz im Fußraum der Rückbank ist. Niemand würde auf die Idee kommen, einen solchen Prototypen direkt in die Produktion zu schicken. Bei der Softwareentwicklung ist es eigentlich ähnlich – unter optimalen Bedingungen. Der funktionale Prototyp ist dafür da zu lernen und ihn danach ins Museum zu stellen.

Dafür ist jedoch bei Holladrio keine Zeit mehr. Es gibt nur zwei Optionen: Entweder man bohrt den Messe-Prototypen weiter auf und versucht, ihn mit viel Spucke und Fädeldraht irgendwie verwendbar zu machen; oder man baut das System, ausgehend von den Lehren aus dem Prototypen, von Grund auf neu. Das dauert zwar länger, aber dafür hätte man dann auch eine halbwegs solide Grundlage für den Produktivbetrieb. Die Zeit, die für solch einen Neubau des Systems benötigt würde, schätzt der Entwicklungsleiter auf neun Monate – eine Verzögerung von einem halben Jahr gegenüber dem geplanten und bereits kommunizierten Termin.

Die Gründer lehnen diese zweite Option rundheraus ab. Sechs Monate Verzug würden für sie dramatische Einbußen bei ihren Unternehmensanteilen bedeuten. Obendrein würde das vorhandene Kapital gar nicht reichen, um so lange Miete und Gehälter zu zahlen. Man müsste die nächste Finanzierungsrunde angehen, bevor das Produkt am Markt ist – was eine erheblich schlechtere Bewertung von Holladrio bedeuten würde und damit nochmals eine starke Reduzierung der Gründeranteile.

Ein halbes Jahr später als geplant auf den Markt zu gehen, erscheint den Holladrio-Gründern völlig indiskutabel – und man weiß ja, dass bei der Softwareentwicklung aus einem halben Jahr Verzug schnell ein ganzes Jahr werden kann. Die Konkurrenz könnte in der Zeit vorbeiziehen, fürchten sie. Die Bedenken der Entwickler werden als übertrieben und auch kaum nachvollziehbar dargestellt, schließlich hat doch auf der Messe alles bestens funktioniert. Die Marketingkampagne läuft bereits auf Hochtouren, potenzielle Partner und Investoren für die nächste Runde stehen Schlange.

Das Meeting zieht sich bis in den Abend. Man einigt sich darauf, am nächsten Tag noch mal zu reden. Die Gründer debattieren die Lage beim Essen und beschließen, den Widerstand ihrer Entwicklungsabteilung auf Start-up-Art zu brechen: Am nächsten Morgen offerieren sie allen Entwicklern eine Verdoppelung ihrer Aktienoptionen, wenn der Liefertermin in drei Monaten eingehalten wird. Bei Start-ups ist es in der Regel so, dass die Mitarbeiter Anteile am Unternehmen als zusätzliche Motivation erhalten und dafür ein geringeres Gehalt und stressigere Arbeitsbedingungen in Kauf nehmen – so auch bei Holladrio. Dabei ist die Menge an Aktien, die auch nach der Verdoppelung für alle Mitarbeiter insgesamt vorgesehen sind, nur ungefähr die Hälfte des Anteils eines der drei Gründer. Trotzdem ist die Aussicht auf eine Verdoppelung ihrer jeweiligen persönlichen Anteile für die Entwickler natürlich verlockend. Sie stimmen letztlich zu.

Um das Gewissen seiner Leute zu beruhigen, fordert der Entwicklungsleiter noch ein Zugeständnis: Sobald die nächste Investitionsrunde unter Dach und Fach ist, wird das System von Grund auf neu entwickelt, unter Berücksichtigung von allem, was man bis dahin gelernt hat – ein sogenannter Rewrite. Um die Kuh vom Eis zu bekommen, stimmten die Gründer zähneknirschend zu: Wenn Holladrio einmal am Markt ist, Umsätze generiert und die nächste Investmentrunde unter Dach und Fach ist, wird ja das Schlimmste überstanden sein. Man kann dann auch mehr Entwickler anheuern, sodass es realistisch erscheint, parallel zum laufenden Betrieb den Rewrite zu betreiben und irgendwann ein solideres, sicheres System nutzen zu können.

Die folgenden drei Monate werden für die Holladrio-Mitarbeiter hart: Wochenendarbeit wird zur Regel, für die Koordination mit dem Armband-Zulieferer sind durch die Zeitverschiebung nach Taiwan oft Videokonferenzen weit nach Mitternacht oder am frühen Morgen nötig. Neben der Software muss auch noch die Nutzer-Dokumentation fertiggestellt werden, und die Versprechen auf der Webseite und im Werbematerial müssen an den tatsächlich verfügbaren Funktionsumfang des Systems angepasst werden. Weil Tests mit potenziellen Nutzern eine Reihe von nötigen Änderungen der Bedienung und der Benutzeroberfläche ergeben haben, muss das Team in der Ukraine aufgestockt werden, um die Mobiltelefon-Apps noch rechtzeitig anzupassen.

Fehlerberichte werden dabei aggressiv priorisiert: Nur für die Lösung der allerwichtigsten Probleme, also solche, die die Kernfunktionen des Systems betreffen, ist noch irgendwie Zeit. Direkt im Eingangsbereich des Start-ups hängt einer der Gründer eine große rote Countdown-Uhr auf, um die Tage und Stunden bis zum Start der Plattform anzuzeigen. Sie zählt gnadenlos nach unten. Trotzdem ist die Stimmung in den Teams gut, das Ende ist schließlich absehbar und die Belohnung für alle Mühen und Entbehrungen in Sicht.

Zum Schluss wird es noch einmal sehr knapp. Bei der Installation der letzten Backend-Version auf den Servern des Cloud-Anbieters klappt nicht alles wie geplant, die Lieferung der ersten Armbänder aus China bleibt im Zoll hängen, und die Anbindung des Anbieters für die Zahlungsabwicklung ist problematischer als angenommen. Zu allem Überfluss geht an einem Freitagnachmittag auch noch der Kaffeevollautomat im Büro kaputt – ein Versagen kritischer Infrastruktur zur Unzeit. Kaum ein Mitarbeiter geht noch zum Schlafen nach Hause: Zwei bisher ungenutzte Büroräume werden mit Feldbetten ausgestattet, Lieferessen geht auf die Firmenkreditkarte, ein bisschen Speed und Modafinil sind immer im Medizinschrank zu finden. Was getan werden muss, um den Termin zu halten, wird ohne Diskussion getan.

Dann kommt der große Tag. Die ersten tausend Armbänder stapeln sich versandfertig im Flur. Zwei Vertreter des Investors sind angereist, bei großzügigen Abendessen in feinen Restaurants haben die Gründer interessierte Journalisten informiert. Die Marketingkampagne und die wohlgesonnene Presseberichterstattung verfehlen ihre Wirkung nicht: Hunderte Kunden haben sich bereits registriert. Im letzten Augenblick gibt es noch einen kurzen Moment der Panik: Beim Einspielen der letzten Version der Webseite war es in der allgemeinen Übermüdung und Hektik zu Fehlern gekommen. Doch auch diese konnten noch rechtzeitig behoben werden, der Launch wird ein voller Erfolg. In den ersten Stunden melden sich einige Hundert Kunden an, Pflegekräfte registrieren sich, die App wird heruntergeladen, Armbänder werden bestellt. Das System beginnt zu funktionieren.

Am Abend gibt es ein großes Abendessen mit anschließender Party. Die Investorenvertreter sind hochzufrieden und haben auf ihre Kosten ordentlich auftafeln lassen. Den Entwicklern werden feierlich die Zertifikate über ihre zusätzlichen Aktienoptionen überreicht. Es hat sich gelohnt: Holladrio hat es als Erstes an den Markt geschafft.

In den folgenden Wochen ist die Stimmung geradezu ausgelassen. Gründer, Vertrieb und Marketing sind überglücklich. Das Angebot der Firma ist auf einen sehr interessierten Markt getroffen, die Zahl der vermittelten Pflegedienstleistungen übertrifft sogar die eigentlich zu optimistischen Projektionen. Die nächste Bestellung der Armbänder in China wird auf zehntausend erhöht, Pfleger und Pflegebedürftige schreiben erfreute Dankesmails. Das System funktioniert unerwartet gut: Bei den Armbändern gibt es kaum Reparatur-Rückläufer, und dank umfangreicher Nutzerkommentare können kleinere Fehler rasch behoben werden.

Die Katastrophe kommt ohne Vorwarnung. An einem

frühen Montagmorgen klingelt die Leiterin des Supportteams die Gründer und alle Teamleiter aus dem Bett. Das System steht still, Nachrichten von aufgeregten Nutzern prasseln im Sekundentakt auf den Kundendienst ein. Die Webseite ist zwar noch erreichbar, doch das System dahinter reagiert nicht mehr. Die Apps auf den Telefonen empfangen keine Daten mehr, Hilfesignale von den Armbändern der Pflegebedürftigen werden nicht mehr durchgestellt. Die eilig zusammengetrommelten Entwicklerteams versuchen zu verstehen, was passiert ist, um das System so schnell wie möglich wieder anzufahren. Doch das stellt sich als schwieriger heraus als gedacht. Nach einigen Stunden ist klar: Das war kein technischer Fehler in der Software, Holladrio ist angegriffen worden. Die Gründer beschließen, externe Hilfe zu holen.

Die angeheuerten Sicherheitsexperten von CodeRed haben dauernd mit Fällen wie Holladrio zu tun. Ihre Spezialität ist es eigentlich, Systeme nach Schwachstellen abzusuchen, bevor sie zum Einsatz kommen. Oft genug werden sie jedoch zu »Feuerwehreinsätzen« gerufen, wenn das Kind schon in den Brunnen gefallen ist. Da man solche Einsätze nicht planen kann und es bei den angegriffenen Unternehmen im Zweifelsfall um eine Menge Geld geht, lassen sich die Spezialisten von CodeRed ihre Arbeit fürstlich entlohnen.

Nach wenigen Stunden bittet der Chef von CodeRed die Holladrio-Gründer in den Konferenzraum, wo die Experten über ihre Laptops gebeugt die initiale Analyse abgeschlossen haben. Es ist noch schlimmer als befürchtet: Holladrio ist nicht nur gehackt worden, die Angreifer sind bereits seit mehreren Wochen im System, haben alle Nutzerdaten kopiert und als finalen Akt die Inhalte der zentralen Datenbank und alle Back-ups verschlüsselt und eine Lösegeldforderung hinterlassen. Dabei haben sie sich nicht die Mühe gemacht zu verbergen, wie sie ins System gekommen sind und was sie dort gemacht hatten. Die CodeRed-Experten formulieren in ihrem Zwischenbericht die Lage so: »Das Problem für den Angreifer war eigentlich nur, für welches der ein Dutzend offenen Scheunentore er sich entscheiden sollte, um Holladrio anzugreifen. Er wählte das erstbeste.«

Holladrio beauftragt die Sicherheitsexperten damit, einen Schwachstellenbericht zu erstellen. Die Liste der Versäumnisse ist am Ende mehrere Seiten lang, lässt sich aber auf einige Kernprobleme zusammendampfen. Als fatal erweist sich letztlich die Entscheidung, den Holladrio-Messeprototypen weiterzuverwenden. Eine Vielzahl der darin verwendeten externen Komponenten wurde zuletzt vor vielen Monaten auf den aktuellen Stand gebracht, etliche Wochen vor der Messe.

Die Gesamtanzahl der seit diesem letzten Update in den Bausteinen gefundenen und bekannt gewordenen Sicherheitslücken im System von Holladrio beziffert CodeRed in seinem Abschlussbericht auf über siebzig. Davon kann etwa ein Drittel von Angreifern dazu benutzt werden, die Kontrolle über das System zu erlangen. Für einige der Komponenten gibt es im Bericht noch die lapidare Anmerkung »abgekündigt, wird nicht mehr weiterentwickelt«. Hinzu kommen jeweils eine Handvoll Sicherheitslücken in der Software auf dem Armband und in den Telefon-Apps, die Holladrio durch seine Outsourcing-Partner entwickeln ließ. Niemand hatte sich die Zeit nehmen können, sie intensiv zu testen. Man hatte darauf vertraut, dass die zugekauften Komponenten nicht nur funktionieren würden, sondern auch sicher wären. Überprüft hat das allerdings niemand.

Zusätzlich finden die Sicherheitsexperten von CodeRed

noch einige Dutzend Fehler, die Holladrios Entwickler selbst gemacht hatten. Ein Teil geschah aus Unwissenheit oder mangelnder Erfahrung, ein anderer Teil aus Flüchtigkeit. Am bittersten sind jedoch die Fehler, von denen die Entwickler zwar wussten, dass sie möglicherweise zum Problem werden könnten, aber für die keine Zeit blieb, um eine gute Lösung zu finden.

Der Angreifer musste gar nicht so erfinderisch sein, um eine Schwachstelle in Holladrios eigener Software aufzuspüren. Er konnte einfach eine Lücke in einer Komponente ausnutzen, die bereits bekannt war. Die Aktualisierung, mit der das Sicherheitsproblem gelöst worden war, ist bei Holladrio jedoch nie eingespielt worden. Dafür wäre es nämlich nötig gewesen, Anpassungen an anderen Komponenten des Systems und an Holladrios Software vorzunehmen. Um den Zeitplan zu halten, war die Firma sehenden Auges auf die Katastrophe zugesteuert, getragen von der irrigen Hoffnung, es würde schon niemand die Lücken im System finden und ausnutzen.

Die Geschichte dieses fiktiven Start-ups illustriert recht anschaulich, woher die weitverbreiteten Sicherheitsprobleme in unserer Software stammen. Denn was bei Holladrio geschah, ist nicht die Ausnahme, sondern die Regel: die Entstehung erheblicher Sicherheitsrisiken durch eine Mischung aus Unwissenheit, Fahrlässigkeit, ökonomischen Zwängen und falscher Prioritätensetzung. Der echte oder manchmal auch selbst gemachte Zeitdruck, Systeme an den Markt zu bringen und Kundenwünsche nach möglichst schnellem Fortschritt zu befriedigen, ist überall gegenwärtig. Verschärfend kommt dabei hinzu, dass für einen Nutzer kaum erkennbar ist, ob ein System solide, bedacht und unter Berücksichtigung des aktuellen Stands der Technik gebaut wurde. Er interagiert ja in der Regel nur mit den bunten, möglichst einfach zu benutzenden Oberflächen, die für ihn gestaltet worden sind. Wie gefährlich das ist, was sich hinter der Fassade verbirgt, kann er nicht abschätzen.

Ähnlich schwer wäre es für einen Laien, auf den ersten Blick zu erkennen, ob in einem Haus hinter Gipskartonwänden und hübsch verputzten Fassaden solide Ziegelwände und Betonträger stehen oder ob dort nur dünne Balken sind, die billig und schnell zusammengenagelt wurden und das Gebäude bei der leisesten Erschütterung in sich zusammenfallen lassen. Bevor es strikte Vorschriften für die Statik, dicke Brandwände und behördliche Bauabnahmen gab, wurden Häuser in boomenden Städten oft so nachlässig gebaut, wie heute softwarebasierte Systeme erstellt werden. Feste Regeln und Sicherheitsstandards für den Bau von Gebäuden wurden erst eingeführt, nachdem verheerende Feuersbrünste und reihenweise Einstürze von Häusern zu viele Opfer forderten. Die Gipskartonwände sind in der digitalen Welt die Benutzeroberflächen, mit denen wir interagieren. Man fragt sich, wie groß die Gefahr und wie hoch die Kosten durch nachlässig programmierte Software werden müssen, damit auch in diesem Bereich Sicherheitsstandards selbstverständlich werden.

Hinzu kommt, dass die Menge an Software, die jeden Tag geschrieben wird, stetig zunimmt. Und wer Software schreibt, macht unweigerlich Fehler. Die Unternehmen mit den weltbesten Methoden zum Fehlerfinden in der Softwareentwicklung schaffen es, pro eintausend Zeilen Code auf einen Fehler in der ausgelieferten Software zu kommen. Dafür treiben sie einen großen Aufwand (mehr dazu in Kapitel 4).

Nicht jeder dieser Fehler in der Programmierung ist für einen Angreifer nützlich. Aber wenn hinreichend viele Fehler vorhanden sind, können sie für einen Angriff ausgenutzt werden.

Schaut man sich nur die Statistik der bekannt gewordenen Verwundbarkeiten an, gibt es allein für die Produkte der größten westlichen Softwarefirmen – Google, Apple, Microsoft, Adobe – im Jahr 2017 jeweils Hunderte Angriffsmöglichkeiten. Und dies sind nur die bekannt gewordenen, also dem Hersteller gemeldeten Schwachstellen. Dabei muss man bedenken, dass die großen IT-Firmen mittlerweile alle erhebliche Anstrengungen unternehmen, um ihre Softwarequalität schon bei der Entstehung zu verbessern. Sie haben umfangreiche Programme für das Auffinden von Fehlern in ihren Produkten aufgesetzt und loben zum Teil hohe Geldprämien für gemeldete Angriffsmöglichkeiten aus. Die meisten kleinen Firmen können oder wollen solch einen Aufwand nicht treiben.

Diese reichlich deprimierende Gesamtsituation bereitet den Nährboden, auf dem Militärs, Geheimdienste und Kriminelle in der digitalen Welt agieren. Die Fehler, Versäumnisse und Gedankenlosigkeiten, die beim Programmieren Sicherheitslücken entstehen lassen, bilden die technische Grundlage für Cyberwaffen: Sie sind sozusagen der Acker, auf dem Angriffe gedeihen können. Gäbe es niemanden, der solche Fehler gezielt ausnutzen wollte, wäre das Problem deutlich weniger gravierend. Man müsste sich nur um technisches Versagen, die mangelnde Zuverlässigkeit und Funktion der Systeme kümmern.

Doch stattdessen gibt es einen Wettlauf zwischen Entwicklern, Kriminellen, Geheimdiensten und Militärs, wer eine vielversprechende Sicherheitslücke als Erster entdeckt.

Und nicht jede Gruppe hat ein Interesse daran, die Lücke zu schließen und das Problem zu beheben. Denn vielleicht lässt sich das Wissen um einen Fehler im System ja in einem Cyberangriff als Waffe nutzen.

3

Angriffswerkzeuge

Die Waffen der Wahl in Cyberkonflikten

Die Methoden und Mittel, mit denen Angriffe in Cyberkonflikten ausgeführt werden, sind so vielfältig wie die Netze und Software, die wir heute benutzen. Um Angriffswerkzeuge effektiv für militärische oder geheimdienstliche »Computer-Netzwerk-Operationen« (CNO) einzusetzen, ist ein hoher Grad an Standardisierung und vor allem Automatisierung nötig. Wenn man Zehntausende Systeme hacken will, muss man »Routine«-Tätigkeiten soweit es geht automatisch ausführen lassen. Will man in hoch gesicherte Netze vordringen, die keine physische Verbindung zur Außenwelt haben, muss die Schadsoftware unabhängig von direkten menschlichen Steuerungsbefehlen funktionieren, sobald sie beispielsweise über einen infizierten USB-Stick den Weg zum Ziel gefunden hat. Auch aus einem weiteren Grund lohnt es sich, Software-Waffen zu entwickeln, die ohne Expertenwissen funktionieren: Wenn die Software so verpackt wird, dass sie auch von Soldaten oder Agenten verwendet werden kann, die kaum technisch trainiert sind, ist sie um ein Vielfaches nützlicher und breiter einsetzbar als eine, deren Anwender spezialisiertes Wissen erlernt haben muss. Schließlich ist gutes IT-Personal knapp und teuer.

Die Stufen eines Angriffs

Moderne Cyberwaffen – in der Sprache der Sicherheitsforscher »Advanced Persistent Threat«, kurz APT genannt – sind darauf ausgelegt, sich tief im Zielsystem zu verstecken und dort lange Zeit verdeckt aktiv zu sein. Zudem sind sie modular, also nach dem Baukastenprinzip aufgebaut, um aus der aufwendig entwickelten Software möglichst viele Elemente wiederverwenden zu können. Die Module ergeben sich aus der Reihenfolge der Einzelschritte eines Angriffs. Man kann sich die ersten drei Stufen vorstellen wie bei einer Weltraumrakete: Sie dienen primär dazu, die Nutzlast zu transportieren. Ob diese Nutzlast ein Spionagesatellit oder eine Atomwaffe ist, hat nur geringfügige Auswirkungen auf die Konstruktion der Rakete. Dementsprechend sind die »Raketenstufen« einer Cyberwaffe meist sehr ähnlich angelegt und oft genug wiederverwendbar, auch wenn die Nutzlast sehr verschieden sein kann.

In der ersten Stufe gilt es, Kontrolle über das anvisierte System zu erlangen: Die eigene Software soll in den Zielrechner eingeschleust und ausgeführt werden. Hierzu benötigt man einen ersten Exploit, also die gezielte Ausnutzung einer von außen erreichbaren Schwachstelle, beispielsweise im Betriebssystem oder in den Anwendungen des Rechners, den man angreifen möchte.

Dieser erste Exploit kann sich gegen alle möglichen von außen erreichbaren Systemteile richten, die man sich nur vorstellen kann. Es kann eine E-Mail sein, die einen Anhang enthält, der beim Versuch, darauf zu klicken, den Exploit ausführt. Vielleicht ist er auch in einem Bild auf einer Webseite versteckt und zielt auf die Komponente des Betriebssystems, auf die ein Mobiltelefon zum Anzeigen von

Bildern zugreift. Auch ein buntes Werbebanner auf einem Nachrichtenportal kann sich Schwachstellen im Webbrowser zunutze machen und das Einfallstor für Schadsoftware bilden. Jemand kann einen USB-Stick so präparieren, dass das Betriebssystem bei dem Versuch, Daten davon zu lesen, überlistet wird. Auch eine Schnittstelle, über die eigentlich nur eine Kreditkartenzahlung vorgenommen werden soll, kann zum Verhängnis werden und eine Schwachstelle enthalten. Selbst das Software-Update, das man eigentlich laden wollte, um sich gegen Schwachstellen zu wappnen, kann schon auf dem Computer des Entwicklers subtil manipuliert worden sein. Und auch die Antivirus-Software, an deren Wirksamkeit man vielleicht glaubt, kann ihre Verbindung zum Server des Herstellers nicht ausreichend abgesichert haben und so dem Nutzer eine infizierte Update-Datei unterschieben.

Die Möglichkeiten sind schier endlos. Alle Wege, auf denen neue Daten oder neue Software auf ein System gelangen, auf denen Abfragen vorgenommen werden, auf denen eigentlich harmlose Aktivitäten stattfinden – etwa eine E-Mail empfangen oder eine Webseite abrufen –, kann ein Angreifer ausnutzen, um zuzuschlagen.

Da heutige Betriebssysteme komplex sind und über eine umfangreiche Abstufung von Privilegien und Rechten verfügen, wird dieser erste Exploit meist dazu führen, dass der Angreifer die Kontrolle über eine unterprivilegierte Software innerhalb des Systems übernimmt. Ein Speicherüberlauf im Mailprogramm etwa führt dazu, dass der Angreifer einen eigenen Code in den Ablauf des Programms einschmuggeln kann. Da solch ein Programm in der Regel aber nicht mit Administratorprivilegien ausgeführt wird, sondern nur mit den Rechten des Nutzers, der es gestartet hat, braucht der Angreifer in der zweiten Stufe eine sogenannte Privilegien-Eskalation. Administratorenrechte sind deswegen wichtig, weil sich dadurch mächtigere Befehle auf einem Computer ausführen lassen. Ein Administrator hat besondere Privilegien und kann beispielsweise nicht nur die Dateien aller Nutzer lesen, schreiben und löschen, er kann auch neue Software installieren oder die Konfiguration des Systems ändern.

Um die Administratorrechte im Zielsystem zu bekommen, nutzen Angreifer etwa Schwachstellen in Betriebssystemen – wie Microsoft Windows –, die es auf unterschiedlichsten Wegen erlauben, höhere Privilegien im System zu erlangen. Häufig sind mehrere Exploits hintereinander erforderlich, um am Ende die gewünschten Administratorrechte zu erlangen. Welche Aneinanderreihung von Exploits nötig ist, hängt von der genauen Version des Betriebssystems ab. Exploits, die nicht nur bei einem, sondern über mehrere Betriebssystemversionen hinweg funktionieren, sind dementsprechend gefragt und wertvoll, da sie den Aufwand für den Angreifer reduzieren.

In der dritten Stufe macht es sich die Cyberwaffe im System gemütlich und wartet auf ihren Einsatz. Sie sorgt dafür, dass sie nicht ohne Weiteres entdeckt werden kann und dass sie nach einem Neustart des Betriebssystems auch wieder gestartet wird. Wenn es für ihre Aufgabe nötig wird, etabliert sie eine Kommunikationsmöglichkeit nach Hause. Nachdem diese Hausmeistertätigkeiten erledigt sind, kann die eigentliche »Nutzlast« der Cyberwaffe ausgeführt werden.

Oft genug belässt es der Angreifer aber auch dabei, einfach nur seinen hochprivilegierten Hausmeister mit Verbindung nach Hause ins System eingepflanzt zu haben – auf Vorrat, für zukünftige Verwendung. Aus den Dokumenten, die Edward Snowden ans Licht der Öffentlichkeit gebracht hat, ist bekannt, dass westliche Geheimdienste Zehntausende Computer in »interessanten« Netzen zunächst überwacht und dann automatisch infiziert haben. Auf den angegriffenen Systemen indizierten sie alle Dateien und konnten sie über eine verdeckte Verbindung sogar nach Stichworten durchsuchen.

Schon in den ersten Monaten nach Beginn der Snowden-Veröffentlichungen im Sommer 2013 gab es Berichte über die enorme Anzahl von Computern, die die NSA mit Spionagesoftware infiltriert hatte. Die niederländische Zeitung »NRC Handelsblad« konnte Einblick in Snowden-Papiere nehmen und fand darin Hinweise auf weltweit 50 000 Rechner, die von dem amerikanischen Geheimdienst mit Schadcode infiziert worden waren. Mit solchen Methoden muss ein NSA-Analyst zum Zeitpunkt der Infektion nicht einmal wissen, wonach er einst suchen wird: Die Schadsoftware macht den infizierten Computer zum Bestandteil einer gigantischen, auf der ganzen Welt verteilten Suchmaschine, die nicht Webseiten durchsucht, sondern die Nutzerdaten auf den Festplatten.

Die NSA und ihre Partnerdienste in Großbritannien, Kanada, Australien und Neuseeland (die sogenannten Five Eyes) bauten sich neben dem Überwachungspotenzial solcher Operationen auch ein ganz eigenes Waffenarsenal auf. Sie sammeln auf Vorrat Schwachstellen in Netzen und Computern, um dort bei Bedarf Überwachungsprogramme einpflanzen zu können. Dieser Ansatz ist eine gefährliche Gratwanderung, denn das Wissen um diese Schwachstellen wurde von den Geheimdiensten unter Verschluss gehalten. Damit verhinderten sie, dass die Sicherheitslücken geschlossen wurden. Dass dadurch auch andere Akteure sie ausnutzen konnten, ist eines der zentralen Dilemmata bei digitalen Angriffen.

Die Five-Eyes-Geheimdienste sind dabei Vorbild für alle anderen Länder. Sicherheitslücken zu finden oder anzukaufen und möglichst lange geheim zu halten, ist zu einem wichtigen Geschäft der Geheimdienste geworden. Dabei gehen etwa die chinesischen Dienste sogar so weit, dass sie die öffentlichen Datenbanken manipulieren, in denen bekannt gewordene Sicherheitslücken katalogisiert werden. Das offizielle chinesische Lückenverzeichnis ist zwar in vielen Punkten aktueller und vollständiger als seine westlichen Äquivalente, enthält aber auch offensichtliche Auslassungen, die dann später – nachdem die chinesischen Cyberakteure sie ausgenutzt haben – mit rückdatierten Daten eingetragen werden. Dadurch wird zuerst das Bekanntwerden einer Sicherheitslücke verzögert und später dafür gesorgt, dass es keine auffälligen Auslassungen beim Vergleich mit anderen Datenbanken gibt.

Arbeitsteilung beim Bau von Cyberwaffen

Die Akteure auf der Angriffsseite haben im Grunde das gleiche Problem wie alle anderen in der IT-Branche: einen Mangel an hochtalentierten Mitarbeitern. Ganz grob kann man die Arbeitsteilung und das Niveau an Kenntnissen und Fertigkeiten in mehrere Gruppen einteilen, aus denen sich dann wiederum die Struktur der Angriffswerkzeuge ergibt. Das Wissen darüber resultiert zum Teil aus den Leaks der Werkzeuge der NSA und aus der Analyse von Angriffsoperationen, die später entdeckt worden sind, zum Teil aus Angaben der Akteure selbst. Denn auch bezahlte Hacker wechseln zuweilen die Seiten, schreiben Bücher oder teilen ihr Wissen in Vorträgen.

Die erste Gruppe von Angriffshackern ist die seltenste und am schwierigsten zu rekrutieren. Es sind die Forscher und Entdecker, die selbst in der Lage sind, bisher unbekannte Schwachstellen in einer Software zu finden – egal, ob sie im Quellcode vorliegt oder nur als ausführbares Programm, das es zu analysieren gilt. Sie sind deswegen so rar, weil man dafür nicht nur Wissen, Erfahrung und gute Werkzeuge, sondern auch ein gewisses Talent benötigt. Sie entwickeln die Exploits für die verschiedenen Stufen selbst, testen sie und dokumentieren ihre Verwendung.

Dabei werden nicht nur Werkzeuge zur Ausnutzung selbst gefundener Schwachstellen, die der Öffentlichkeit unbekannt sind, entwickelt und erweitert. Es lohnt sich oft auch, für bereits öffentlich gewordene Verwundbarkeiten noch Angriffswerkzeuge zu bauen, da nie jedes System ständig auf dem letzten Stand der Sicherheitsupdates ist. Oft genug ist zudem die Zeitspanne zwischen dem zumindest informellen Bekanntwerden eines Problems in der Gemeinde der Sicherheitsforscher und dem Bereitstellen einer Fehlerbehebung durch den Hersteller relativ lang. Entsprechend kann auch eine bereits bekannte Sicherheitslücke eine Motivation für den Bau von Angriffswerkzeugen darstellen.

Die zweite Gruppe sind die eigentlichen Waffenschmiede. Sie bauen aus den gefundenen oder von Dritten zugekauften Exploits effektive Einbruchswerkzeuge, die zuverlässig, unauffällig und soweit möglich automatisiert funktionieren. Sie entwickeln auch die »Nutzlast«, also die Komponenten, die nach erfolgreichem Eindringen in ein System das gewünschte Ergebnis erwirkt – meistens Spionage oder Sabotage.

Die Waffenbauer arbeiten eng mit den Forschern zusammen, meist in der gleichen Abteilung oder zumindest in permanenter Abstimmung mit ihnen. Der Aufwand, aus einer Schwachstelle – heute in der Regel mehreren Schwachstellen – ein brauchbares Angriffsmittel zu entwickeln, ist hoch. Denn es muss gegen alle möglichen Versionen der anzugreifenden Software getestet werden, darf möglichst nicht abstürzen, keine verräterischen Spuren oder Anzeichen eines Angriffs auf dem Zielsystem hinterlassen und seine Hausmeisterfunktionen für die Einnistung auf dem System zuverlässig und mit möglichst geringer Belastung von Speicher, Prozessor und Netzwerkbandbreite durchführen. Denn schließlich schlafen auch die Gegner der Angreifer nicht: Hersteller von Betriebssystemen oder Anwendungen passen ihre Abwehrmethoden regelmäßig an und schließen ihnen bekannt gewordene Sicherheitslücken.

Die dritte Gruppe sind die Infrastrukturlogistiker. Ihre Aufgabe ist es, für Server und Netzwerkzugänge zu sorgen, von denen aus die Angriffe ausgeführt und gesteuert werden können. Das sind oft unter Tarnidentitäten gemietete Systeme oder auch Server von gänzlich Unbeteiligten, die für solche Zwecke gehackt wurden. Aus den Snowden-Enthüllungen wissen wir, dass beispielsweise die NSA einmal im Jahr eine eigene Hacking-Kampagne angesetzt hatte, um möglichst viele Server in aller Welt unter ihre verdeckte Kontrolle zu bringen und diese dann als Sprungbrett für später geplante Angriffe gegen ihre eigentlichen Ziele zu verwenden. Auch Daten aus erfolgreich angegriffenen Zielsystemen werden über ganze Ketten von Sprungbrett-Servern nach Hause transportiert, um eine Rückverfolgung und Attribution der Cyberattacke unmöglich zu machen.

Da das Entdecken von neuen Verwundbarkeiten, der Bau

von Werkzeugen zu ihrer Ausnutzung und das Bereitstellen einer Infrastruktur, die möglichst nicht zu den Angreifern zurückverfolgt werden kann, aufwendig ist und Spezialisten erfordert, ist ein umfangreicher Markt von Firmen entstanden, die diese Schritte als Dienstleistung übernehmen und als fertige Komponenten oder als Projektentwicklung anbieten. Auch die großen westlichen Geheimdienste bedienen sich solcher Firmen, da diese Anbieter aufgrund ihrer größeren Freiheiten bei der Bezahlung und beim Arbeitsumfeld oft die talentierteren Mitarbeiter anlocken. Das Geschäftsumfeld dieser Cyberwaffen-Entwickler und -Händler werden wir in Kapitel 4 noch genauer beleuchten.

Die vierte Gruppe sind die Operatoren. Sie setzen die Angriffswerkzeuge in der Praxis ein. Dabei gilt: Je ausgefeilter und zuverlässiger die Cyberwaffen sind, desto weniger Fähigkeiten, Erfahrung und Talent müssen diese Operatoren besitzen. Ihre Aufgabe ist dabei jedoch alles andere als anspruchslos: Sie müssen das anvisierte Zielsystem analysieren, einen Angriffsplan in Abhängigkeit von dessen Parametern, den dafür verfügbaren Waffen und dem vorgegebenen Ziel des Angriffs erstellen und ihn dann flexibel und unentdeckt durchführen. Bei großen Geheimdiensten und ihren Vertragspartnern sind diese Operatoren in zwei Gruppen geteilt: diejenigen, die ein System aufbrechen und für den initialen Brückenkopf sorgen, und jene, die von diesem Brückenkopf aus weiter vordringen.

Die fünfte Gruppe sind die Auswerter. Falls das Ziel des Angriffs primär der Informationsgewinnung dient, werden sie die extrahierten Daten analysieren und gegebenenfalls neue Prioritäten für die nächsten Angriffsschritte festlegen. Bei der zunehmenden Menge an Daten, die auf Computersystemen aller Art heute gespeichert sind, wird auch die

Auswertung immer aufwendiger und zwangsläufig automatisierter. Jedoch sind nicht alle Daten in gleicher Weise automatisiert analysierbar: Werden Bilder oder Audiodateien vom angegriffenen System entnommen, müssen die Auswerter andere Methoden verwenden als etwa bei Texten oder Browser- und Standortdaten. Letztendlich dient die Automatisierung einem Zweck: die Teile der erbeuteten oder durchsuchbaren Daten zu identifizieren, die nicht automatisiert verarbeitet werden können, sondern von Menschen analysiert werden müssen.

Angreifer in Cyberkonflikten agieren in der Regel nach weitgehend rationalen und zusätzlich vielleicht noch ökonomischen Kriterien. Sie versuchen, aus den ihnen zur Verfügung stehenden Angriffsmitteln diejenigen auszuwählen, die mit dem geringsten Aufwand und dem niedrigsten Entdeckungsrisiko möglichst zuverlässig das gesteckte Ziel erreichen. Die Teams der großen Geheimdienste haben in der Regel eine Vielzahl von parallell laufenden Operationen zu managen und müssen daher ihre Ressourcen sorgfältig priorisieren.

Die Ziele können verschieden schwer anzugreifen sein. Den ungewarteten alten Windows-Computer einer Firma in einem Entwicklungsland zu übernehmen, um an Informationen zu gelangen, ist sehr viel einfacher, als ungesehen in das mit umfangreichen Sicherheitsmaßnahmen geschützte und permanent überwachte Netz der Regierung eines größeren westlichen Staates einzudringen oder sich gar in einem System einzunisten, das gar nicht mit dem Internet verbunden ist. Möglich ist ein Angriff praktisch in jedem Fall, jedoch sind der zeitliche Aufwand und damit die Kosten, das Ziel zu erreichen, das Entdeckungsrisiko und die möglichen Folgen einer Entdeckung sehr unterschiedlich.

Zielerkundung

Voraussetzung für einen erfolgreichen Cyberangriff ist eine genaue Kenntnis der gegnerischen Systeme. Vorab erforscht werden muss, wie sie miteinander verbunden sind, welche Sicherheitsmaßnahmen verwendet werden und wie kompetent die Verteidiger sind. Alle Geheimdienste verwenden deshalb erhebliche Ressourcen darauf, das Netz in für sie interessanten Ländern zu kartografieren.

Diese Landkarten des digitalen Raums sind komplex und müssen zudem häufig aktualisiert werden. Verzeichnet werden nicht nur die Netzwerkverbindungen, sondern auch die angeschlossenen Geräte, die Router, Datenbanken, Server, PCs, die Softwareversionen, die darauf laufen, und wer verantwortlich für die Wartung ist. Nicht nur Internetsysteme werden so ausgekundschaftet, auch Mobilfunknetze, Industriesteuerungen und Energienetze. Wenn eine konkrete Operation geplant wird, werden diese Informationen nochmals gezielter erkundet, überprüft und aktualisiert.

Die Cybergeografie eines Landes oder einer Region fängt bei den Glasfaserkabeln an, mit denen die dort befindlichen Computer an das Internet und auch an andere Netze angebunden sind. Auf diesen Fasern mieten oder kaufen große Telekommunikationsunternehmen Übertragungskapazitäten, die sie dann an Internetprovider oder größere Unternehmen weitervermieten. Meist gibt es pro Land einen oder einige wenige zentrale Übertragungsknoten, genannt Internet Exchange oder kurz IX, wie etwa in Deutschland das DE-CIX in Frankfurt. An ihnen sind die Netze der Internetprovider zusammengeschaltet. Zusätzlich gibt es viele Querverbindungen, die nicht über die zentralen Knoten laufen.

Um einen Überblick über dieses Gewirr von Verbindungen zu bekommen, muss man mehrere Ebenen analysieren. Die physikalische Ebene – wo verlaufen welche Fasern, und wie sind sie zusammengeschaltet – kann man sich so vorstellen wie eine Autobahnkarte. Es gibt lange Strecken mit mehr oder weniger vielen Spuren und Kreuzungen, an denen der Verkehr von einer auf die andere Autobahn wechseln kann. Die dazugehörige logische Ebene kann man sich so vorstellen wie den Frachtverkehr, der auf den Autobahnen fließt: Es gibt große Speditionen, die an kleine Frachtunternehmer Transportkapazität untervermieten, die diese wiederum an ihre Endkunden verkaufen.

Diese logische Verschachtelung des Netzwerkverkehrs ist sehr viel schnelleren und häufigeren Wechseln unterworfen als das langwierige und kostspielige Verlegen von Glasfasern. Für einen Angreifer ist eine detaillierte aktuelle Kenntnis dieser Strukturen jedoch von großem Vorteil, auch um einzuschätzen, welche Netzwerküberwachungssysteme möglicherweise bei seinem Angriff zusehen könnten und ob die Bandbreiten zwischen seinem Sprungbrett-System und dem Ziel ausreichen, um etwa größere Mengen entwendeter Daten schnell und unauffällig kopieren und ausleiten zu können.

Wie viele Daten über welche Leitungen fließen, wird von Internetprovidern relativ genau überwacht, da sie die Angaben zur Abrechnung brauchen und gegebenenfalls ihre Kapazitäten anpassen müssen, aber auch Anzeichen für Angriffe erkennen wollen. Gerade bei schlecht angebundenen Systemen ist eine plötzliche Ausschöpfung der vorhandenen Bandbreite sehr auffällig und kann zur Entdeckung einer Cyberattacke führen – was ein Angreifer natürlich vermeiden möchte.

Ein wichtiger Schritt bei der Planung eines erfolgreichen Angriffs ist die Identifikation des oder der anzugreifenden Systeme selbst. Wenn ein Geheimdienst etwa die Systeme einer Anwaltskanzlei ausspionieren will, gilt es zuerst herauszufinden, wie die Kanzlei ans Netz angebunden ist und wer ihre Dienstleister für den Internetzugang oder die E-Mail-Kommunikation, für die Wartung der Fileserver oder die Webseite sind. Üblicherweise steht der Webserver der Kanzlei in einem Datacenter, die E-Mails werden von einem spezialisierten Anbieter gemanagt, und die Fileserver stehen in den Geschäftsräumen. Vielleicht sind sie aber auch zu einem Cloud-Anbieter ausgelagert worden, genau wie die Telefonanlage, die via Voice over IP, also über das Internet, funktioniert. All dies gilt es herauszufinden, um den Angriff möglichst ressourcensparend und mit geringem Entdeckungsrisiko planen zu können.

Eine besonders einfache und zielgerichtete Methode ist oft der Angriff über E-Mails. Der Vorteil ist, dass man sich vorab keine großartigen Gedanken über die Netzwerkstruktur machen muss, sondern mithilfe eines Trojaners, der per E-Mail ganz von selbst zum Ziel gelangt, direkt den Computer eines Mitarbeiters übernimmt. Sobald der Trojaner sein Ziel erreicht hat und einsatzbereit ist, kann der Operator die Netzwerkstruktur von innen heraus erkunden. Generell gesprochen, ist ein solcher Trojaner ein Computerprogramm, das sich privilegierten Zugang im Betriebssystem verschafft und auch Systemänderungen vornehmen kann.

Vom Exploit zur Waffe

Der Aufwand für die Entwicklung von gut funktionierenden und verlässlichen Angriffswerkzeugen ist relativ hoch, denn Exploits allein sind noch keine wirksame Cyberwaffe. Erst in Kombination mit teilweise umfangreichen Softwarepaketen, die mit den eingangs erläuterten Stufen des Eindringens, Einnistens im System und Ausführens der Nutzlast arbeiten, werden sie zu verwendbaren Waffen. Die Anforderungen dafür sind hoch. Während sich normale Software darauf verlassen kann, dokumentierte und halbwegs verlässliche Systemschnittstellen zu benutzen, sind Angriffswerkzeuge oft unter Verwendung von kaum oder gar nicht dokumentierten Funktionen, Ausnutzung von Schwächen im Zusammenspiel der Betriebssystemkomponenten und mit umfangreichen Tarnfunktionen programmiert, die eine Entdeckung erschweren sollen.

Zusätzlich werden komplexe Mechanismen verwendet, die es schwerer machen sollen, die Funktion einer Schadsoftware zu analysieren. Denn falls die Verteidiger seine Schadsoftware entdecken, will der Angreifer ihnen die Arbeit so schwer wie möglich machen. Durch bestimmte Techniken werden etwa die einzelnen Teile der Schadsoftware erst nach und nach entschlüsselt, wenn sie auf dem Zielsystem angekommen sind. Beim 2010 bekannt gewordenen »Stuxnet«-Angriff auf die iranische Urananreicherungsanlage in Natanz konnten die IT-Experten beispielsweise auch nach monatelanger Analyse nicht sicher sein, ob sie alle Funktionen der Software erkannt hatten. Selbst wenn die Schadsoftware also entdeckt wird, bleibt der volle Umfang ihrer Ziele und Zwecke oft im Verborgenen.

Da der Aufwand für die Entwicklung einer digitalen

Angriffswaffe so groß ist, werden in der Regel Komponenten wiederverwendet. Die erste Komponente zum Eindringen ist stark variabel, weil sie an die Zielgegebenheiten angepasst werden muss – je nachdem, über welchen Weg sie in das Zielsystem eingeschleust werden kann. Hingegen sind die Exploit-Kombinationen für die Privilegien-Eskalation in der zweiten Stufe meist relativ stabil.

Die erste Stufe – auch Dropper genannt – kann zum Beispiel als normales Office-Dokument daherkommen, als USB-Stick, als bösartige Webseite oder als E-Mail. Diese Angriffswege werden als eine Art Werkzeugkasten zusammengestellt, aus dem sich die Operatoren dann je nach Situation bedienen können. Da immer wieder Sicherheitslücken bekannt und danach geschlossen werden, wechseln diese Werkzeuge rasch. Dafür zu sorgen, dass diese digitalen Brechstangen für möglichst viele Konfigurationen des Zielsystems permanent verfügbar bleiben, ist aufwendig und teuer.

Jede dieser Brechstangen muss ausführlich getestet und mit allerhand Sicherungen gegen Fehlfunktionen versehen werden, um zu auffällige Abstürze oder übermäßige Belastung des Zielsystems zu vermeiden. Und natürlich muss sie auch gegen gängige Antivirussysteme getestet werden. Diese spüren nicht nur bereits bekannte Schadsoftware auf, sondern beobachten auch das Verhalten des gesamten Systems. Dabei wird zum Beispiel ein E-Mail-Anhang in einem simulierten Computer – einer sogenannten Virtual Machine – geöffnet und automatisch nachgeschaut, ob sie im Speicher und auf der Festplatte verdächtige Aktionen ausführt. Anhand von subtilen Anzeichen ist es oft möglich herauszufinden, ob zum Beispiel ein bösartiges Word-Dokument in so einer simulierten Umgebung geöffnet wird.

Fortgeschrittene Schadsoftware verhält sich dann unauffällig und lässt nichts Verdächtiges erkennen, solange sie sich in der Simulationsumgebung befindet.

In den Entwicklungslaboren der Angreifer gibt es Testsysteme, auf denen die waffentauglich verpackten Exploits gegen die gängigen Antivirusprogramme und Sicherheitssysteme getestet werden. Diese Tests werden in schneller Folge wiederholt, um sicherzustellen, dass die jeweils aktuelle Version der Sicherheitssoftware nicht anschlägt. Um später auf dem echten Zielsystem keine bösen Überraschungen zu erleben, werden auch die Produkte der großen Anbieter wie Symantec, Kaspersky, G Data oder F-Secure im Detail analysiert und ihre Methoden rekonstruiert. Danach wird die Schadsoftware so lange angepasst, bis sie nicht mehr anschlagen. Im kriminellen Bereich gibt es dafür bereits spezialisierte Anbieter, wie beispielsweise Scan4You.

Dieses Wettrüsten zwischen Angreifern und Verteidigern findet kontinuierlich und praktisch in Echtzeit statt. Alle Hersteller versichern natürlich, dass sie keine Kooperationen mit den Geheimdiensten ihrer Heimatländer eingehen und jegliche Schadsoftware aufspüren, egal welcher Provenienz. In der Praxis ist es jedoch so, dass es sehr wohl einen informellen Austausch über die aktuellen Detektionsmethoden gibt, von dem die Geheimdienste profitieren. Abgesehen davon ist es auch oft genug das Antivirusprogramm selbst, das ausnutzbare Sicherheitslücken enthält.

Dem Angreifer ist es letztlich egal, welche Software er auf dem Zielsystem ausnutzt. Wenn es das Antivirusprogramm ist, das beim Laden der infizierten Datei aufs Kreuz gelegt werden kann, hat der Angreifer sein Ziel für die erste Stufe des Angriffs auch erreicht – während sich der Kunde in Sicherheit wähnt. Praktisch alle Hersteller der großen Antivirusprogramme mussten in der Vergangenheit feststellen, dass ihre Produkte für Angriffe ausgenutzt wurden. Das ist auch nicht weiter verwunderlich, wenn man bedenkt, dass diese Programme dafür vorgesehen sind, große Mengen hochkomplexer Daten in den verschiedensten Formaten zu lesen und zu analysieren.

Hintertüren

Die Entwicklung eines digitalen Angriffswerkzeugs kann extrem aufwendig und kostspielig sein, wie wir gesehen haben. Natürlich stellt sich für viele Angreifer die Frage, wie man den Aufwand für Angriffe senken und sich einen strategischen Startvorteil verschaffen kann, was unweigerlich zum Gedanken an Hintertüren führt. Die meisten Hightechsysteme beruhen auf Komponenten und Software, die nur in einigen wenigen Ländern entworfen, produziert und programmiert werden. Bis vor etwa fünfzehn Jahren kam der Großteil der Kerntechnologien, in denen ein Hintertüreinbau lohnen würde, noch aus Europa, Israel und den Vereinigten Staaten. Nunmehr findet jedoch nicht nur die Fertigung, sondern auch zunehmend die Entwicklung in China und Taiwan statt. Die Überlegung, von vornherein Zugänge in Routern, Betriebssystemen, Software, Telefonen oder Chips zu verstecken und an die Nutzer weltweit mit auszuliefern, läge für diese Länder nahe, auch wenn die Entdeckung einer solchen eingebauten Hintertür natürlich zu einem erheblichen Reputationsschaden für den Hersteller oder gar das ganze Land führen würde.

Die Sorge, wer welche Hintertüren in die Produkte einbaut, treibt die Verantwortlichen im Westen aus gutem Grund um. Hintertüren in Telefonvermittlungen, Großrechnern und Industriesteuerungen waren ein im Kalten Krieg unter großer Geheimhaltung genutztes Mittel, um Einblick in den östlichen Machtbereich zu bekommen. Das haben die Geheimdienste des Westens nicht vergessen, wenn sie sich heute auf chinesische Produkte oder Software verlassen müssen. Mit der wachsenden Komplexität von Hard- und Software ist das Einpflanzen versteckter Hintertüren für Angreifer zudem leichter geworden. Zugleich stehen jene, die solche Hintertüren finden und abwehren wollen, vor dem Problem, dass jedes Computersystem über reichhaltige Komponenten verfügt, in denen sich Unerwartetes verbergen kann.

Dass es die Geheimdienste des Herstellerlandes im Zweifel leichter haben, in ein System einzudringen, ist eine allgemein akzeptierte Wahrheit. Viele Staaten sind dazu übergegangen, IT-Firmen zu nötigen oder mindestens zu motivieren, mit den landeseigenen Behörden zu kooperieren. Wie die Kooperation im Detail aussieht, hängt aber sehr von den politischen Gegebenheiten des jeweiligen Staates ab. Die NSA etwa hat bei der Schwächung von Verschlüsselungsstandards den direkten Weg gewählt: Der amerikanische Geheimdienst sorgte dafür, dass Dual_EC_DRBG, ein Algorithmus für einen angreifbaren Zufallsgenerator, zu einem offiziellen Standard in den USA wurde.

Bei allen Verschlüsselungsmethoden benötigt man zufällige Zahlen, damit niemand den Schlüssel, mit dem die Information kryptografisch gesichert wird, erraten kann. Der von der NSA entwickelte Algorithmus ließ die Zahlen zwar zufällig aussehen, sie folgten jedoch einem verborgenen Muster, das Angreifer ausnutzen konnten, um die Schlüssel zu erraten oder zu errechnen. Diese verborgene Veränderung im Algorithmus Dual_EC_DRBG ist ein sehr fortgeschrittener, hocheffektiver Angriff, der nur sehr schwer zu entdecken ist. Um ihre Hintertür möglichst weit zu verbreiten, bezahlte die NSA auch noch die amerikanische Krypto-Firma RSA dafür, dass der Algorithmus in ihre Produkte eingebaut wurde, die dann wiederum von anderen Unternehmen in ihre Software und Geräte integriert wurden.

In welchem Ausmaß die NSA Sicherheitsprodukte- und standards absichtlich schwächt, lernte die IT-Sicherheitsbranche aus den Snowden-Enthüllungen. Das Programm mit dem Codenamen BULLRUN wurde 2013 mit 250 Millionen US-Dollar und mehr als 140 Mitarbeitern betrieben. Eine ihrer Aufgaben: Hintertüren in Verschlüsselungsstandards und Digitalprodukte einzuschmuggeln und es der Abhörabteilung der NSA so zu ermöglichen, verschlüsselte Verbindungen mitzulesen und möglichst einfach in Systeme einzubrechen. Eine weitere Aufgabe der BULLRUN-Mitarbeiter war die »Zusammenarbeit« mit großen Netzwerkanbietern, die Datenverkehr, der für die NSA interessant ist, bei den Abhörpunkten des Geheimdienstes vorbeifließen lassen sollten.

Bei ihrem Versuch, möglichst schwache Verschlüsselungsstandards zu etablieren, half der NSA, dass der Geheimdienst in den USA nicht nur für das Abhören zuständig ist, sondern auch für Cybersicherheit und Verschlüsselung. Die offiziell verantwortliche Standardisierungsbehörde NIST galt vor den Snowden-Enthüllungen als weltweit führend bei neuen Verschlüsselungsverfahren. Sie greift oft und gern auf die Expertise der NSA zurück, die bis Mitte der 1990er Jahre ohne Zweifel einen erheblichen Erkenntnisvorsprung hatte vor frei arbeitenden Verschlüsselungsexperten.

Zwar gab es auch einige Fälle, in denen die Expertise der

NSA, wie sich später herausstellte, zu einer Härtung von vorgeschlagenen Standards gegen erst viel später öffentlich bekannt werdende Angriffe führte. Nachdem jedoch anhand von Dual_EC_DRBG klar wurde, dass der Abhörgeheimdienst keine Hemmungen hat, seinen Vorsprung im Bereich der Kryptografie einzusetzen, um Standards zu schwächen, ist jeder Rest von Vertrauen dahin. Egal, was die NSA jetzt vorschlägt, es steht unter dem Verdacht der absichtlichen Schwächung von Standards und wird von der internationalen Kryptografengemeinde aufs Schärfste bekämpft – in der Regel mit Erfolg.

Eine andere Methode des Einbaus von Hintertüren ist das Einschleusen von Mitarbeitern, Bestechung oder schlicht der Einbruch in die Systeme, in denen die Software entwickelt wird, um sie zu modifizieren. Oft genügt es, dafür zu sorgen, dass während der Entwicklung der Software oder Hardware Schnittstellen, die die Fehlersuche erleichtern, nicht wie geplant ausgebaut sind. Es gibt aber auch ganz offensichtliche Hintertüren, die mit wenigen Zeilen unauffällig aussehendem Code integriert werden können. So wurde in Firewalls des großen Router-Herstellers Juniper ein Hintertür-Passwort gefunden. Das Passwort war so gewählt, dass es aussah wie ein normaler Computer-Code:

```
<<< %s(un='%s') = %u
```

Wer auch immer dieses Passwort auf dem Wartungs-Login der Firewall eingab, brauchte nicht einmal einen gültigen Nutzernamen, er erlangte sofort die Kontrolle über das Gerät. Über 20000 Geräte waren von dieser Hintertür betroffen. Es ist nicht davon auszugehen, dass es sich um einen Einzelfall handelt.

Fälle, in denen ein Land beim Einbau von Hintertüren erwischt wurde, können Einblick in die Gepflogenheiten geben. Zuletzt enthüllte eine journalistische Recherche, dass China versucht hatte, das Hauptquartier der Afrikanischen Union in der äthiopischen Hauptstadt Addis Abeba auszuspionieren. Das Gebäude war als 200-Millionen-Geschenk an den Staatenbund mit chinesischen Mitteln errichtet worden, und die Volksrepublik hatte auch geholfen, die Computersysteme chinesischer Herkunft darin zu installieren. Schon seit das Gebäude im Jahr 2012 fertiggestellt worden war, gab es hartnäckige Gerüchte um eine chinesische Verwanzung oder mögliche Hintertüren in der eingebauten Netzwerktechnik.

Im Januar 2018 brachten Journalisten der französischen Zeitung »Le Monde« dann ans Tageslicht, dass über Hintertüren in den Systemen mehr als fünf Jahre lang Daten ausspioniert worden waren. Die aus Äthiopien ausgeleiteten Informationen seien zu Rechnern in Shanghai transferiert worden. Aufgefallen war die Spionage schon ein Jahr zuvor: Einige Leute in der IT-Abteilung hatten bemerkt, dass der Netzwerkverkehr spätabends nach dem üblichen Dienstschluss ungewöhnlich stark anstieg. Man verschloss den Chinesen daraufhin ihre Hintertür.

Natürlich dementierte das chinesische Außenministerium umgehend die Zeitungsberichte. Auch die Vertreter der Afrikanischen Union wiesen die Berichte der Journalisten zur Spionage zurück. Das ist bei Betroffenen häufig der Fall. Der äthiopische Regierungschef ließ sich sogar mit dem bemerkenswerten Satz zitieren, es gebe in dem Gebäude gar nichts zum Spionieren. Angesichts der ökonomischen Interessen Chinas auf dem afrikanischen Kontinent erscheint diese Aussage wenig glaubwürdig. Pikant an der Berichterstattung, die alle Seiten dementierten, war für die Chinesen: In mehr als einem Dutzend afrikanischer Staaten wurden mit chinesischer Hilfe neue Ministeriums- oder Parlamentsgebäude errichtet oder bestehende saniert. Gewisse Befürchtungen über Reputationsverlust und in der Folge weniger Aufträge sind also verständlich.

Die Journalisten von »Le Monde« schrieben übrigens nicht nur über die Hintertüren der Chinesen, sondern berichteten auch von gleichzeitiger britischer und französischer Spionage gegen die Afrikanische Union. Der Blick auf den grotesken Aufwand, den die Amerikaner betrieben haben, um den Neubau ihres Botschaftsgebäudes am Pariser Platz in Berlin abhörsicher zu machen, ändert sich damit vielleicht. Die Berliner spotteten hinter vorgehaltener Hand darüber, mit welcher Akribie die Vereinigten Staaten darüber wachten, das Material für den Bau und die Anlieferung jeder Kleinigkeit zu überwachen. Angesichts solcher Berichte wie über die Mehrfachspionage in der Afrikanischen Union muss man unweigerlich denken, dass solche Vorsicht vielleicht doch nicht ganz unberechtigt war.

Chinesische und amerikanische IT-Unternehmen, die mit den heimischen Geheimdiensten assoziiert werden, aber zugleich einen globalen Markt erobern wollen, stoßen zunehmend auf Misstrauen. Nach den mehrjährigen Veröffentlichungen aus dem Snowden-Fundus machten sich Umsatzeinbrüche vor allem bei großen Anbietern wie Cisco aus den Vereinigten Staaten deutlich bemerkbar. Sie gelten vielen jenseits ihres Heimatlandes als Komplizen der technischen Spionageoperationen. Das gilt auch für Microsoft, Apple, Google und Yahoo, die in den Snowden-Papieren in Zusammenhang mit dem Abhörprogramm »Prism« gebracht wurden. Zwar fielen ihre Namen im Rahmen von

Überwachungsoperationen mit Massencharakter, doch der Verdacht der Komplizenschaft hing auch an ihnen.

Im Jahr 2015 versuchten 140 amerikanische Unternehmen gemeinsam, politischen Druck auszuüben und gleichzeitig das Image als NSA-Komplizen abzuschütteln, indem sie einen offenen Brief an den damaligen US-Präsidenten Barack Obama richteten. Sie setzten sich darin für starke Verschlüsselungsmethoden ein und wiesen jegliche Forderungen nach Hintertüren in ihren Systemen mit Nachdruck zurück.

Auch große chinesische Konzerne wie Huawei und ZTE sind in der westlichen Welt als Spionagehelfer von Regierung und Militär verschrien, vor allem bei der US-Administration. Die strengte eigens parlamentarische Untersuchungen wegen Spionage-Hintertüren in den Geräten dieser Hersteller an. Die wirtschaftlichen Expansionspläne der Konzerne sind von diesem Verdacht in den letzten Jahren erheblich beeinflusst worden, obwohl sie zu den größten Anbietern von Netzwerk- und Telekommunikationssystemen gehören. Selbstverständlich weisen die Firmenchefs jegliche Zusammenarbeit mit der chinesischen Regierung weit von sich.

Das Risiko, dass Hintertüren entdeckt werden, ist nicht gering, insbesondere wenn jemand, der über die Ressourcen für eine genaue Analyse verfügt, bereits einen Verdacht hegt. Deshalb wurde schon sehr früh das Konzept der sogenannten Bugdoor entwickelt, ein Wortspiel aus dem englischen »backdoor« (Hintertür) und »bug« (Fehler in einem Programm oder Chip). Dabei werden die Hintertüren als »normale« Fehler getarnt, die sich nur »zufällig« durch eine besonders zuverlässige und nebenwirkungsfreie Ausnutzbarkeit auszeichnen. Wird eine solche Bugdoor entdeckt, behebt der Hersteller eben den Fehler, und niemand denkt sich etwas Böses.

Eine andere beliebte Form der Hintertür sind Schnittstellen, die während der Entwicklung für die Fehlerbehebung eingebaut wurden und dann im ausgelieferten Produkt eigentlich hätten entfernt werden sollen, aber »vergessen« wurden. Dies kommt insbesondere bei chinesischen Produkten wie DSL-Routern oder Smartphones sehr häufig vor. Gerade bei komplexen, großen Systemen ist oft auch eine Wartungsschnittstelle für den Hersteller vorgesehen, die entweder ungenügend gesichert ist oder direkt vom Geheimdienst des Herstellerlandes benutzt werden kann.

Eine weitere Hintertür-Variante ist der getarnte Informationsabfluss. Immer wieder kommt es vor, dass Accountdaten inklusive der Passwörter insbesondere von Mobiltelefon-Apps verdeckt zum Entwickler übermittelt werden. Wie der Anbieter dann diese Daten nutzt, ob vielleicht nicht nur ein Informationsabfluss geschieht, sondern auch die Tür für eine Infiltration des Gerätes besteht, ist für den Nutzer nicht erkennbar.

Hardware-Hintertüren

Eine andere Möglichkeit, Zugang zu einem Gerät zu bekommen, ist der Einbau von Hintertüren bei direktem Zugriff auf die Hardware. Die Gerätehardware ist schließlich die Basis jedes Computersystems, jede Software auf dem System arbeitet mit den Prozessoren und Chips darin zusammen. Wenn man es also schafft, die Hardware zu kontaminieren, kann man auf diesem Wege auch Kontrolle über die Software erlangen.

Bei den beinahe unendlichen finanziellen Ressourcen der amerikanischen Geheimdienste überrascht es nicht, dass die

NSA ganze Chipfabriken gekauft hat. Als vor einigen Jahren bekannt wurde, dass der amerikanische Geheimdienst von der Firma Sony eine solche Fabrik erworben hat, schossen unweigerlich die Gerüchte ins Kraut. Wollte die NSA eigens Hintertüren direkt in Chips einbauen, oder sollte der Kauf den Einbau von Chip-Hintertüren abwehren? Denn bereits seit einigen Jahren weiß man, dass auch Chips während des Herstellungsprozesses für eine spätere Spionage manipuliert werden können. Schützen kann man sich dagegen nur, wenn man seine Chipfertigung selbst unter Kontrolle hat. Doch natürlich kann man als Chiphersteller nicht nur die eigenen, sicheren Chips produzieren, sondern jederzeit auch Kopien anderer Chips erzeugen, diese mit Hintertüren versehen und sich so Zugänge zu fremden Geräten verschaffen.

Um Computerchips zu manipulieren, muss man viele Ressourcen und Know-how aufwenden. Im Vergleich dazu ist der Einbau von Hintertüren in Geräte ein Kinderspiel – wenn man die Möglichkeiten der NSA hat und Geräte auf dem Transportweg vom Hersteller zum Kunden abfangen kann. Die NSA hat – wie aus den Snowden-Dokumenten bekannt ist – eine umfangreiche Logistikoperation aufgebaut, um Hardware- und Softwaremanipulationen an Routern, Computern und anderen Elektronikgeräten beispielsweise der Firma Cisco vorzunehmen. Dazu wurden die Lieferungen solcher Geräte auf dem Weg vom Hersteller zum Kunden unter verdeckter Mitwirkung von Paketdiensten über einen Frachtflughafen geleitet, in dem die NSA geheime Räume unterhielt, die für die heimliche Installation der Hintertüren ausgerüstet waren. Dort öffneten speziell ausgebildete Mitarbeiter spurenfrei die Verpackungen, drangen ins Innere der Geräte vor, ohne die Versiegelungen der Gehäuse zu beschädigen, und bauten dann die zusätzliche NSA-Hardware ein oder installierten vorbereitete manipulierte Software.

Im Jargon der Dienste werden diese Manipulationen »Implant« genannt, man pflanzt also ein Implantat ein. Wenn das Gerät dann beim Kunden angeschaltet wird, nimmt das Implantat still und heimlich Kontakt nach außen auf. Das muss nicht unbedingt über das Internet geschehen. Implants werden auch eingesetzt, um in Netze vorzudringen, die nicht mit der Außenwelt verbunden sind. Dazu werden verschiedene Funkverfahren verwendet, wobei der Empfänger auch weit entfernt sein kann, etwa ein NSA-Satellit mit sehr großer Antenne.

Wenn der Geheimdienst davon ausgehen kann, dass das Gerät beim Kunden nicht gründlich inspiziert, sondern bedenkenlos in Betrieb genommen wird, baut man zusätzliche Elektronik ein, die diese Funktion übernimmt. Dabei achten die Implant-Spezialisten aber immer darauf, dass die Modifikation nicht auf den ersten Blick erkennbar ist, wenn beispielsweise ein Techniker eine Sicherung wechseln muss oder mehr Speicher in den Router einbaut. Wenn die NSA hingegen damit rechnen muss, dass der Kunde technisch firm ist und die Geräte vor Inbetriebnahme aufschraubt und gründlich inspiziert, setzt der Geheimdienst spezielle Elektronikplatinen ein, die zwar aussehen wie jene, die normalerweise in dem Gerät sind, die aber subtile Modifikationen aufweisen. So können etwa die Leitungen auf der Platine zu Antennen werden, die von einer modifizierten Software auf dem Gerät benutzt werden, um wichtige Informationen – etwa kryptografische Schlüssel oder hochgeheime Daten – per Funk zu senden.

Trotz aller Vorsicht muss derjenige, der eine Hintertür in

ein technisches Gerät einpflanzt, immer darauf gefasst sein, dass sie entdeckt wird. Denn wenn jemand weiß oder vermutet, dass sich ein Implantat in einem von ihm benutzten Gerät befindet, wird er es suchen und über kurz oder lang wahrscheinlich finden – selbst wenn dafür einiges an Aufwand nötig ist.

Auch der britische Geheimdienst GCHQ hat eine eigene Sektion, die sich mit der Manipulation der Soft- und Hardware von Computern beschäftigt. Ganz im Stil von britischen Gentlemen vermeidet man aber die deutliche Sprache der amerikanischen Geheimdienste und umschreibt die Manipulationen als »Equipment Interference« (Eingriff in Geräte). Dass der britische Geheimdienst mit seiner Abteilung »Computer Network Exploitation« (CNE) überhaupt Cyberangriffe durchführt, war zuvor ein gut gehütetes Geheimnis gewesen. Erst die Enthüllungen von Edward Snowden brachten die Existenz dieser Abteilung, die Arbeitsweise und die Regeln der GCHQ-Hacker ans Licht. Seit die Existenz solcher Operationen bekannt ist, wurden die Bedingungen, unter denen sie stattfinden dürfen, heftig diskutiert. 2015 erließ die britische Regierung dann ein rechtliches Regelwerk, um die Eingriffe des GCHQ in Soft- und Hardware zu regulieren.

Modifikationen an der Hardware von Computern wurden schon im Kalten Krieg angewendet. So verwanzten westliche Geheimdienste etwa die Rechner, die am Embargo vorbei in den Osten geschmuggelt wurden. Ironischerweise gibt es starke Hinweise darauf, dass den östlichen Geheimdiensten diese Praxis bekannt war, weswegen die ostdeutsche Stasi ihre aus dem Westen eingeschmuggelten Großrechner in Räumen mit einer kompletten Auskleidung aus Kupferblech aufstellte. Diese »Kupferkessel« genannte

Methode schuf einen faradayschen Käfig, aus dem keine Funkwellen entweichen konnten.

Dieses Beispiel eines Schlagabtauschs in einem frühen Cyberkonflikt zeigt, wie sich Geheimdienste gegenseitig auszutricksen versuchen. Es verdeutlicht eine wesentliche Charakteristik des Feldes: Es gibt keine Gewissheiten. Die CIA wusste, dass der Osten, trotz des Embargos für diese Geräte, dringend leistungsfähige Computer erwerben wollte, und war eigentlich damit beauftragt, den Hightechschmuggel zu unterbinden. Doch statt den Transfer zu verhindern, sorgte der US-Geheimdienst dafür, dass die Lieferung einen kleinen Umweg nahm, um den Computer zu manipulieren. Die östlichen Geheimdienste hatten das Prinzip wiederum so weit durchschaut, dass sie – möglicherweise durch ihre Spione in den westlichen Diensten – wussten, dass sie ihren Computer nur bekommen würden, wenn er den besagten Umweg über ein CIA-Lagerhaus einlegte. Also nahmen sie die Verwanzung in Kauf und trafen ihre eigenen Gegenmaßnahmen, um die Wanzen zu neutralisieren.

Schon ist man mittendrin im mehrfachen Spiegellabyrinth der Geheimdienstlogik: Wir wissen, dass sie wissen, dass wir wissen, dass sie wissen … Diese Art des Denkens wird uns noch öfter begegnen, denn auch nach Ende des Kalten Krieges blieb sie charakteristisch für den gesamten Cyberbereich.

Denial of Service

Die Abhängigkeit von Computern und Netzen in allen Aspekten des modernen Lebens führt dazu, dass es für einen Angreifer attraktiv sein kann, nicht die direkte Kontrolle über ein System zu gewinnen, sondern schlicht seine Benutzbarkeit und Verfügbarkeit zu beeinträchtigen. Dafür gibt es drei wesentliche Möglichkeiten: Ressourcen erschöpfen, Abstürze verursachen oder das gesamte System vernichten.

Wenn in der Presse von Denial-of-Service-Angriffen (DoS) die Rede ist, geht es meist um die Überlastung von Netzwerkverbindungen und Serverressourcen. Typischerweise werden dafür sogenannte Botnets verwendet. Dabei handelt es sich um Tausende Geräte, die an das Internet angeschlossen und vom Angreifer mit automatisierten Werkzeugen unter seine Kontrolle gebracht worden sind. Dessen primäres Ziel ist dabei nicht, Daten zu erbeuten, vielmehr will er die Netzwerkverbindungen der Geräte für DoS-Angriffe nutzen. Häufig besteht ein Botnet aus internetfähigen Geräten wie Kameras oder Routern, die leicht zu kapern sind, da sie mit veralteter Software laufen oder bekannte Standardpasswörter haben.

Die Angriffsmacht eines Botnets resultiert aus der großen Zahl der integrierten Geräte und daraus, dass diese oft rings um die Welt verteilt sind. Wenn ein Angreifer einfach nur eine Internetverbindung mit hoher Bandbreite mieten würde, um sein Opfer lahmzulegen, wäre es relativ leicht, die Attacke zu beenden: Man würde dem Angreifer nur die Leitung sperren lassen.

In einem Botnet mit Zehntausenden oder gar Hunderttausenden Geräten, die der Angreifer klandestin kontrolliert, ist das de facto unmöglich. Die individuelle Bandbreite jedes einzelnen Gerätes, das oft an einem normalen DSL-Anschluss hängt und unbemerkt von seinem Besitzer Teil des Botnets geworden ist, beträgt zwar meist nicht mehr als wenige Megabit pro Sekunde. Einige Zehntausend Mal ein paar Megabit sind jedoch schnell viele Gigabit pro Sekunde.

Der Angreifer lässt die Geräte im Botnet an die Server des Opfers legitim aussehende Anfragen stellen, die jedoch so konstruiert sind, dass sie möglichst viele Ressourcen verbrauchen. Schnell sind die Kapazitäten des Opfersystems erschöpft: Die Webseite oder Dienstleistung ist dann nicht mehr erreichbar, oder die App bekommt keine Daten mehr. Wenn das System des Opfers relativ leistungsschwach ist oder der Angreifer es gut kennt und mit diesem Wissen seine Angriffsanfragen überproportional ressourcenfressend konstruiert, können schon einige Tausend Botnet-Geräte zu einem Totalausfall führen.

Bei einem verwundbaren System reichen sehr geringe Angreiferressourcen, um es dauerhaft am Funktionieren zu hindern. Die eingangs beschriebenen Exploit-Techniken, mit denen man Kontrolle über ein fremdes System erlangen kann, lassen sich dann sehr einfach dazu nutzen, um es schlicht zum Absturz zu bringen. In der Praxis ist es sogar so, dass Exploits, mit denen man einen Programmcode gezielt und kontrolliert ausführen kann, sehr viel mühsamer zu entwickeln sind als solche, die einfach nur zu einem Crash führen.

Eine brutale, aber sehr effiziente Variante von Denial of Service ist die Vernichtung oder Teilvernichtung eines Systems. Dazu bringt ein Angreifer zuerst das Opfersystem unter seine Kontrolle und zerstört dann systematisch die darauf laufenden Programme und enthaltenen Daten. Eine mittlerweile sehr bekannte Variante dieses Vorgehens sind die sogenannten Erpressungstrojaner. Dabei wird der Opferrechner – meistens automatisiert – mit Schadsoftware infiziert, die alle oder ausgewählte Daten kryptografisch verschlüsselt. Den Entschlüsselungscode rückt der Angreifer nur gegen die Zahlung eines Lösegeldes heraus – wenn man

Glück hat. Besonders perfide Erpressungstrojaner arbeiten so, dass auch Sicherheitskopien verschlüsselt werden, sodass das Opfer keine Chance hat, ein Back-up einzuspielen.

Bei der offensiven Cyber-Auseinandersetzung zwischen staatlichen Akteuren werden mitunter Angriffe, die ein ganz anderes Ziel verfolgen, als ein solcher Erpressungstrojaner getarnt. Auf den ersten Blick sieht der Angriff dann aus wie ein »normales« kriminelles Vorkommnis, von dem es jedes Jahr Dutzende Wellen gibt. Erst wenn die Opfer dann versuchen, Lösegeld zu zahlen, stellt sich heraus, dass es den Schlüssel, mit dem sie ihre Daten wiedererlangen könnten, gar nicht gibt. Das eigentliche Ziel der Attacke war, großflächigen Schaden in der digitalen Infrastruktur anzurichten.

Die steigende Verbreitung von Geräten, die Software ausführen und eine Netzwerkverbindung haben, gern zusammengefasst unter dem Begriff »Internet der Dinge« (»Internet of Things«, IoT), erweitert das Schadenspotenzial erheblich. Einerseits können solche Geräte als Bots missbraucht werden, andererseits ist auch die Beeinträchtigung der Funktionen dieser Geräte an sich schon eine immer mächtiger werdende Bedrohung. Ein Angreifer könnte in einer langen Kampagne automatisch Hunderttausende oder Millionen DSL-Router, Netzwerkkameras, Fahrkartenautomaten, Geldautomaten, Auto-Bordcomputer, Mobiltelefone, Medizingeräte, Stromzähler, Soundsysteme oder Anzeigetafeln für Verkehrsinformationen unter seine Kontrolle bringen. Wenn der Moment gekommen ist – wenn seine strategischen Interessen oder die taktische Situation im Rahmen eines größeren Konfliktes es erfordern –, kann er die Vielzahl an Geräten praktisch auf Knopfdruck außer Gefecht setzen oder gar zerstören. Und wenn er dann noch den Teil der Gerätefirmware überscheibt, der es erlauben würde, neue Software einzuspielen, könnten die Geräte nie wieder in Betrieb genommen werden. Die vielen schönen, praktischen Geräte, die unseren Alltag mehr und mehr dominieren, wären dann nur noch Elektroschrott. In immer mehr Cyberattacken, bei denen IoT-Geräte angegriffen werden, findet sich eine solche Zerstörungsfunktion.

Aber auch »normale« Computer lassen sich durch Software mehr oder minder permanent zerstören. Dies liegt daran, dass ein Laptop oder Schreibtischcomputer nicht nur einen großen Prozessor enthält, auf dem das Betriebssystem und die Anwendungen laufen. Auch eine Vielzahl von kleinen Prozessoren verrichtet in ihnen ihren Dienst und kümmert sich um das Funktionieren des Gesamtsystems. Erst in ihrem Zusammenwirken entsteht ein großes Ganzes, das wir als »Computer« wahrnehmen: Sie steuern den Stromfluss, sorgen dafür, dass die Festplatte Daten lesen und schreiben kann, sie erkennen, wenn man eine Taste gedrückt hat und kommunizieren mit dem WLAN. Ihre Software wird nicht von der Festplatte geladen, sondern kommt aus dem Flash-Speicher, der genau wie bei den IoT-Geräten von Schadsoftware überschrieben werden kann. Ob diese Schadsoftware nur die Tastatureingaben mitliest, es sich im Prozessor der Festplatte gemütlich macht, um auch eine komplette Neuinstallation des Betriebssystems unbeschadet zu überstehen, oder den Chip unbrauchbar macht, der die gesamte Stromverteilung im Computer steuert und damit die Hardware zerstört, hängt primär von den vorhandenen Sicherheitslücken des Systems sowie dem Geschick und der Zielsetzung des Angreifers ab. Für einen Angreifer sind solche Attacken jedoch logistisch relativ schwierig, da es eine Vielzahl von Firmwareversionen gibt. Er muss entweder sehr genau wissen, welches Gerät in welcher Ausstattung seine Zielperson einsetzt oder seine Schadsoftware für eine Vielzahl möglicher Sicherheitslücken passend machen, sodass diese dann anhand der vorgefundenen Hardware automatisch die richtigen Exploits ausprobiert.

Physischer Denial of Service

Eine noch extremere Spielart des DoS ist der physische Angriff auf Infrastrukturen und Computer. Das Rückgrat der globalen Netzwerkkommunikation sind Glasfaserkabel. Durch die Bündel aus haardünnen Glassträngen fließt der allergrößte Teil der weltweiten Internet- und Telefonverbindungen. Die Übertragungskapazitäten sind so groß geworden, dass der gesamte Internetverkehr ganzer Länder über ein einziges Kabel abgewickelt werden kann. In der Praxis haben die meisten Länder redundante Anbindungen, sind also über mehrere Glasfaserstrecken mit ihren Nachbarn verbunden, sodass es Ausweichoptionen gibt, wenn ein Kabel beschädigt oder zerstört wird.

Es gibt jedoch, bedingt durch geografische Verhältnisse und historische Entwicklungen, praktisch überall Konzentrationspunkte, an denen separate Kabeltrassen zusammenkommen. Besonders kritisch ist dies bei den Unterseekabeln, die auf dem Meeresgrund verlegt werden. So fließen etwa große Teile des Internetverkehrs zwischen Europa und Asien durch Kabel, die sich bei Alexandria in Ägypten konzentrieren und dann parallel zum Suezkanal verlegt sind. Die Empfindlichkeit dieser Infrastruktur wird immer wieder deutlich, wenn die Kabel durch Anker oder Grundschleppnetze von Fischern erfasst und zerrissen werden.

Die hauchdünnen Glasfasern sind zwar in Küstennähe, wo die meisten Schäden durch Schiffe drohen, durch armdicke Kabelmäntel gesichert, die eher an Stahlseile erinnern als an das heimische USB-Kabel. Jedoch kommt es praktisch jede Woche überall auf der Welt zu Schäden und Kabelbrüchen, da auch die dickste Armierung nicht ausreicht, um einen Anker, der über den Meeresgrund schleift, unbeschadet zu überstehen.

Die Reparatur eines beschädigten Unterseekabels kann mehrere Wochen dauern. Dazu muss ein Spezialschiff an die Bruchstelle bewegt werden, das über die nötigen Vorrichtungen verfügt. Von diesen Spezialschiffen gibt es weltweit nur einige Dutzend, die hochseetauglich sind. Sind sie ausgebucht oder ist keines in der Nähe der Bruchstelle, verzögert sich die Reparatur.

Mithilfe von Sonar – einer Art Unterwasserradar auf der Basis von Schallwellen – werden die beiden Enden des Kabels gesucht, was je nach Beschaffenheit des Grundes mehrere Tage dauern kann. Dann setzt das Schiff ein Mini-U-Boot aus, welches das Kabelende untersucht und mit einem Greifer sichert, um es dann mit großen Winden an Bord zu hieven. Das zerfetzte Ende wird danach abgetrennt und ein neues Stück Kabel angespleißt. Da sich in einem modernen Unterwasserkabel über hundert Faserpaare befinden, dauert dies einige Zeit. Die Arbeiten müssen zudem absolut fehlerfrei erfolgen. Dann wird die Panzerung des Kabels wiederhergestellt, und auch die Stromleitungen für die Verstärker, die alle paar Dutzend Kilometer in dem Unterwasserkabel verbaut sind, müssen wieder angeschlossen und getestet werden.

Wenn dies alles erfolgreich ist, fährt das Schiff zu der Stelle, wo das andere Bruchende auf dem Meeresboden liegt. Dabei rollt es das neu angespleißte Kabel vorsichtig ab. Da das Kabel vom Meeresgrund an die Oberfläche gehievt werden muss, wird es bei der Reparatur um das Mehrfache der Wassertiefe verlängert. Nun wird die ganze Prozedur mit dem zweiten Bruchende wiederholt. Wenn alles gut geht, wird das reparierte Kabel vorsichtig auf den Meeresboden abgelassen. Erst dann kann der Datenverkehr wieder fließen.

Aufgrund der langwierigen Reparaturprozedur sind diese Kabel für einen strategisch denkenden Cyberangreifer hochinteressant. Als die Bewegungsmuster russischer Militärforschungsschiffe nahelegten, dass diese systematisch die genaue Lage von wichtigen transatlantischen Kabeln kartografieren, sorgte das für hohe Nervosität bei den NATO-Staaten. Die Bedrohungsszenarien, die ausgehend von dieser Beobachtung diskutiert werden, sind düster: Wenn mithilfe von Unterwassersprengsätzen mehrere wichtige Kabel gleichzeitig zerstört würden, vielleicht noch an mehreren Stellen pro Kabel, kämen große Teile des weltweiten Datenverkehrs schlagartig zum Erliegen.

Die Kabel erstrecken sich über Tausende von Kilometern. Regelmäßig zu überprüfen, ob ein Angreifer irgendwo entlang der Strecke Sprengsätze versteckt hat, die über Schallsignale ausgelöst werden könnten, ist derzeit praktisch unmöglich. Theoretisch denkbar wäre es, dafür Unterwasserdrohnen zu verwenden, aber das ist noch ferne Zukunftsmusik. Momentan gibt es keinen Weg, die wichtigen Unterseekabel zu überwachen und gegen Angreifer zu schützen. Entsprechend panisch lesen sich die Papiere der Regierungen und Thinktanks, die solche Szenarien für den Fall von Auseinandersetzungen durchspielen.

Die Stellen, an denen Unterseekabel an Land kommen,

sind ebenfalls Orte hoher Verwundbarkeit. Die unauffälligen Gebäude in Ufernähe, in denen die Fasern der Unterwasserleitungen mit dem Netz an Land verbunden werden, heißen Landestellen. In den meisten Küstenstaaten gibt es davon nur einige wenige, da die Unterwassergeografie und Küstenbeschaffenheit nur an wenigen Orten geeignet sind, um die Kabel schonend anzulanden. Auf wenigen Kilometern Küstenlinie finden sich demzufolge im Extremfall Dutzende Kabellandepunkte.

Bis vor Kurzem waren diese Installationen kaum geschützt, man verließ sich darauf, dass niemand weiß, was in den Hütten am Strand passiert. Und wer würde schon auf die Idee kommen, Internetkabel zu sabotieren? Die oft in abgelegenen Küstenabschnitten liegenden Landungsstellen sind zudem schwierig gegen einen ernsthaften Sabotageangriff zu schützen. Dementsprechend nervös wurde das amerikanische FBI, als es russische Geheimdienstler, die im inzwischen geschlossenen Konsulat in San Francisco arbeiteten, beim Besuch von Landungsstellen observierte.

Ausnutzen von »alten« Systemen mit schwachen Zugangshürden

Die digitale Welt existiert bekanntlich nicht erst seit wenigen Jahren, ihre Geschichte reicht recht weit zurück. Schon vor Jahrzehnten, teilweise lange vor dem Internet, wurden Systeme gebaut, mit denen die Vorteile von Vernetzung und Computerisierung nutzbar gemacht werden sollten und die zum großen Teil immer noch in Betrieb sind: Das weltweite Flugbuchungssystem Amadeus, die SWIFT-Infrastruktur, mit der Banken internationalen Zahlungsverkehr abwickeln, das SS7-System, über das Telefonate und SMS weltweit vermittelt werden, sind nur die bekanntesten Beispiele.

Diese Systeme stammen aus einer Zeit, in der es nur vergleichsweise wenige Unternehmen gab, die an ihnen teilnahmen. Das SS7-Signalisierungssystem etwa wurde für die Nutzung durch ein paar Handvoll großer Telefonanbieter konzipiert und gebaut, die damals oft noch in Staatsbesitz waren. Es dient der Koordination von Verbindungen zwischen verschiedenen Netzanbietern und kann unter anderem Mobiltelefone lokalisieren und SMS-Nachrichten oder Anrufe umleiten. Wir reden von einer Zeit, als das Telefonnetz in Deutschland von der Deutschen Bundespost als Staatsmonopolist betrieben wurde. Die Manager und Techniker dieser wenigen Firmen kannten einander allesamt, es gab eine implizite Vertrauensbeziehung und Absprachen mehr oder minder per Handschlag. Man war unter sich, Sicherheitsvorkehrungen waren unnötig. Entsprechend wurden auch die technischen Parameter des Systems ausgelegt, das Sicherheitsmodell lautete de facto: »Wir sind hier alle Freunde und wollen uns nichts Böses.«

Die Zeiten haben sich geändert. Tausende Netzbetreiber auf der ganzen Welt sind nun Teil des globalen SS7-Netzes, dazu kommt eine unbekannte Anzahl von Dienstleistern, die SMS versenden oder versuchen, durch das Ausnutzen von Unterschieden in den Verbindungspreisen für Telefonate zwischen den einzelnen Ländern Geld zu verdienen. Das Problem dabei ist: Über SS7 lässt sich praktisch direkt auf die Kernsysteme der Mobilfunkanbieter zugreifen. Man kann abfragen, wo sich ein Telefon befindet, kann Anrufe für dieses Telefon umleiten und so tun, als wäre es gerade bei einem anderen Netzbetreiber eingebucht.

Damit lassen sich weltweit Telefone überwachen und beobachten, eine Möglichkeit, die von Geheimdiensten und Privatspitzeln auch weidlich ausgenutzt wird. Für technisch nicht so fähige Regime gibt es das Ganze auch als praktisches Produkt fertig verpackt von einem Dutzend Spionagedienstleister zu kaufen. Die Möglichkeit, seine Gegner weltweit einfach vom Schreibtisch aus in einem hübsch aufgemachten Webinterface zu überwachen, ohne ein eigenes weltweites Überwachungsnetz unterhalten zu müssen, ist für alle Geheimdienste in hohem Maße attraktiv. Und dadurch, dass der Preis für kommerzielle Überwachungsangebote stark gesunken ist, können selbst Privatpersonen die SS7-Dienstleister nutzen. Erst in den letzten Jahren haben die Telefonfirmen nach und nach begonnen, ihre Systeme etwas abzudichten.

Das Problem, dass einmal eingeführte große Systeme über Jahrzehnte mit veralteten Sicherheitsstandards betrieben werden, während sich ringsherum die Welt verändert, ist an vielen Stellen anzutreffen. Wenn die Sicherheitsprobleme schon in der Grundarchitektur verankert und die Systeme für das Funktionieren von globalen Strukturen wie den Telefonnetzen unabdingbar sind, dauert es oft Jahrzehnte, bis sich etwas ändert. Warum soll man auch ein funktionierendes System infrage stellen, nur weil es ein paar Sicherheitsprobleme gibt? Das kostet nur Geld, macht Arbeit und gefährdet den profitablen Status quo.

Zu diesen »alten« Systemen gehören im Grunde mittlerweile auch zahlreiche Windows-Versionen, die zwar in die Jahre gekommen, aber in Behörden und Privathaushalten rund um die Welt noch millionenfach im Einsatz sind. Der Hersteller Microsoft bietet für seine älteren Betriebssysteme jedoch keine Unterstützung mehr an. Sie gelten als überholt, obwohl der Konzern selbstverständlich weiß, dass sie noch immer breit im Einsatz sind. Der Grund aus

Sicht von Microsoft ist einfach zu verstehen: Man hat ein klares finanzielles Interesse, die Kunden zum Kauf neuer Betriebssysteme zu bewegen – auch weil der Support älterer Betriebssysteme natürlich Kosten verursacht.

In jüngster Zeit musste Microsoft bei dieser Firmenpolitik allerdings eine Ausnahme machen: Im Mai und Juni 2017 bot die Firma aus Sicherheitsgründen doch wieder Patches für sein sechzehn Jahre altes Betriebssystem Windows XP an, das eigentlich schon seit einiger Zeit vom Konzern nicht mehr gewartet wird. Grund für die Ausnahme war die weltweite Angriffswelle mit der Schadsoftware »WannaCry«, die eine Sicherheitslücke in Windows XP ausnutzte und Hunderttausende Computer infizierte.

Ein großes IT-Unternehmen wie Microsoft hat die Ressourcen, das Wissen, das Personal und offenbar in diesem Fall auch den Willen, bei einer gravierenden Sicherheitslücke mit Millionen Betroffenen die eigenen Löcher zu stopfen. Mit Blick auf die digitale Zukunft sollten wir uns jedoch fragen, ob es bei unserem vernetzten Fernseher zu Hause oder bei der vernetzten Klimaanlage in unserem Büro nach sechzehn Jahren auch noch einen Hersteller geben wird, der ein schwerwiegendes Problem durch ein Softwarepatch beheben kann. Immer gesetzt den Fall, die Anlage oder der Fernseher sind überhaupt so gebaut worden, dass ein Patch eingespielt werden kann.

An die Quelle – strategisches Infiltrieren von Infrastruktur

Die Dokumente, die Edward Snowden im Sommer 2013 an die Öffentlichkeit brachte, haben erstmals in der Geschichte der technischen Überwachung detaillierte Einblicke in umfangreiche Hacking-Operationen gegeben, mit denen westliche Geheimdienste über strategische Zugänge an Informationen gelangen wollten. Betroffen waren von diesen Operationen beispielsweise mehrere EU-Institutionen, inklusive des Europäischen Parlaments selbst, aber auch Firmen. So startete etwa der britische Geheimdienst GCHQ die »Operation Socialist«, um den großen belgischen Telekommunikationskonzern Belgacom anzugreifen. Wollte man den Angriff technisch klassifizieren, fiele er in die Kategorie APT (Advanced Persistent Threat).

Neben der längst massenhaft stattfindenden Überwachung der Netze hatte der GCHQ seine Hacking-Operationen vor allem deswegen ausgebaut, weil mehr und mehr Unternehmen und Privatpersonen begonnen hatten, ihre kommunizierten Inhalte zu verschlüsseln. Der britische Geheimdienst musste nach neuen Wegen suchen, an Informationen zu gelangen – etwa in einen Computer einzudringen und Inhalte noch vor dem Verschlüsseln abzugreifen.

In den von Edward Snowden veröffentlichten Papieren ist nicht nur das konkrete Ziel des GCHQ, nämlich das teilweise staatseigene belgische Unternehmen Belgacom, namentlich benannt, sondern auch das strategische Ziel des Angriffs: Die britischen Staatshacker wollten in die Belgacom-Infrastruktur vordringen, um an die Daten von Smartphone-Nutzern zu gelangen, die Roaming verwenden. Der Konzern scheint deswegen ins Visier des GCHQ geraten zu sein, weil er eine internationale Drehscheibe für das Roaming ist und weil viele EU-Parlamentarier, die aus den Mitgliedsstaaten nach Brüssel kommen, in ihren Telefonen die heimischen SIM-Karten im Netz von Belgacom nutzen.

Das Vorgehen des britischen Geheimdienstes konnte durch die Snowden-Veröffentlichungen im Nachhinein genau rekonstruiert werden. Die Attacken des GCHQ zielten tatsächlich auf die Roaming-Router der Belgacom sowie auf Unternehmen, die Abrechnungen für Mobilfunkverbindungen über Staaten hinweg erstellen. Um an die gewünschten Informationen zu gelangen, bedurfte es allerdings einiger Umwege.

Primäres Angriffsziel waren einige wenige Personen, die als technische Mitarbeiter die Systeme von Belgacom betreuen und warten. Diese lockte man auf manipulierte Webseiten, die so aussahen, als wären sie Profile der Onlineplattform LinkedIn. Über diesen Trick gelang es dem britischen Geheimdienst, auf den Dienstrechnern der Belgacom-Mitarbeiter eine Schadsoftware mit dem Namen REGIN einzupflanzen. Die infizierten Rechner dienten dann zunächst als heimliche Sprungbretter für die Spionage im System von Belgacom. Abgesehen hatten es die britischen Spione aber auch auf die weltweiten Vertragspartner des Telekommunikationsanbieters, die neben Europa auch in Afrika, Asien, im Nahen Osten sowie in den Vereinigten Staaten beheimatet waren.

Der dreiste Hack, dessen technischer Kern unter dem Namen »Quantum Insert« bekannt wurde, zog weitere Kreise als viele andere Enthüllungen über GCHQ und NSA, vor allem weil verärgerte EU-Parlamentarier darauf drangen, den Fall öffentlich zu untersuchen. Als klar wurde, dass auch deutsche Ziele auf höchster Ebene ins Visier der Geheimdienste geraten waren, berief der Bundestag ebenfalls einen Untersuchungsausschuss ein. In der von Edward Snowden enthüllten »Target Knowledge Database« der NSA, in der die wichtigsten politischen Spionageopfer verzeichnet sind, hatte sich Angela Merkels Name gefunden. Wie sich herausstellte, war sie schon seit 2002 auf US-Abhörlisten vertreten gewesen.

Der Vizechef des Bundesamts für Sicherheit in der Informationstechnik, Andreas Könen, sagte im Untersuchungsausschuss als Zeuge zum Belgacom-Hack aus und bestätigte, dass man hierzulande eine »ähnliche Software« gefunden hätte. Sie sei »bei einer Mitarbeiterin des Bundeskanzleramts« installiert gewesen und dort auch zum Einsatz gekommen. Die Verbindung zum Belgacom-Hack sei nicht zu leugnen, gab Könen zu Protokoll, die Angriffswerkzeuge würden aus »ein und derselben Quelle« stammen. Was Könen damit recht unverhohlen andeutet, ist der Umstand, dass der britische Geheimdienst GCHQ versucht hat, das deutsche Kanzleramt mit einer ausgefeilten Spionageoperation anzugreifen.

Die sich über mehrere Jahre hinziehenden Snowden-Veröffentlichungen brachten weitere Hacking-Operationen des GCHQ ans Licht – auch in Deutschland. In einem Fall wurde sogar die Staatsanwaltschaft Köln tätig: Nachdem der »Spiegel« über einen GCHQ-Angriff auf die deutsche Firma Stellar berichtet hatte, wurde 2014 ein Ermittlungsverfahren eingeleitet. Denn was man sich trotz einer gewissen Gleichgültigkeit in der Öffentlichkeit über die Fülle von Geheimdienstskandalen der letzten Jahre mal wieder ins Gedächtnis rufen sollte: Das Ausspähen von Daten ist nach deutschem Recht strafbar, erst recht im Rahmen einer geheimdienstlichen Agententätigkeit.

Neben dem Mittelständler Stellar sollen auch die Deutsche Telekom und der Provider Netcologne durch die »Network Analysis«-Abteilung des GCHQ angegriffen worden sein. Also genau durch jene Spezialisten, die auch hinter dem Hack gegen Belgacom steckten. Zwar gab die Telekom an, in ihren Systemen keine Beweise für eine geheimdienstliche Hacking-Operation gefunden zu haben, aber sie zeigte sich entrüstet schon über die bloße Möglichkeit eines Cyberangriffs, die durch die Berichterstattung nahegelegt wurde, und bezeichnete es als vollkommen inakzeptabel, dass ein ausländischer Geheimdienst versuchen würde, in die Netzwerke der Telekom einzudringen.

Konkreter ließ sich der Angriff auf die deutsche Firma Stellar nachverfolgen. Der Name der Firma, der Name des Firmenchefs Christian Steffen sowie die E-Mail-Adressen von einer ganzen Reihe seiner Mitarbeiter konnten durch Snowden-Dokumente einer gemeinsamen NSA-GCHQ-Operation zugeordnet werden. Sie hatte zum Ziel, wichtige Angestellte zu überwachen und in die internen Netze des Unternehmens einzubrechen. Mit Blick auf das Geschäftsfeld von Stellar erschließt sich schnell, warum die Firma als Ziel der britischen Spionage ausgewählt wurde. Das deutsche Unternehmen bietet seinen Kunden weltweit Internetzugänge via Satellit. Es überraschte nicht, dass auch zwei Konkurrenten von Stellar auf der Zielliste des Geheimdienstes auftauchten: CETel und IABG.

Strategisch interessante Computersysteme zu infiltrieren und sich dort unbemerkt einzunisten, falls der Zugriff später einmal gebraucht wird, ist ein grundlegendes Strategem bei Cyberoperationen. Ein solches Vorgehen wird nicht nur genutzt, um Informationen abzuschöpfen, es kann auch vielen unterschiedlichen Zwecken dienen. So auch der physischen Sabotage mit digitalen Mitteln.

Industriesteuerungen

Sich schon einmal vorausschauend heimlich in ein System einzunisten, die schwierigen Schritte von Infiltration und Exploit zu absolvieren und sich danach still und leise im Netzwerk umzusehen, ohne gleich Schaden anzurichten, ist der übliche Ablauf bei Cyberoperationen gegen Industrieanlagen. Als Prototyp von Angriffen gegen Infrastrukturen, die eine Produktion in der physischen Welt steuern und überwachen, wird der Stuxnet-Angriff gegen die iranischen Atomanreicherungsanlagen, insbesondere in Natanz, im Jahr 2010 angesehen. »Stuxnet« gilt als erste erfolgreiche Sabotageoperation gegen eine Produktionsanlage, ohne dass die Angreifer physisch anwesend waren.

Zwar gab es auch zuvor schon vereinzelte Angriffe gegen die speziellen Steuercomputer, mit denen zum Beispiel Raffinerien, Stromnetze, Stahlwerke, Produktionsstraßen, Werkzeugmaschinen und Wasserversorgung betrieben werden. Doch erst seit Stuxnet ist einer breiteren Öffentlichkeit etwas bewusster geworden, wie hoch das Risiko ist, das die zunehmende Digitalisierung und Vernetzung solcher Anlagen mit sich bringt. Nach Bekanntwerden der Stuxnet-Attacke sind Cyberangriffe auf Produktionssteuerungen heute zumindest ein Sicherheitsthema geworden, viel zum Besseren gewandelt hat sich in den vergangenen Jahren allerdings nicht.

Industriesteuerungen unterscheiden sich von den Computern, mit denen wir das Internet nutzen oder Texte schreiben, in einigen wesentlichen Aspekten. Sie sind aus vielen, relativ kleinen Computern aufgebaut, die jeweils eine ganz spezifische Aufgabe wahrnehmen, etwa die Drehzahl eines Motors zu kontrollieren oder ein Ventil abhängig vom

Druck in einem Dampfkessel zu öffnen und zu schließen. Ihre Vorläufer waren Elektronik- oder Relaisschaltungen, die für einen ganz speziellen Anwendungszweck entwickelt und gebaut wurden, sowie Ablaufsteuerungen, bei denen die einzelnen Schritte des Produktionsprozesses auf Lochstreifen kodiert waren.

Um Kosten zu reduzieren, mehr Flexibilität zu ermöglichen und für kompliziertere Abläufe mehr Parameter – in einer chemischen Fabrik etwa Fließgeschwindigkeiten, Temperaturen, Drücke und Ventilzustände – in einer Steuerung miteinander in Verbindung bringen zu können, wurden diese Spezialsteuerungen im Zuge der Digitalisierung durch relativ simple, miteinander verbundene Computer ersetzt. Jeder dieser kleinen Computer hat ein sehr begrenztes Aufgabenspektrum: etwa eine Handvoll Sensoren auszulesen, die Messwerte an die Steuerzentrale zu übermitteln und durch das Öffnen oder Schließen der Zu- und Ablaufventile dafür zu sorgen, dass der Füllstand in einem Wassertank immer innerhalb eines vorgegebenen Rahmens bleibt. Durch die Kombination vieler dieser kleinen Computer und ihre Vernetzung werden die Abläufe in der gesamten Anlage koordiniert.

Bei der Entwicklung dieser Komponenten steht ihre langfristige Zuverlässigkeit im Vordergrund, schließlich sind Industrieanlagen oft über Jahrzehnte ohne große Veränderungen in Betrieb. Das ist auch gut so, wenn man bedenkt, dass sie dafür verwendet werden, industrielle Prozesse zu steuern, die katastrophale Auswirkungen haben können, wenn sie außer Kontrolle geraten – etwa in einer Ölraffinerie oder Chemiefabrik oder gar einer Atomanlage. Wichtig war, technisches Versagen zu verhindern, der Schutz vor Angriffen von außen wurde kaum oder gar nicht betrachtet. Da die Industrieanlagen in der Vergangenheit als isolierte Systeme konzipiert wurden, die nicht ans Internet angeschlossen und maximal über Modems und Telefonleitungen von außen erreichbar waren, wurde dies auch als ausreichend angesehen. Nun kommen aber zwei Faktoren ins Spiel, die diese Betrachtungsweise obsolet machen.

Zum einen werden die Anlagen immer öfter mit den Netzen verbunden, die im Zuge der allgemeinen Digitalisierung und Vernetzung auch in den Fabriken Einzug halten. Für einen Angreifer ergeben sich dadurch Wege in die Steuersysteme, die oft über mehrere Zwischenstufen gehen – etwa mit einer infizierten E-Mail, die den Weg ins Netz der kaufmännischen Abteilung öffnet, von wo aus ein Pfad in die Produktionsplanung etabliert wird, der dann schließlich in der Fertigungssteuerung endet. Wenn nun die Computer, mit denen etwa infizierte Dokumente aus der Planungsabteilung geöffnet werden, in Verbindung mit der eigentlichen Produktionssteuerung stehen, haben die Angreifer ihr Ziel erreicht: Sie haben Zugriff auf die Steuerung der gesamten Anlage. Mit dem Trend zur »Industrie 4.0«, also der zunehmenden Vernetzung und Digitalisierung von Industrieanlagen, die im Kern die Anbindung aller Fertigungsmaschinen ans Netz bedeutet, werden solche Angriffe immer häufiger und auf ganz unterschiedlichen Wegen stattfinden können.

Zum anderen erhalten auch Industriesteuerungen immer wieder Software- und Konfigurationsupdates. Selbst bei Systemen, die komplett offline betrieben werden, wo es also für einen Angreifer keinen Netzwerkpfad zum Ziel gibt, kommt immer wieder ein Techniker mit seinem Laptop vorbei, der zu anderen Zeiten auch am Netz hängt und auf den allerhand Daten heruntergeladen und E-Mails empfangen werden. Ein sehr effizienter Weg, möglichst viele

Industriesteuerungen präemptiv zu hacken, besteht deshalb darin, schon die Software für die Wartung und Konfiguration oder gleich die Basis-Firmware der Steuerungen bei ihrem Hersteller zu infizieren. Dabei nimmt man eine große Streubreite in Kauf, weil die gleichen Steuermodule rings um die Welt in ähnlichen Anlagen eingesetzt werden. Dieser Angriffsmodus kann dazu führen, dass nicht nur das eigentliche Ziel infiziert und damit für eine spätere gezielte Sabotageoperation erreichbar wird, sondern auch Dutzende oder Hunderte andere Anlagen weltweit, die mit Steuersystemen desselben Herstellers arbeiten.

Eine besonders besorgniserregende Variante des Angriffs auf Industrieanlagen ist die Manipulation der spezialisierten Module, die gefährliche Produktionsprozesse überwachen. Diese sogenannten Safety-Controller bilden ein Sicherheitsnetz, falls das Hauptsystem versagt, und sind deshalb unabhängig von den Computern, die den Produktionsablauf steuern. In einer Ölraffinerie überwachen Safety-Controller etwa den Druck und die Temperatur in explosionsgefährdeten Anlagenteilen und können beim Versagen der sonstigen Steuerungs- und Sicherheitssysteme Druck ablassen oder chemische Reaktionen zwangsweise beenden.

In Saudi-Arabien wurden auf Safety-Controllern der Marke Triconex im Jahr 2018 Komponenten einer Schadsoftware gefunden, die auf Kommando von außen die Sicherheitsfunktionen außer Betrieb setzen und ohne Anlass Notabschaltungen auslösen konnten. Eine solche Manipulation der Safety-Controller war zuvor für weitgehend unmöglich gehalten worden, weil zur Umprogrammierung der Controller eigentlich direkt am Gerät ein physischer Schlüsselschalter betätigt werden muss, um sie in einen Modus zu versetzen, der das Beschreiben des Festspeichers erlaubt. Die Autoren der Schadsoftware hatten jedoch herausgefunden, dass dieser Schlüsselschalter die Schreibschutzleitung nicht physisch unterbricht, sondern seine Stellung von der Systemsoftware des Controllers lediglich logisch ausgewertet wird. Mit einer mehrstufigen Kette von Exploits gelang es den Angreifern, diese Systemsoftware zu manipulieren und ihre Schadsoftware auf den Controllern zu installieren. Entdeckt wurden sie wahrscheinlich nur, weil ihnen ein Programmierfehler unterlaufen war, der zu auffälligem Netzwerkverkehr führte.

Um Industrie-Controller erfolgreich angreifen zu können, ist Detailwissen über die genaue Funktionsweise der Anlagen nötig. Nur wenn man weiß, welche Rolle jeder der vielen Dutzend Controller hat, die einen Produktionsprozess kontrollieren, welche Sensoren an ihn angeschlossen sind und welche Ventile, Motoren, Pumpen oder Relais er steuert, kann die Sabotageoperation tatsächlich zum Ziel führen. Folgerichtig werden immer wieder Angriffe entdeckt, die sich noch in einem frühen Stadium befinden, die also die Anlage noch nicht manipulieren können, sondern nur Daten aus den Anlagen zusammensammeln und den Angreifern übermitteln.

Eine solche Malware-Kampagne mit dem Namen »Havex« wurde seit 2014 dabei beobachtet, wie sie gezielt Informationen über Industrieanlagen sammelt. Wegen der Ziele, die mit dieser Software angegriffen werden, vermutet man, dass ein staatlich beauftragter Angreifer dahintersteckt, sicher ist das aber nicht. Der zugehörige Trojaner mit dem Namen »Dragonfly« wurde über E-Mails, manipulierte Webseiten von Controller-Herstellern und infizierte Software im Downloadbereich dieser Webseiten verbreitet. Letztere Methode ist besonders effizient, da sie gezielt

Kunden und Wartungstechniker der Module des Herstellers erreicht. Einmal im Zielsystem angekommen, durchsucht »Havex« das Netz nach Informationen über die verwendeten Controller-Module, ihr Zusammenspiel und den Aufbau der Anlage und übermittelt diese über anonymisierte Wege nach Hause. Man nimmt an, dass »Havex« zur Vorbereitung der nächsten Angriffsstufen dient: zur Kartografierung von potenziellen Angriffszielen.

Energienetze als Angriffsziel

Wie ein solcher Angriff aussehen kann, war im Jahr 2017 in der Ukraine zu beobachten. Eine Woche vor Weihnachten ging in einem Teil der Hauptstadt Kiew der Strom aus. Etwa 225 000 Haushalte waren von der Versorgung abgeschnitten. Der Ausfall dauerte etliche Stunden, schnell machte sich das Gerücht breit, ein Cyberangriff stecke dahinter – wie sich später herausstellte, zu Recht.

Der Ausfall war durch eine Schadsoftware, die später »Crashoverride« oder auch »Industroyer« getauft wurde, verursacht worden. Was die Sicherheitsforscher, die den Angriff analysierten, in der Software entdeckten, führte hinter den Kulissen der eigentlich sonst recht selbstbewussten Energiebranche zu einer gewissen Panik. »Industroyer« enthält Module, die die ganz speziellen Kommunikationsprotokolle sprechen, mit denen in der Energiebranche gearbeitet wird, um zum Beispiel Umspannwerke, Solarfelder und Überlandleitungen zu steuern. Außerhalb der Branche weiß kaum jemand etwas über diese Protokolle, die Anzahl der Hersteller, die Produkte für diese Anwendungszwecke bauen, ist eher klein.

Dass nun in »Industroyer« nicht nur ein Modul für eines dieser Energienetzprotokolle, sondern gleich für die vier am weitest verbreiteten Varianten gefunden wurde, trieb etlichen Verantwortlichen den Schweiß auf die Stirn. Zusätzlich enthält »Industroyer« auch noch einen Exploit für eine Serie von Sicherheitsrelais der Firma Siemens, die in Energienetzen gern für komplexere Schaltvorgänge benutzt werden. Der Exploit versetzt diese Relais über das interne Netz des Energieversorgers in einen Zustand, in dem sie keine neuen Befehle mehr annehmen können.

Wenn »Industroyer« einmal in die Systeme eines Energieversorgers injiziert worden ist und eine Verbindung nach außen aufgebaut hat, kann der Angreifer die vollständige Kontrolle über das Netz übernehmen. Die Schadsoftware macht sich selbst zum »Master« (Herrscher) des Gesamtsystems und erlaubt dadurch praktisch die Fernsteuerung des Stromnetzes. Nun ist es nicht so einfach, ein Stromnetz längerfristig aus dem Tritt zu bringen, weil es auf unterschiedlichen Ebenen des Netzes autarke Sicherheitseinrichtungen, wie etwa Sicherungen und Schaltschutze, gibt, die beispielsweise bei Überlast automatisch reagieren. Man kann jedoch mit »Industroyer« nicht nur einfach Leitungen abschalten, Relais sabotieren und die Kontrollverbindung zu Umspannwerken trennen. Mit hinreichender Kenntnis der Topologie des jeweiligen Stromnetzes kann ein Angreifer auch Situationen erzeugen, in denen die automatischen Sicherheitseinrichtungen sich gegen das System wenden und die Wiederherstellung der Stromversorgung erschweren.

Es ist auch nicht auszuschließen, dass durch geschickte zeitliche und örtliche Anordnung von Schaltvorgängen und die Sabotage von computerisierten Sicherheitssystemen Stromnetze physisch geschädigt werden können. Der

Angriff in der Ukraine, der von westlichen Beobachtern nach dem Cui-bono-Prinzip Russland zugeordnet wurde, sah dann auch nicht aus wie eine ernst gemeinte Sabotage. Vielmehr handelte es sich wahrscheinlich um eine Mischung aus Feldversuch und Machtdemonstration. Nach etwa sechs Stunden hatten die meisten Haushalte dank manueller Umschaltungen in den Umspannwerken vor Ort wieder Strom, jedoch dauerte es weitaus länger, bis die digitale Überwachung und Kontrolle des Stromnetzes wieder funktionierten.

Eine oft übersehene Möglichkeit des Angriffs auf Energienetze geht von einer anderen Seite an das Problem heran und versucht nicht, das Netz selber zu manipulieren, sondern es durch Beeinflussung des Verbrauchs zu schädigen. Stromnetze dienen ja dazu, den Strom von einer Vielzahl von Produzenten – Kraftwerken, Solaranlagen, Windgeneratoren – zu einer sehr viel größeren Zahl an Verbrauchern – Betrieben, Haushalten, Fahrzeugen – zu leiten. Je mehr Strom verbraucht wird, desto mehr muss auch produziert werden. Deswegen steuern die Stromproduzenten ihre Leistung auf Basis von ausgefeilten Verbrauchsprognosen.

Wenn der Verbrauch plötzlich abfällt, muss die Strommenge heruntergeregelt werden. Weil das nicht immer blitzschnell geht und sich etwa Kraftwerke nicht einfach herunterfahren lassen, muss der Strom zwischenzeitlich irgendwohin. Er wird dann üblicherweise in Stromspeicher wie Pumpspeicherwerke geleitet, von Großverbrauchern wie Metallschmelzen genutzt oder schlicht in die Erde entsorgt. Wenn wiederum zu wenig Strom im Netz vorhanden ist, müssen die Produktionskapazitäten hochgefahren werden, etwa durch das Ablassen eines Pumpspeicherbeckens, das Zuschalten von Solarfeldern oder Windfarmen und das

Anwerfen von mehr Kraftwerksleistung. Das Problem dabei ist, dass jede dieser sogenannten Schalthandlungen, mit denen Verbraucher und Produzenten zu- und abgeschaltet werden, für kleine Störungen im gesamten Stromnetz sorgt. Je öfter größere Konfigurationen vorgenommen werden, desto instabiler wird das Netz. Nun wird aber gerade intensiv an sogenannten »intelligenten« Stromzählern gebaut, die in der Lage sein sollen, je nach Zustand des Netzes Verbraucher oder auch Speicher – etwa in Elektroautos – hinzu- oder abzuschalten. Das eher blauäugig-idealistische Konzept sieht vor, dass etwa die Waschmaschine oder der Lader fürs Elektroauto dann angeschaltet werden, wenn im Stromnetz gerade besonders viel günstiger Ökostrom aus Sonne und Wind verfügbar ist. In Stoßzeiten, wo ohnehin viel Energie verbraucht wird, sollen die Großverbraucher ausgeschaltet bleiben. Außerdem sollen sogenannte Smart Meter die Kosten für die Energieversorger reduzieren, da man durch sie Anschlüsse aus der Ferne abschalten kann, wenn die Stromrechnung nicht bezahlt wird. Das Problem dabei: Diese »Smart Meter«(Intelligenten Zähler) enthalten kleine Computer, die mit dem Netz verbunden sind. Für einen Angreifer bietet sich so die Möglichkeit, aus den Smart Metern ein Botnetz zu machen, das den Strom bei Hunderttausenden Haushalten gleichzeitig aus- und anschalten kann, auf Wunsch in schneller Folge. Mit derartigen Lastschwankungen würde das Stromnetz nicht mehr klarkommen und sich in viele kleine Inseln aufsplitten oder ganz abschalten.

Kombiniert ein Angreifer beide Techniken – Infiltration der Stromnetzkontrolle und der Smart Meter –, entsteht ein wahrhaft katastrophales Szenario. Ist das Energienetz erst einmal abgeschossen oder zersplittert, dauert es im schlimmsten Fall Wochen, bis es wieder komplett hochgefahren werden kann. Ein Grund dafür ist, dass viele Kraftwerke keine sogenannte Schwarzstartfähigkeit haben. Sie benötigen Strom von außen, um ihre Generatoren anzufahren, die Steuersysteme zu booten und sich mit der Netzfrequenz zu synchronisieren.

Die Simulationen und Übungen der Stromanbieter für den Fall einer solchen Cyberattacke sehen nicht besonders rosig aus. Die kaskadierenden Folgeschäden sind nur schwer absehbar. Wie schlimm ein solcher Fall wird, hängt dann an solchen Details wie dem Vorhandensein von Notstromgeneratoren für Dieselpumpen, die ohne Stromzufuhr von außen funktionieren. Ohne diese Pumpen lassen sich die Tanks in den Rechenzentren, Krankenhäusern und Internetknoten nicht aus Zentrallagern nachfüllen. In den letzten Jahren ist die Vorbereitung auf solche Katastrophenszenarien zum Glück etwas besser geworden. Die genauen Analyseberichte zu den Folgeschäden und den absehbaren Komplikationen eines kompletten Stromausfalls werden allerdings geheim gehalten.

4

Akteure und Attribution

Wer hinter einem Angriff steckt

Das Problem der Attribution

Herausfinden zu wollen, wer hinter einem spezifischen Cyberangriff steht, ist ein natürlicher Impuls und auch für Ermittlungen von Behörden unerlässlich. Bemerkt man die Installation eines Trojaners, den Abfluss von Daten oder steht man gar vor den virtuell rauchenden Trümmern eines angegriffenen Systems, ist die Frage nach dem Schuldigen oft noch wichtiger als die technischen Details des Angriffs. Man will wissen, wer nun im Besitz von kritischen Daten ist, wer hinter der Sabotage von wichtiger Infrastruktur steckt oder wem etwa die Trojaner auf Tausenden Computern gehorchen.

Nur wenn man den Angreifer und seine Motive kennt, lässt sich entscheiden, ob und wie man gegen ihn vorgehen kann: Man kann Vergeltung üben, dem Angreifer eine Lehre erteilen, ihn in seine Schranken weisen. Die eindeutige Zuordnung einer Attacke zu einem oder mehreren Angreifern, die sogenannte Attribution, ist bei Cyberkonflikten jedoch fast nie mit Sicherheit möglich. Denn nur weil man eine Schadsoftware in einem Gerät gefunden und analysiert hat, weiß man in der Praxis noch lange nicht, wer für den Angriff verantwortlich ist.

Angreifer mit den Ressourcen eines Staates haben sehr

viele Möglichkeiten, sich zu tarnen. Eine gezielte Schadsoftware, die zum Beispiel als E-Mail-Anhang ausgeliefert wird, bietet nur wenig Anhaltspunkte für ihren Urheber. Die E-Mail kann über einen öffentlichen Mailserver verschickt worden sein, und zu diesem Mailserver kann sich der Angreifer über eine Kette von Computern, die er in verschiedenen Ländern im Netz übernommen hat, oder über einen Anonymisierungsdienst gelangt sein. Dadurch lässt sich auch in den Logfiles des Mailserverbetreibers kein Hinweis darauf finden, wer der Absender der infizierten Mail ist. Sobald der Trojaner einmal im Zielsystem installiert ist, verwendet er ähnliche Methoden der Verschleierung und Anonymisierung für die Kommunikation nach Hause. Auch für große technische Geheimdienste mit weltumspannenden Überwachungskapazitäten ist es dadurch sehr schwer, auf der Basis der Netzwerkkommunikation die Attribution eines Cyberangriffs vorzunehmen.

Bei einer detaillierten Analyse bietet manchmal die gefundene Schadsoftware selbst einige Anhaltspunkte, die bei der Zuordnung der Cyberattacke weiterhelfen können. Das sind jedoch meist keine Beweise, sondern eher schwache Indizien, da ein Angreifer Spuren, die in eine bestimmte Richtung weisen, absichtlich zur Irreführung hinterlassen kann. Der Großteil der öffentlich diskutierten Attribuierungen erinnert deshalb eher an Kaffeesatzleserei als an forensische Beweisführung. Zugleich ist die Suche nach einem Schuldigen oft überformt von politischen Motiven, die mit den technischen Fakten nur am Rande zu tun haben.

Ein typisches Beispiel ist die Zuordnung der etwa seit 2014 unter den Bezeichnungen »APT28«, »Sofacy« oder »Fancy Bear« bekannt gewordenen Angriffe, die im Nachgang der amerikanischen Präsidentschaftswahl 2016 international viel diskutiert worden sind. In Deutschland wurde meist der Begriff »APT28« als Bezeichnung für die Angreifertruppe verwendet, so auch in der Berichterstattung über den sogenannten Bundestagshack. »Sofacy« wiederum ist der Name einer von der Gruppe verwendeten Schadsoftware, nach einem Wort, das in einer der Varianten gefunden wurde.

Komponenten der Schadsoftware sind schon seit Jahren bekannt, mindestens seit 2007. Es ist davon auszugehen, dass die Schadsoftware über die Jahre verbessert und immer wieder individuell angepasst wurde, zudem wurde die Infrastruktur, die zur Verbreitung und Steuerung verwendet wird, kontinuierlich ausgebaut und immer wieder verändert. Dass hier keine Freizeithacker, sondern systematisch arbeitende und methodisch vorgehende Profis am Werk waren, daran besteht kein Zweifel. Ein Beweis dafür sind etwa die verschiedenen cleveren Gegenmaßnahmen in der Software, die eingebaut wurden, um das Auffinden und die nachfolgende Analyse der Schadsoftware erheblich zu erschweren.

Landläufig wird bei »APT28« davon ausgegangen, dass es sich um Aktivitäten des russischen Militärgeheimdienstes GRU handelt. Das ist auch die Version, die sich nach dem »Bundestagshack« das Bundesinnenministerium zu eigen machte, obwohl sich die seit März 2018 laufenden Ermittlungen der deutschen Behörden gegen unbekannt richten. Betrachtet man die Beweislage für die russische Geheimdienst-Attributierung näher, findet sich ein typisches Muster.

Der erste Bericht über »APT28« stammt von der kalifornischen Sicherheitsfirma FireEye. Deren Produkte werden vor allem eingesetzt, um Schadsoftware in E-Mail-Anhängen zu finden. Die Firma gehört zu einem Marktsegment der IT-Sicherheitsbranche, das sich auf Untersuchungen der Angreifer spezialisiert hat. Aus diesen Analysen soll im Sinne ihrer Kunden das Wissen zur Abwehr von Schadsoftware verbessert werden. Die Berichte solcher Firmen sind in der Regel weniger für die Medien oder die breite Öffentlichkeit aufbereitet, sondern richten sich oft an ein technisches Fachpublikum und sind entsprechend anspruchsvoll. Inhaltlich wären sie in einem gerichtlichen Verfahren nicht als Beweise, sondern als schwache Indizien anzusehen, die keineswegs für die Verurteilung eines Verdächtigen ausreichen würden.

In solchen Berichten wird meist nicht eine einzelne Spionagesoftware analysiert, sondern eine ganze sogenannte Schadcode-Familie betrachtet. Die Schadprogramme, die in solchen Familien zusammengefasst werden, ähneln sich unterschiedlich stark, haben aber oft die Gemeinsamkeit, dass identifizierbare Komponenten oder Quellcodesegmente wiederverwendet werden. Wird ein bestimmtes Ziel mit der Schadsoftware anvisiert, können je nach Spezifik des Zielrechners aber auch typische Elemente fehlen oder neue benötigte Komponenten hinzutreten.

Der Bericht von FireEye mit dem Titel »APT28 – Ein Fenster in Russlands Cyberspionage-Operationen?« breitet auf über vierzig Seiten die bei der Analyse gefundenen Erkenntnisse aus, gibt aber zugleich auch eine politische Einordnung aus westlicher Perspektive. Im Wesentlichen führt der Bericht drei Anhaltspunkte für eine russische Attribution auf. Erstens wurden im APT28-Trojaner einige kyrillische Dateinamen gefunden. Zweitens entsprechen die Uhrzeiten, zu denen Updates kompiliert wurden, Moskauer und Sankt Petersburger Bürozeiten. Und drittens passen die Ziele, bei denen die Firma verschiedene Varianten des Trojaners gefunden hatte, zu den politischen Interessen Russlands: staatliche und militärische Ziele in Osteuropa, vor allem Georgien und dem Kaukasus, sowie bei internationalen Organisationen. Die Ziele von »APT28« in den betroffenen Ländern ließen Rückschlüsse zu auf die Informationen, die es zu stehlen galt oder die zu sabotieren oder manipulieren waren, vornehmlich Ministerien, Journalisten und Medien.

In diesem ersten Bericht stand noch ein Fragezeichen hinter der Attribuierung zu Russland. Schließlich handelte es sich bei den Indizien um Anhaltspunkte, aber keinesfalls um tatsächliche Beweise. Sobald es jedoch einmal eine solche – wenn auch nicht hart belegte – öffentliche Attribuierung gibt, hat sie die Tendenz, im weiteren Fortgang der Ereignisse und durch die oft verkürzende Berichterstattung bald zu einer kaum hinterfragten Gewissheit zu werden. Zweifel und Unsicherheiten fallen unter den Tisch, Fragezeichen verschwinden. Anhaltspunkte und Indizien, die sich widersprechen und die vermutete Attribuierung unwahrscheinlicher erscheinen lassen, werden nicht mehr erwähnt.

Der initiale FireEye-Bericht verschweigt nicht, dass sehr wohl verschiedene Anhaltspunkte entdeckt wurden, die gegen eine Urheberschaft Russlands sprechen. Die Forscher sind sogar so ehrlich zu schreiben, dass einer der Auftraggeber des Berichts kein gesteigertes Interesse an der Analyse aller gefundenen »APT28«-Ziele gehabt habe, weswegen angegriffene Ziele in bestimmten Staaten nur erwähnt, aber nicht näher untersucht wurden. Dazu gehören beispielsweise das norwegische, chilenische und pakistanische Militär, aber auch US-amerikanische Militärvertragsfirmen, die EU-Botschaft im Irak oder die Regierung von Mexiko.

Die Analyse von FireEye war also mitnichten eindeutig. Doch da schon im Titel explizit Russland erwähnt wird, verfestigte sich dieser Teil des Ergebnisses. Die nächsten Berichte über »APT28«-Varianten, die aus anderen Firmen stammten, gingen bald schon ganz selbstverständlich davon aus, dass es sich um das Werk einer russischen Angriffstruppe handelt. Dass diese Schlussfolgerung auf ursprünglich recht lückenhaften Indizien beruhte, wird nur noch selten erwähnt.

Dass sich heute – nach vielen Monaten Ermittlungen – aufgrund von weiteren bekannt gewordenen Indizien und Spionageoperationen der Verdacht erhärtet hat, dass Russland hinter den »APT28«-Angriffen steckt, beruht nicht allein auf der technischen Analyse. Erst in der Gesamtbetrachtung der verschiedenen Angriffe legten sich die amerikanischen Geheimdienste fest: Sie gehen heute mit Sicherheit davon aus, und sagen das auch unmissverständlich, dass die versuchten Manipulationen der US-Präsidentschaftswahl den Russen zuzuordnen seien.

In der Auswertung des »Bundestagshacks« kamen weitere Indizien hinzu: Man untersuchte benutzte Serverzertifikate und fand Verweise auf IP-Adressen, die zum Bild des russischen Angreifers passten. Obwohl klar ist, dass der Deutsche Bundestag für eine ganze Reihe potenter Geheimdienste und ihre Helfer ein attraktives Spionageziel sein dürfte, fokussierte sich die Suche nach Hinweisen auf die auch politisch angenehmere Variante der russischen Urheberschaft. Auf eine beweisfeste Attribution von russischen Angreifern mochte sich die Verwaltung des Bundestags dann aber doch nicht festlegen.

Diese Indizienkette setzt sich immer weiter fort, oft bestärkt durch Presseberichte. Auch neue Varianten von

»APT28«-Trojanern werden anhand von Ähnlichkeiten in der Struktur der Nutzlast den bereits bekannten Versionen zugeordnet. Dabei wird oft außer Acht gelassen, dass insbesondere staatliche Angreifer eine hohe Motivation haben, falsche Fährten zu legen. Typisch ist etwa, für einen Angriff fremde Server zu kapern, um die eigenen Spuren zu verdecken, oder absichtlich Spuren zu hinterlassen, die von der tatsächlichen Urheberschaft der Schadsoftware ablenken. So nutzte »APT28« beispielsweise auch Domains, die vielleicht potenzielle Opfer hereinlegen sollten – oder die man als Wink mit dem Zaunpfahl interpretieren kann: Domains, die einen klaren NATO-Bezug zeigten und Webseiten des Militärbündnisses imitieren sollten.

Einen Einblick in die Methoden, mit denen Spuren verwischt werden sollten, gibt die WikiLeaks-Publikation »Vault 7«. Hierbei handelt es sich um ein umfangreiches Konvolut von Quellcode und Dokumentation aus dem Bestand der Hacker der CIA. Die »Vault 7«-Veröffentlichung lässt damit zugleich Rückschlüsse zu auf einige Hacking-Werkzeuge, die von der CIA benutzt wurden. Neben einer ausführlichen Sammlung von Hinweisen, wie identifizierbare Spuren zu vermeiden sind, ist darin eine Bibliothek von Komponenten enthalten, die aus fremder Schadsoftware extrahiert und für die Verwendung in eigenen Angriffswerkzeugen aufbereitet wurde. Das explizite Ziel dieser Sammlung: falsche Fährten legen, um eine Attribuierung zur CIA unmöglich zu machen und Aufwand bei eigenen Entwicklungen zu sparen. Ein eigenes Team der CIA mit dem Namen »Umbrage« kümmert sich um nichts anderes.

Dabei folgt die CIA dem gleichen Muster, das längst aus der Szene krimineller Schadsoftwareautoren bekannt ist: Zwei oder mehr Angreifer benutzen dieselbe Software oder Teile davon für ihre Operationen. Das bedeutet natürlich, dass sich bei der Angriffsanalyse Ähnlichkeiten zeigen, obwohl es sich um verschiedene Angreifergruppen handelt. Fremde Code-Teile, Komponenten, Ideen, Strukturen und Funktionsweisen aus anderen Trojanern für eigene Zwecke zu »borgen« und selbst zu verwenden, ist ein bei der Schadsoftwareentwicklung völlig übliches und vielfach verwendetes Prinzip. Eine einmal gefundene Schadsoftware zu analysieren, daraus Bestandteile zu extrahieren oder gleich den ganzen Trojaner mit geringfügigen Modifikationen zu kopieren und weiterzuverwenden, ist beileibe keine Seltenheit. Zwar ist gerade bei komplexer Schadsoftware der Aufwand hierfür nicht gering – man will schließlich keine verdeckten Mechanismen übersehen, die dem ursprünglichen Urheber doch noch Kontrolle über den Trojaner geben könnten –, die Vorteile sind jedoch groß: Eine direkte Attribution des Angreifers wird dramatisch erschwert, außerdem ist die Software bereits getestet und funktioniert.

Da moderne Schadsoftware, wie in Kapitel 2 erläutert, modular aufgebaut ist und meist ohnehin aus einer Mischung von altbewährten und neuen Komponenten besteht, lohnt ein solches Vorgehen sowohl aus praktischen Erwägungen als auch zur Attributionsvermeidung. Daher sind sichere Zuschreibungen auf der Basis von Komponenten, die aus früheren Softwarevarianten bekannt sind, kaum möglich.

Abhören für den Cyberfrieden?

In den Budgets der meisten Geheimdienste findet sich seit einigen Jahren das Stichwort »SIGINT Support for Cyber Defense«. Damit ist gemeint, dass die technischen Geheimdienste, die im Nachgang der Snowden-Enthüllungen nach einer neuen Legitimation für den Ausbau ihrer Schnüffelkapazitäten suchten, diese im Bereich der Attribution von Cyberangriffen fanden. Wenn man denn schon umfangreiche Internetüberwachungssysteme aufgebaut hat, so die Logik der Abhörgeheimdienste, kann man sie ja auch verwenden, um der Urheberschaft von Cyberattacken auf den Grund zu gehen.

Das Problem dabei ist, dass es mehr oder weniger Glückssache ist, ob ein Angreifer den Fehler begeht, ungetarnt und unverschlüsselt zu agieren und so Spuren im Netz zu hinterlassen, die zu seiner Enttarnung führen können. Die Antwort der Geheimdienste auf diesen Einwand ist so vorhersehbar wie inakzeptabel: Dann brauche man halt noch mehr Überwachung, müsse noch mehr Leitungen anzapfen, die abgehörten Verbindungen noch länger speichern. Das Vorbild für den Bundesnachrichtendienst ist hier wieder einmal die NSA, die schon seit Jahren ihre weltumspannenden Abhörsysteme benutzt, um nach den Aktivitäten gegnerischer und befreundeter Geheimdienste im Netz zu suchen. Wieder einmal will der deutsche Nachrichtendienst mithalten, ähnliche Kapazitäten aufbauen und viel mehr Daten anzapfen. Letztendlich ist »Cyberabwehr« nur eine weitere Begründung für eine immer stärker ausufernde Überwachungsgier.

Vertrauenswürdigkeit von Informationen

In den seltenen Fällen, in denen die USA von Regierungsseite eine Attribution vornehmen, verwenden sie sehr spezifisches Vokabular, das einer genauen Interpretation bedarf. Geheimdienste benutzen seit Jahrzehnten mehrstufige Benotungssysteme, um die Vertrauenswürdigkeit, Zuverlässigkeit und Belastbarkeit von Informationen zu bewerten. So wird etwa beurteilt, wie oft die Quelle in der Vergangenheit Informationen geliefert hat, die sich später als wahr herausstellten, ob die Daten aus anderen Quellen bestätigt wurden und ob die Information zu dem Wissen passt, das schon vorhanden ist. Informationen aus technischen Quellen, also aus abgehörter Kommunikation oder erhackten Daten, wird dabei generell ein hohes Niveau an Glaubwürdigkeit zugeschrieben. Diese Bewertungssysteme sollen die Gefahr verringern, sich im Spiegellabyrinth der sich gegenseitig an der Nase herumführenden Geheimdienste zu verlaufen.

Das Problem dabei ist, dass natürlich auch die gegnerischen Dienste um diese Methoden und Kriterien wissen und ihre Operationen darauf ausrichten. Während des Kalten Krieges nutzte etwa die sowjetische Seite das hohe Vertrauen der amerikanischen Dienste in ihre Abhörfähigkeiten wiederholt aus, um auf Leitungen, von deren Anzapfung sie wiederum durch ihre Spione im Westen wusste, gezielt Desinformationen zu kommunizieren. NSA-Veteranen wiederum behaupten, dass sie solche Täuschungsmanöver anhand der Menge der Abhörergebnisse durchschauen konnten: Die Regel, dass eine Information aus mehr als einer Quelle kommen muss, um vertrauenswürdig zu sein, kannten natürlich auch die sowjetischen Dienste, die versuchten, ihre Desinformationen über mehr als einen Weg den Amerikanern zum Abhören zu präsentieren. Der Zyklus von »ich weiß, dass du weißt, dass ich weiß, dass du weißt« bestimmt die paranoide Welt der Geheimdienste und macht natürlich auch vor Cyberoperationen nicht halt, insbesondere wenn es um Attribution geht. Anzunehmen, dass die im Kalten Krieg zu einer hohen Blüte getriebene Kunst der Täuschung und Gegentäuschung plötzlich aus dem Repertoire der Dienste verschwunden ist, wäre naiv.

Um diesem Spiel irgendwie Herr zu werden, versuchen es die Geheimdienste mit immer ausgefeilteren Bewertungsmethoden für ihre Informationen. So spielt nicht nur die Zahl der Quellen eine Rolle, sondern auch, dass sie aus ganz verschiedenen Bereichen kommen, etwa indem Resultate aus Abhöraktionen mit Satellitenbildern, Informationen aus menschlichen Quellen und abgehörten oder ausspionierten Daten kombiniert werden. So soll es dem Gegner möglichst schwer gemacht werden, mit seiner Täuschung Erfolg zu haben. Oft genug stößt diese Methode jedoch an ihre Grenzen, weil nicht in jedem Fall ein solcher Verifikationsaufwand betrieben werden kann, bestimmte Quellen nicht zur Verfügung stehen oder für den spezifischen Fall ungeeignet sind. Am Ende müssen die Analysten dann doch oft ihrer Erfahrung und ihrem Bauchgefühl vertrauen, um eine Einschätzung abgeben zu können. Erschwerend kommt hinzu, dass auf dem Weg durch die Bürokratie der Dienste die Nuancen einer Quelleneinschätzung oft verloren gehen und gerade bei menschlichen Quellen die Führungsoffiziere nur ungern ihre Informanten als unzuverlässig oder verlogen einstufen wollen.

Wenn die USA eine öffentliche Attribution mit »moderate confidence« vornimmt, handelt es sich in der Regel um das oben beschriebene Kaffeesatzlesen anhand von Indizien, die denen vorhergegangener Analysen ähneln, und Cui-bono-Betrachtungen, bei denen man sich anhand der Ziele oder des angerichteten Schadens im Nachhinein überlegt, wem dies nützt. Die Regeln der US-Geheimdienste sehen, wie gesagt, vor, dass es mehrere Quellen für Informationen geben muss, damit eine öffentliche Attribution erfolgen kann. In solche Zuordnungen fließen als Quellen aber auch die Bewertungen privater Firmen ein, wie die eingangs erläuterte FireEye-Interpretation des »APT28«-Ursprungs, die sehr anfällig für Täuschungsmanöver sind und regelmäßig den vorgegebenen Fragestellungen ihrer Auftraggeber nachgehen. »Moderate confidence«-Attributionen sind also eher politisch zu verstehen, als Ansage im Sinne von: »Wir wissen, dass ihr es seid, aber wir können es noch nicht wirklich beweisen.«

Anders sieht es bei »high confidence«-Attributionen aus, denn sie deuten an, dass es mehrere eigene Quellen gibt. Beispielsweise wenn sich der Ausgangspunkt der Malware oder ihre Kommando- und Kontrollverbindungen durch die weltweiten Überwachungsnetze zu einem Endpunkt zurückverfolgen lassen, den man einer bestimmten Organisation zuordnen zu können glaubt. Vielleicht lässt sich zudem aus Mobilfunkdaten ermitteln, dass sich zum Zeitpunkt der inkriminierenden Datenübertragungen aus menschlichen Quellen bekanntes Personal des Cybergegners in der Nähe des Ursprungs aufhielt. In der militärischen Terminologie wird der Begriff »high confidence« verwendet, wenn die Informationen als gut genug angesehen werden, um einen Drohnenangriff oder den Einsatz von Spezialkräften zu begründen. Wie aus den Kriegen in Irak und Afghanistan bekannt ist, liegen die Analysten aber auch bei einer

Information, die sie mit »high confidence« bewerten, oft genug daneben, weil sie wesentliche Aspekte übersehen oder harmlose Interpretationsmöglichkeiten der verschiedenen Teilinformationen nicht in Betracht gezogen haben. Einen Cybergegenschlag auf dieser Basis anzuordnen birgt trotz der nach großer Gewissheit klingenden Einordnung erhebliche Risiken.

»Very high confidence« beschreibt Attributionen, bei denen es Geheimdienste geschafft haben sollen, zu den Systemen vorzudringen, auf denen die Malware erstellt, konfiguriert oder gesteuert wird. Auch in diesen Fällen ist nicht auszuschließen, dass man doch genarrt wurde, weil immer noch unklar bleiben kann, wer denn nun der Auftraggeber ist und wer tatsächlich mit welcher Motivation vor der Tastatur sitzt: Kriminelle oder Geheimdiensthacker? Bislang gibt es nur einen einzigen publizierten Fall einer »very high confidence«-Attribution. Dem holländischen Geheimdienst gelang es, in das Netz der russischen Gruppe »Cozy Bear« vorzudringen und sogar die Sicherheitskamera vor den Büroräumen zu übernehmen und zu überwachen, wer ein und aus geht. Dabei wurden bekannte Geheimdienstmitarbeiter beobachtet, woraus geschlossen wurde, dass es sich um eine Operation des russischen Auslandsgeheimdienstes SWR handelt.

Doch solche Ermittlungserfolge sind äußerst selten und immer mit dem hohen Risiko eines Gegenschlages versehen. Beobachter interpretierten die kurz nach Bekanntwerden dieser holländischen Operation aufgetretenen massiven Denial-of-Service-Angriffe gegen Banken in den Niederlanden als eine ebensolche Racheaktion. Der niederländische Geheimdienst war über den Leak seines Hacking-Erfolges durch die amerikanischen Dienste denn auch wenig erfreut und hat Presseberichten zufolge die Restriktionen für die Weitergabe von Informationen an die Amerikaner verschärft.

Akteure: Staaten und ihre Geheimdienste

Zwischen der Anfangsphase digitaler Auseinandersetzungen, in der einige wenige Spezialisten und Interessierte digitale Angriffe analysierten oder durchführten, und den heutigen Verhältnissen einer hochprofessionellen und durch Marktmechanismen getriebenen Überwachungs- und Hackingbranche liegen Jahrzehnte. Die Vielzahl der Käufer, Händler und Verkäufer von Schwachstellen aller Art und eine ganze Industrie, die für Staaten Angriffswerkzeuge entwickelt, ist im Laufe der Jahre entstanden, mit den finanziellen Anreizen aus den enormen Budgets der Geheimdienste und Militärs weltweit.

Durch die Snowden-Veröffentlichungen und nachfolgende Leaks von Dokumenten und Software haben wir in die Aktivitäten insbesondere einer Gruppe von Akteuren einen bemerkenswert detaillierten Einblick erhalten: dem Geheimdienstverbund aus USA, Großbritannien, Australien, Neuseeland und Kanada, den sogenannten »Five Eyes«. Die meisten veröffentlichten Dokumente kamen aus den Beständen der US-Geheimdienste National Security Agency (NSA) und Central Intelligence Agency (CIA) sowie dem britischen Abhör- und Cybergeheimdienst Government Communications Headquarter (GCHQ). Durch diese umfangreiche Offenlegung lassen sich die Methoden und Mittel dieser Geheimdienste am besten nachvollziehen und nehmen deshalb auch im Folgenden einen größeren Raum ein. Über die russischen und chinesischen Aktivitäten ist im Vergleich sehr viel weniger verlässliches Material verfügbar. Die Analysen dazu sind zudem oft durch den Blickwinkel der westlichen Geheimdienste gefärbt.

Viele Geheimdienste arbeiten in enger Kooperation mit den Militärs, aber auch mit einer größer werdenden Zahl kommerzieller Unternehmen. Auch deren Motivationen und Arbeitsweisen muss daher nachgegangen werden, um die Mechanismen zu verstehen, die auf einen »Cyberwar« zulaufen.

Im Vergleich zu weiteren Akteuren, die den Cyberraum ebenfalls prägen, ist der Einfluss der »Five Eyes« und der Geheimdienste einiger weiterer großer Staaten sehr viel bedeutender. Dennoch wollen wir den Blick auch auf die lange Tradition der Hacktivisten richten, deren Antrieb nicht Geld, Macht oder strategische Erwägungen sind, sondern die durch ihre Aktivitäten politische Missstände aufzeigen wollen.

Die USA und die »Five Eyes«

Es gibt in den Unmengen an Unterlagen, die aus dem Fundus von Edward Snowden veröffentlicht wurden, einige Dokumente, die in besonderer Weise augenöffnend sind. Dazu gehört das sogenannte Black Budget (Congressional Budget Justification/National Intelligence Program), das im Frühjahr 2015 bekannt wurde. Das Papier ist nur wenige Seiten lang und schlüsselt für das Jahr 2013 auf, wie viel Geld die mehr als ein Dutzend Geheimdienste der Vereinigten Staaten jeweils zugewiesen bekommen. Dabei ist es nicht die Verteilung, die aufhorchen lässt, sondern die gigantische

Gesamtsumme, die in den geheimen Sektor fließt: Mehr als fünfzig Milliarden Dollar lassen sich die Amerikaner ihre Geheimdienste jährlich kosten.

Als William Binney für den NSA-BND-Untersuchungsausschuss des Deutschen Bundestags in Berlin sechs Stunden lang befragt wurde, war das »Black Budget« bereits bekannt. Binney arbeitete 37 Jahre für die NSA, zuletzt als ein technischer Direktor, bevor er den Geheimdienst 2007 aus Gewissensgründen verließ. Schon Jahre vor Snowden war er mit seinem Wissen über die umfangreichen Abhör- und Datensammelaktionen der NSA an die Öffentlichkeit gegangen. Binney stritt das Budget von über fünfzig Milliarden Dollar für die amerikanischen Geheimdienste vehement ab, denn das seien keine korrekten Angaben. Er hielt sie aber nicht etwa für zu hoch angesetzt, sondern für deutlich zu niedrig.

Binney gab an, dass die tatsächlichen jährlichen Ausgaben »nah an einhundert Milliarden Dollar« heranreichen würden. Die letzten ihm bekannten Zahlen aus seiner Zeit bei der NSA hätten bereits bei um die achtzig Milliarden Dollar pro Jahr gelegen. Und das war schon einige Jahre her. Da die Kosten für die Geheimdienste in den Haushalten von verschiedenen Ministerien der Vereinigten Staaten verteilt seien, gebe also auch das im Rahmen der Snowden-Veröffentlichungen bekannt gewordene »Black Budget« nur einen Teil der tatsächlichen Ausgaben preis. Natürlich haben die von dem Geldsegen profitierenden Behörden auch noch andere Aufgaben, als in den Netzen zu wildern und fremde Computer zu hacken. Aber mit dem stetigen Bedeutungszuwachs der Netze als Kommunikations- und Wirtschaftsraum hat auch der Anteil aus diesem sagenhaften Budget zugenommen, der in technische Überwachung und in Angriffsoperationen fließt.

Bei der Arbeit der Geheimdienste fällt es schwer, zwischen Überwachung und Angriff zu trennen, denn die seit den Snowden-Enthüllungen öffentlich viel diskutierte Massenüberwachung ist ausgesprochen hilfreich für offensive Cyberoperationen. Auch das konkrete Abhören und Durchleuchten einzelner Zielpersonen, Behörden oder Unternehmen, denen später beispielsweise Spionagesoftware untergejubelt werden soll, fällt natürlich mit einem funktionierenden und weitreichenden Überwachungsapparat um einiges leichter.

Welche internationalen Ziele von der NSA bei ihrer Arbeit angepeilt wurden – sowohl als Überwachungsprioritäten als auch für Hacking-Operationen –, konnte ebenfalls in den veröffentlichten Snowden-Papieren nachgelesen werden. Denn eines der brisantesten Dokumente enthält das »National Intelligence Priorities Framework«, die vollständige Zielmatrix der amerikanischen Wirtschaftsspionage. Dieses Papier wurde von der NSA nach einer Direktive des US-Präsidenten schon mehr als ein Jahrzehnt lang erstellt, um strategisch für alle Länder der Welt die politischen und wirtschaftlichen Spionageziele zu benennen und zu priorisieren. Alle sechs Monate wird es aktualisiert.

Der Blick auf diese Zielmatrix offenbart die starke Ausrichtung der NSA-Spionage auf wirtschaftliche und machtpolitische Bereiche, die mit der öffentlich gern gepflegten Wahrnehmung der US-Geheimdienste vor allem als »Terroristenjäger« kontrastiert. Dass wirtschaftspolitische Ziele seit Anbeginn zum Aufgabenprofil von Geheimdiensten gehören, ist keine neue Erkenntnis, jedoch zeigt die durch die Snowden-Enthüllungen bekannt gewordene Breite der internationalen Spionage eine Prioritätensetzung, die in der Öffentlichkeit diskutiert werden müsste.

Derart konkrete öffentliche Zieldarlegungen oder Zahlen liegen uns nur für die amerikanischen Geheimdienste vor. Bei den Geheimdiensttätigkeiten in Ländern wie China, Israel oder Russland sind wir auf Vermutungen angewiesen. Zwar ist für diese drei Staaten seit vielen Jahren bekannt, dass sie in größerem Umfang Hackertruppen anwerben, trainieren und einsetzen. Ob sie aber in derselben Milliarden-Liga spielen wie die amerikanischen Geheimdienste, ist fraglich. Klar ist allerdings, dass insbesondere China sowohl einen großen geheimdienstlich-militärischen als auch einen privatwirtschaftlichen Sektor für offensive Angriffe ausgebildet hat. Bereits um die Jahrtausendwende kabelten die US-Geheimdienste ihre erhöhte Besorgnis über die Anzahl der chinesischen Staatshacker nach Washington, wie aus später geleakten diplomatischen Depeschen hervorgeht. Schon 2006 wurden offensive »cyber warfare«-Einheiten in die nationale Verteidigungsstrategie des chinesischen Militärs aufgenommen.

2011 veröffentlichte das Weiße Haus eine neue Cyberstrategie, die dazu aufrief, international zu kooperieren, um digitale Angriffe abzuwehren und generell die IT-Sicherheit zu verbessern. Diese Strategie war damals klar gegen chinesische Angreifer gerichtet. Der damalige US-amerikanische Verteidigungsminister Leon Panetta befürchtete im Jahr 2012 gar öffentlich, es könnte ein »Cyber Pearl Harbor« drohen. Ein Cyberangriff könne so zerstörerisch wie der Angriff auf das New Yorker World Trade Center am 11. September 2001 ausfallen, sagte Panetta. Man befinde sich bereits in einem »globalen Cyberwar«. Dass seitens des Pentagons bereits zwei Jahre zuvor angekündigt worden war, Computerangriffe fremder Staaten nunmehr als Kriegsakt werten und entsprechend mit militärischen Mitteln beantworten zu wollen, machte diese düsteren Aussagen noch bedrohlicher.

Der Verteidigungsminister hatte die Rhetorik seiner Geheimdienstchefs aufgegriffen. Auch der einstige NSA-Direktor John McConnell hatte die Angriffe von Pearl Harbor und vom 11. September in eine Reihe gestellt und vor Konfrontationen mit digitalen Waffen gewarnt. Als Angreifer machte McConnell insbesondere China, aber auch Iran und Russland aus. Spionageaktivitäten mit offensiven Digitalwaffen wurden der chinesischen Führung in dieser Zeit regelmäßig vorgeworfen, seltener jedoch Angriffe gegen kritische Infrastrukturen. Peking hat die Vorwürfe ebenso regelmäßig zurückgewiesen und sich stattdessen seinerseits als Opfer von nicht näher definierten Angriffen »aus Übersee« dargestellt.

Weniger die technischen Fakten als die politische Weltlage dürften dazu geführt haben, dass heute wieder vermehrt digitale Angriffe aus Russland befürchtet werden. Stimmen, die einen »Kalten Cyberkrieg« zwischen den Vereinigten Staaten und China aufkommen sahen, sind hingegen leiser geworden. Die Beschuldigungen Washingtons und die Gegenrede aus Moskau folgen demselben Muster, wie sie wenige Jahre zuvor zwischen den USA und China üblich waren. Auch der Pearl-Harbor-Vergleich taucht erneut in der öffentlichen Auseinandersetzung um digitale Angriffe auf, diesmal allerdings gegen Russland gerichtet.

Schon weil in den Vereinigten Staaten der geheimdienstliche und militärische Bereich so eng verwoben und offensichtlich so gut ausgestattet ist, kann man mit recht hoher Wahrscheinlichkeit annehmen, dass die US-Geheimdienste die bestfinanzierten der Welt sind und dadurch über eine hohe Angriffspotenz verfügen. Mit dem Erfolg seiner Spionagetätigkeiten hält man auch nicht hinter dem Berg: In einem Interview im »Spiegel« kurz nach Beginn der Snowden-Veröffentlichungen im August 2013 sprach der ehemalige NSA-Chef Michael Hayden ganz offen davon, dass sein Geheimdienst Geheimnisse stehle, man sei darin weltweit die »Nummer eins«.

Die Geheimdienste der Vereinigten Staaten bedienen sich dafür nicht nur vieler kommerzieller Vertragspartner, sondern forschen auch selbst intensiv an digitalen Angriffswaffen. Eigene Konferenzreihen – teils öffentlich, teils geheim und auf Einladung – dienen dem Informationsaustausch und der Rekrutierung fähiger Mitarbeiter. Die Forschung dient nicht nur der praktischen Anwendung von Hackingmethoden, sondern auch der Erkundung neuer Formen von Angriffen.

Die Ehrlichkeit gebietet es, über unsere unterschiedliche Wahrnehmung von Geheimdiensten nicht zu schweigen. Die Vereinigten Staaten gelten vor allem seit dem Ende des Zweiten Weltkrieges als ein wichtiger Partner Deutschlands. Beide Länder sind wichtige Handelspartner und teilen viele Traditionen und Werte. Auch seit Präsident Donald Trump ins Weiße Haus eingezogen ist, will man politisch an dieser engen Partnerschaft festhalten, selbst wenn viele Deutsche über die Aussagen des amerikanischen Präsidenten so manches Mal den Kopf schütteln.

Seit den Veröffentlichungen der Papiere von Edward Snowden hat jedoch jeder, der sich dafür interessiert, die Möglichkeit, in die Arbeit der amerikanischen Geheimdienste Einblick zu nehmen – sehr detailliert und über Jahre hinweg. Es zeigt sich, dass die wichtigsten strategischen Ziele der US-Geheimdienste in China, Russland, Kuba,

Israel und Iran lagen, aber dass sie auch in europäischen Staaten aktiv waren. Die Berichterstattung um die Snowden-Enthüllungen konzentrierte sich vor allem auf die Überwachungsaktivitäten der NSA, doch auch über das offensive Infiltrieren von Computersystemen kann man in den Dokumenten einiges nachlesen. Doch selbst bei den bekannt gewordenen Überwachungsaktivitäten der amerikanischen Geheimdienste hierzulande währte die öffentliche Empörung nur kurz: Als der »Spiegel« enthüllte, dass die NSA Gespräche der deutschen Regierungschefin abhörte, blieb das nach einer kurzen Phase der politischen Aufregung ohne dauerhafte politische oder juristische Folgen. Man stelle sich hingegen nur einmal vor, welches politische Erdbeben ein chinesischer oder russischer Snowden ausgelöst hätte, der Gleiches von seinen Geheimdienstchefs zu berichten gewusst hätte.

Unbestritten ist im Rahmen der Snowden-Veröffentlichungen auch die Tatsache, dass die großen amerikanischen Kommunikations- und Techkonzerne mit ihren heimischen Spionagebehörden kooperieren – schon deswegen, weil es ihnen teilweise per Gesetz vorgeschrieben ist. Dennoch hat das Wissen darum die Kauf- und Nutzungsgewohnheiten hierzulande nicht maßgeblich verändert: Wir nutzen weiterhin überwiegend in den Vereinigten Staaten entwickelte Betriebssysteme, Computer und Kommunikationsangebote aller Art.

Aber schon ein kleiner Test verrät, wie fest wir dabei die Augen verschließen: Wenn man etwa Freunden vorschlägt, doch mal den russischen Browser »Yandex« zu installieren oder ein chinesisches Betriebssystem wie »Deepin« zu verwenden, erntet man in der Regel eine belustigte Bemerkung über russische Spione oder digitale Wanzen aus China. Und es bleibt nicht beim Humor: Der Vorschlag wird zumeist brüsk abgelehnt.

Ob Freund oder Feind, die Existenz digitaler Netze hat allen Staaten die Möglichkeit eröffnet, in neuen Sphären zu operieren, ohne die früher üblichen Nachteile bei der Spionage in Kauf nehmen zu müssen: die Enttarnung von Geheimagenten, der langwierige Aufbau von Informantennetzen oder das teure Abwerben feindlicher Agenten. Die Eintrittsbarrieren in das Spionagegeschäft sind insgesamt gesunken. Nur die Ziele haben sich wenig verändert: Das Sammeln von Informationen über die Regierungen und Wirtschaften in anderen Ländern steht noch immer oben auf der Prioritätenliste. Doch die Sabotage mit digitalen Mitteln beziehungsweise deren strategische Vorbereitung nimmt an Bedeutung zu.

Israel

Zwar wissen wir seit Snowden viele Details über die Organisation und das Vorgehen der amerikanischen Angriffsoperationen, doch sind die Vereinigten Staaten mitnichten das einzige Land mit potenter digitaler Macht. Auch in Israel mit seiner extensiven Integration von Militär und Geheimdiensten in die Gesellschaft gibt es beispielsweise ein umfangreiches Netzwerk von Veteranen des militärischen Abhörgeheimdienstes Unit 8200 in den Hightechfirmen des Landes. Die Einheit rekrutiert systematisch die talentiertesten jungen Israelis, die ihren verpflichtenden Militärdienst ableisten. Um den Zugriff auf die fähigsten potenziellen Hacker sicherzustellen, wurden strukturierte und langfristige Förderprogramme für Schüler aufgebaut, innerhalb derer die für Cyberangriffe nötigen Talente und Fähigkeiten gesucht und ausgebildet werden.

Die Unit 8200 gilt unter Beobachtern als eine der weltweit fähigsten und aggressivsten Staatshackergruppen, die auch vor befreundeten Staaten nicht haltmacht. Veteranen der Unit 8200 finden sich als Gründer und technisches Führungspersonal in praktisch allen israelischen Hightechfirmen. Durch seine hochmotivierte Talentbasis, eine umfangreiche staatliche Förderung von Start-ups und die überaus enge Verflechtung mit den Hightechfirmen des Landes, die sich allesamt nicht nur in der moralischen, sondern auch in einer rechtlichen Verpflichtung sehen, ihr Land mit allen Mitteln zu verteidigen, ist Israel trotz seiner geringen Größe einer der aktivsten und kreativsten Akteure im globalen Cyberkrieg. Firmen sind dabei integraler Bestandteil israelischer Cyberoperationen. Ab und an werden Details oder Anhaltspunkte öffentlich, die einen Einblick in den Umfang dieser Integration geben.

Große israelische Technologiefirmen sind den Geheimdiensten ihres Heimatlandes routinemäßig behilflich, wie etwa der Lieferant von Telekommunikationsabrechnungssoftware Amdocs oder die im selben Bereich tätige Firma Verint, die auch ein führender Lieferant von Abhörsystemen für Polizeibehörden in vielen westlichen Ländern, unter anderem Deutschland, ist. Gelegentlich werden diese Firmen bei der Hilfe für den israelischen Staat auch erwischt, was zu kurzlebigen Skandalen führt, die jedoch schnell wieder in Vergessenheit geraten. Der Firewall-Hersteller Check Point hatte darüber sogar einmal eine Auseinandersetzung mit der NSA, die sich darüber beschwerte, dass ein befreundetes Land durch seine Hintertüren die eigene Sicherheit gefährden würde.

Noch kritischer waren die Hinweise darauf, dass die Firma Narus, der zum damaligen Zeitpunkt führende Hersteller von sogenannten »Deep Packet Inspection«-Systemen, aus Sicht der NSA zu eng mit den israelischen Geheimdiensten zusammenarbeitete. »Deep Packet Inspection« bezeichnet eine für das Abhören dicker Datenleitungen essenzielle Technik, bei der mit hoch spezialisierter Hardware im Datenstrom auf den Glasfaserleitungen nach bestimmten Mustern wie Ziel- und Ursprungsadressen, Stichworten und Ähnlichem gesucht werden kann. Die Systeme von Narus waren bei allen westlichen Geheimdiensten im Einsatz, weil sie technisch so weit fortgeschritten waren. Um ihren wichtigsten Kunden nicht zu verlieren, wurde die Firma schließlich »amerikanisiert«, also die Anteilseignerstruktur so umgebaut, dass sie mehrheitlich im Besitz von US-Firmen ist.

Russland

In der medialen Berichterstattung nehmen russische Cyberaktivitäten einen breiten Raum ein. Das hat zum einen mit den russischen Einflussoperationen (siehe Kapitel 6) zu tun, die in großem Umfang auf erhackten Informationen beruhen. Zum anderen fallen aber auch immer wieder Angriffe auf, die russischen Gruppen zugeschrieben werden. Eine Besonderheit der russischen Geheimdienst-Hacker ist ihre enge Verflechtung mit den kriminellen Gruppen in ihrem Land. Dies hat historische Gründe. In den wirtschaftlichen Krisenzeiten nach dem Ende der Sowjetunion war Onlinekriminalität als Berufsweg für viele der naturwissenschaftlich-mathematisch hervorragend ausgebildeten jungen Menschen eines der wenigen Felder, ihre Talente gewinnbringend einzusetzen. Es entstand eine große, komplexe Szene mit hoher Arbeitsteilung, die immer wieder Innovationen bei krimineller Malware hervorbrachte. Die Ziele ihrer Aktivitäten waren vorwiegend im Westen zu finden, dort war schließlich das Geld zu holen. Die russischen Sicherheitsbehörden interessierten sich jahrelang kaum für diese Szene, solange sie ihre Opfer außerhalb Russlands suchten. Doch sie behielten die Hacker im Auge und machten sich die entstandenen Strukturen später zunutze: Mit Verweis auf die Vielzahl an illegalen Aktivitäten fiel es den Behörden leicht, die kriminellen Talente zur Zusammenarbeit zu motivieren. Das Spektrum der Kooperation reicht vom Ankauf von Exploits über Auftragshacks bis zur direkten Rekrutierung von Hackern in geheimdienstnahe Dienstleister oder sogar direkt in die Behörden. Diese Symbiose ist heute immer noch existent.

Bei seinen Geheimdiensten setzt Russland, wie viele Diktaturen, auf die Verteilung von Macht und Befugnissen auf mehrere Organisationen, die in einer Art Wettbewerb zueinander gehalten und von der Staatsführung ausbalanciert werden. Die wichtigsten Akteure im Cyberbereich sind der Militärgeheimdienst GRU, der Auslandsgeheimdienst SWR und das russische NSA-Äquivalent Speznas (früher FAPSI). Zusätzlich gibt es noch den direkten KGB-Nachfolger FSB, der formell für das Inland zuständig ist. Dementsprechend existieren mehrere russische Staatshackergruppen, die mit ihren eigenen Methoden, Angriffstechniken und Exploit-Sammlungen arbeiten. Die Konkurrenzsituation kann durchaus dazu führen, dass das gleiche Ziel von zwei verschiedenen russischen Gruppen angegriffen wird. Das Gesamtbudget der russischen Cyberoperationen ist geheim, dürfte aber signifikant niedriger sein als das der amerikanischen Dienste. Die gelegentlich publizierten Mitarbeiterzahlen sind jedoch immens – jeweils einige Tausend oder Zehntausend Beamte. Generell gelten die russischen Dienste als Meister der Täuschung und Irreführung und als technisch hochkompetent und innovativ bei der Entwicklung neuer Angriffstechniken.

China

Das zweite Land, das im Westen immer wieder als Cyber-Angstgegner genannt wird, ist China. Über die tatsächlichen Strukturen der chinesischen Cyberoperationen ist relativ wenig bekannt. Die beiden wichtigsten Akteure mit eigenen Hackinggruppen sind die chinesische Volksbefreiungsarmee und das Ministerium für Staatssicherheit, das auch die chinesischen Überwachungssysteme kontrolliert. Aus Sicht westlicher Geheimdienste gelten die Einheiten 61398 und 61486 der Volksbefreiungsarmee als wesentliche Elemente der Cyber-Offensivkapazitäten des chinesischen Militärs.

Die China zugeordneten Angriffe konzentrieren sich auf vier wesentliche Gruppen von Zielen: Wirtschaftsspionage, militärische Informationen, politische Informationen (insbesondere aus Staaten der weiteren Nachbarschaft) und politische Gegner wie etwa tibetische Aktivisten. Antivirus-Firmen sind mehrere Dutzend chinesische Hackergruppen bekannt, bei denen die Frage, unter wessen Kontrolle und für welche Ziele sie arbeiten, oft nicht zu klären ist.

Ab und zu gelingt durch die Vielzahl der chinesischen Hackeraktivitäten jedoch die Beobachtung eines Angriffs. Die Arbeitsweise deutet auf eine hochgradige Arbeitsteilung hin. Zwischen dem initialen Einbruch in das System und der tatsächlichen Suche nach Informationen vergehen oft mehrere Tage, was die Interpretation zulässt, dass die beiden Schritte von verschiedenen Abteilungen durchgeführt werden. Die Analyse der extrahierten Informationen wiederum scheint von einer dritten Abteilung vorgenommen zu werden, jedenfalls war zu beobachten, dass es zwischen der ersten Extraktion und dem darauffolgenden Suchen in den Datenbeständen des gehackten Netzes wiederum eine Verzögerung von mehreren Tagen gab, die offenbar einen Zyklus von Extraktion, Analyse und Nachsuche auf der Basis der Analyse zur Ursache haben. Der chinesische Geheimdienst und die Armeeabteilungen für die Cyberoperationen verfügen über viel Personal, wahrscheinlich hat China von allen Ländern die meisten Cyberoperatoren im Einsatz.

Westliche Beobachter sind der Ansicht, dass die chinesischen Staatshacker eine hohe Priorität auf das Absaugen von Forschungs- und Entwicklungsinformationen aus dem Westen haben, um der heimischen Wirtschaft zu einem Vorsprung bei der Produktion von Hochtechnologie zu verhelfen. Verlässliche Informationen dazu sind schwer zu erhalten, jedoch scheinen die Beschreibungen plausibel, wonach es zentral vorgegebene Prioritäten gibt, die die Wirtschaftsspionage-Cyberaktivitäten auf bestimmte Branchen konzentrieren, die jeweils gerade im Fokus der chinesischen Regierungspläne für beschleunigte ökonomische Entwicklung stehen. Über die Jahre waren dies chemische Industrie, Flugzeugbau, Materialwissenschaft, Solar- und Windkraftanlagen sowie Chipfertigung. Im militärischen Bereich gelang es den chinesischen Hackern offenbar, einige bemerkenswerte Coups zu landen, wie etwa den Zugriff auf die kompletten Baupläne und Fertigungsunterlagen aktueller

US-amerikanischer Militärflugzeuge. Auffällig ist jedenfalls, dass es gerade im Rüstungsbereich und in der Telekommunikationsbranche verdächtig kurz nach dem Bekanntwerden von Hacks in den entsprechenden Firmen chinesische Produkte mit erstaunlich hoher Ähnlichkeit zu den westlichen Vorbildern gab.

»Patriotische Bürger«

Sowohl China als auch Russland bedienen sich gern der Dienste von Menschen, die sie als »patriotische Bürger« bezeichnen. Dies geschieht in der Regel bei offenen aggressiven Aktivitäten wie dem massenhaften Hack von Webseiten und Denial-of-Service-Angriffen gegen Estland 2007. Regierungen, wie in diesem Fall die russische, ziehen sich dann gern auf den Standpunkt zurück, dass sie gegen Bürger, die massenweise ihrem Unmut durch Cyberaktivitäten Ausdruck verleihen, wenig tun könnten. Solche Aussagen sind ähnlich glaubhaft wie Russlands Behauptung, die Wiederangliederung der Krim sei nicht durch reguläre russische Truppen erfolgt, sondern durch »engagierte Bürger«, auch bekannt als »kleine grüne Männchen« nach ihren kennzeichenlosen grünen Uniformen.

Der Cyberangriff gegen Estland war die Vergeltung für die Verlegung eines sowjetischen Kriegsdenkmals. Beobachter im Westen sahen die Aktion als einen Testlauf für den damaligen Stand der russischen Cyberangriffskapazitäten. Die Auswirkungen auf das öffentliche Leben in Estland waren beträchtlich, auch weil das kleine baltische Land in Europa ein Vorreiter der Digitalisierung und Vernetzung ist.

In China kommen »patriotische Bürger« bisher vorwiegend im Inland zum Einsatz. Durch konzertierte Einflussoperationen sollen sie helfen, die öffentliche Meinung zu kontrollieren und Massenproteste zu verhindern.

Andere Staaten

Auch viele andere Staaten haben in den letzten Jahren offensive Cyberprogramme aufgebaut. Kleinere Länder, die über ein gutes Bildungssystem verfügen, sehen Cyberoperationen als eine Möglichkeit, auf internationaler Bühne ihre Macht zu vergrößern. Die konkreten Motivationen sind durchaus verschieden. Länder wie der Iran konzentrieren sich auf ihre regionalen Gegner, versuchen aber auch, an geopolitisch relevante und militärtechnische Informationen zu gelangen.

Nordkorea wiederum setzt seine Cyberoffensivkräfte einerseits in quasikrimineller Weise dafür ein, dem chronisch klammen Staat Geld zu erwirtschaften. In der Tradition des Prinzips, dass jede Behörde zum ökonomischen Wohlergehen des Landes beitragen muss, wurden einerseits von nordkoreanischen Hackern unter anderem Kryptowährungen aus südkoreanischen Börsen gestohlen. Andererseits wurden auch militärische Informationen aus Südkorea erhackt. Und nicht zuletzt scheint es bei den nordkoreanischen Cyberaktivitäten auch ein gewisses Moment der Machtdemonstration zu geben. Die verheerende WannaCry-Schadsoftware, die weltweit Hunderttausende Computer mit einem kopierten Exploit aus dem Bestand des NSA-Arsenals lahmlegte, wird ebenso Nordkorea zugeschrieben wie der Hack der Netze von Sony Entertainment. Generell ist es bei den Attacken, die Nordkorea zugeordnet werden, oft schwer, die tatsächliche Motivation zu rekonstruieren. Im Fall von WannaCry etwa rätselt man immer noch, ob der Erpressungstrojaner nur schlampig programmiert war, zu früh und fehlerhaft in Umlauf kam oder ob er sich nur als Erpressungsversuch tarnte, aber auf Zerstörung ausgelegt war.

Auch Länder wie Pakistan, Indien, die Niederlande oder Frankreich haben beachtliche Offensivkapazitäten aufgebaut, die in der öffentlichen Debatte gern übersehen werden. Generell ist zu beobachten, dass viele Länder versuchen, sich mit Cyberoperationen einen Vorteil gegenüber ihren regionalen Konkurrenten und Gegnern zu verschaffen. Die Konfliktlinien im digitalen Raum zeichnen hier die Auseinandersetzungen in traditionellen Feldern nach. Die im Vergleich zu konventionellen militärischen Waffen moderaten Kosten eines offensiven Cyberprogramms und die Wirkmächtigkeit digitaler Spionage machen das Feld relativ zugänglich auch für kleinere Staaten, solange sie über ein gutes Bildungssystem verfügen, um die nötigen Talente zu identifizieren und auszubilden. Jeder aktuelle Regionalkonflikt hat heute eine Cyberdimension mit nicht zu vernachlässigendem Eskalationspotenzial.

Der tatsächliche Umfang und die Potenziale der Cybereinheiten der Klein- und Mittelmächte sind oft schwer zu beurteilen. Die Ziele, gegen die sie außerhalb der offensichtlichen regionalen Gegner eingesetzt werden, sind ebenfalls nicht immer einfach auszumachen, da oft wirtschaftliche Aspekte und industriepolitische Ziele eine große Rolle spielen. Weil zumindest ein Teil des Digitalwaffenarsenals mit entsprechenden finanziellen Mitteln käuflich zu erwerben ist, entscheiden letztlich die von politischer Seite zur Verfügung gestellten Ressourcen, in welcher Liga ein Staat bei offensiven Cyberoperationen mitspielen kann. Rechtliche

Schranken spielen in vielen Staaten dagegen bisher kaum eine Rolle.

Als Faustregel kann gelten, dass sich reiche Staaten mit gering ausgeprägter technischer Wissensbasis primär bei den internationalen Digitalwaffenhändlern eindecken, während Staaten, die gerade dabei sind, eine Hightechindustrie aufzubauen, günstiger fahren, wenn sie Trainings für die Eigenproduktion mit lokalen Talenten einkaufen. Länder, die wie Iran oder Nordkorea unter ein Embargo des Westens fallen, haben keine andere Option, als auf Eigenentwicklungen zu setzen.

In Deutschland sind die nach außen gerichteten Angriffskapazitäten bisher vor allem im geheimdienstlichen Bereich, also beim BND, angesiedelt. Die Bundeswehr unterhält zwar eine »Computer Network Operations«-Truppe, die künftig drastisch ausgebaut werden soll, aber aktuell kein bedeutender internationaler Akteur ist. Das derzeitige behördliche Gerangel um Etats, Zuständigkeiten, Kompetenzen und Personal zwischen BND und Bundeswehr nach außen sowie Verfassungsschutz, Bundeskriminalamt, BSI (Bundesamt für Sicherheit in der Informationstechnik) und ZITiS (Zentrale Stelle für Informationstechnik im Sicherheitsbereich) im Inneren wird wohl noch eine Weile anhalten (siehe dazu auch Kapitel 7).

Kriminelle

Die Abgrenzung zwischen den verschiedenen Akteuren, die digitale Angriffe vollziehen, wird nicht immer trennscharf ausfallen. Des einen legitimer Vertragspartner ist des anderen Krimineller, je nach Interessenlage und Jurisdiktion.

Ohne Zweifel aber ist die Zahl krimineller Angreifer in den letzten zwanzig Jahren kontinuierlich gewachsen. Der Grund dafür ist einfach: Es gibt in den Netzen viel Geld zu holen, und das Risiko, das man dafür eingehen muss, ist oft überschaubar.

Die Aktivitäten der kriminellen Akteure umfassen alle nur vorstellbaren Formen von Betrug, Erpressung und Diebstahl. Erleichtert wird den Cyberkriminellen ihr Handwerk durch zwei Entwicklungen: Zum einen sind heute Unmengen von digitalen Angriffswerkzeugen einfach im Netz zu finden, und zum anderen sind rund um die Welt immer mehr Computer mit dem Internet verbunden – unmittelbar erreichbar und oft kaum oder nur äußerst unzureichend geschützt.

Da kriminelle Hackergruppen häufig mit Wissen, Duldung oder gar Kooperation der Geheimdienste ihrer Heimatländer agieren, da sie ihnen willentlich oder unwissentlich Exploits zuliefern oder »Command & Control«-Infrastruktur ausleihen, ist es schwierig, zwischen kriminellen und staatlichen Angreifern immer eine klare Grenze zu ziehen. Eine solche Abgrenzung wird von Geheimdiensten auch gar nicht gewünscht: Die Taktik, staatliche Cyberoperationen als kriminelle Aktivität zu tarnen, ist jedenfalls weitverbreitet.

»Antiterror«-Cyberwar

Der erste »Cyberwar« der Geschichte wurde offiziell gegen einen Kriegsgegner erklärt, mit dem der Angreifer gar keinen Krieg im rechtlichen Sinne führt. Der damalige US-Verteidigungsminister Ashton Carter verkündete im Jahr 2016 öffentlich, dass die Streitkräfte der Vereinigten Staaten gegen die Terrormiliz des »Islamischen Staats« (IS) im Gebiet um Mossul in den elektronischen Krieg ziehen würden. Diese Kriegserklärung wird im völkerrechtlichen Sinne wohl nicht als solche zu werten sein, denn sie richtete sich gegen eine nicht-staatliche Kämpfertruppe und gerade nicht gegen eine staatliche Militärmacht.

Der amerikanische Verteidigungsminister kündigte konkrete digitale Angriffe seiner offensiven Cybertruppen an, die gegen gegnerische Netzwerke und Computer ausgeführt werden sollten. Carter erklärte zugleich, dass damit die durch Computer unterstützte Führung und Steuerung des IS »ausgeschaltet und zerstört« werden würde. Methoden hierfür wären vor allem die Überlastung gegnerischer Netze und die Unterbrechung aller Fähigkeiten zur Steuerung der IS-Kämpfer. Carter schreckte auch nicht davor zurück, zivile Strukturen in die Angriffe einzubeziehen: Die elektronischen Verbindungen der Kämpfer zur Wirtschaft und zur Bevölkerung sollten ebenfalls gekappt werden. Neben der intendierten Wirkung einer Kommunikationsunterbrechung würde damit auch das Ziel verfolgt, das Vertrauen der Bevölkerung zu unterminieren.

Seit dem Jahr 2013 hatten sich die Vereinigten Staaten systematisch auf den nun erstmals offiziell ausgerufenen Cyberwar vorbereitet und in größerem Umfang Angriffseinheiten ausgebildet. Carter erklärte, dass die Truppen im Jahr 2018 die volle Einsatzbereitschaft von sechstausend »Cyberkriegern« erreicht haben würden. Allerdings besteht diese digitale Armee nicht nur aus Soldaten, sondern wie üblich zu einem großen Anteil auch aus kommerziellen Vertragspartnern der Militärs. Eine ausgeprägte »public-private partnership«, die insbesondere die Militär-

und Geheimdienstchefs nach deren Dienstzeit versorgt und zuweilen Züge von Korruption trägt, hat sich in den Vereinigten Staaten auch im Bereich der digitalen Kriegführung etabliert.

Großbritannien war erst kürzlich nach den Vereinigten Staaten das zweite Land, das einen offensiven digitalen Angriff auf fremdem Territorium zugab. Jeremy Fleming, der Chef des Geheimdienstes GCHQ, räumte im April 2018 öffentlich ein, dass seine Mitarbeiter zusammen mit dem britischen Militär eine offensive Operation im Ausland durchgeführt haben. Er nutzte seinen ersten großen Auftritt als neuer GCHQ-Chef in Manchester, um den Erfolg dieser, wie er es nannte, »major offensive cyber-campaign« zu verkünden, die 2017 stattgefunden habe.

Mit dieser Bekanntgabe bricht Fleming mit einer langjährigen geheimdienstlichen Tradition, die mit dem Motto »neither confirm nor deny« (»weder bestätigen noch abstreiten«) beschrieben wird und von der britischen Regierung stets unterstützt wurde. Es ist mit einiger Sicherheit anzunehmen, dass die Snowden-Veröffentlichungen und die nachfolgenden politischen und auch gerichtlichen Streitigkeiten um die Befugnisse des GCHQ dazu beigetragen haben, dass von der alten Linie nun abgewichen wird. Schon bei der Diskussion um die Snowden-Enthüllungen hatten die Verantwortlichen in Großbritannien zumindest einige der offengelegten technischen Fähigkeiten nicht mehr abgestritten.

Der Cyberangriff, den GCHQ-Chef Fleming im Frühjahr 2018 verkündete, habe zum Ziel gehabt, den IS seiner Kommunikationsfähigkeiten zu berauben und damit die Verbreitung von Hasspropaganda einzudämmen. Das wäre im Jahr 2017 auch von Erfolg gekrönt gewesen. Es sei das »erste Mal« für Großbritannien gewesen, so Fleming, dass man einen Gegner und seine Onlineaktivitäten im Rahmen einer militärischen Aktion »systematisch und durchgehend zersetzt« habe. Sogar Netzwerke und Geräte seien erfolgreich zerstört worden. Details der Operation verriet der Geheimdienstchef natürlich nicht: Wer mit welchen Mitteln den IS gehackt hatte, blieb vage. Fleming erklärte, das konkrete Vorgehen sei zu geheim, um darüber öffentlich berichten zu können.

Er machte jedoch eine Bemerkung, die aufmerksame Beobachter stutzen ließ. Seit »mehr als einem Jahrzehnt«, so der GCHQ-Chef, sei sein Geheimdienst bei »Entwicklung und Einsatz von offensiven Cybertechniken« aktiv, beginnend mit dem Militäreinsatz in Afghanistan. Ob für den Aufbau solcher digitaler Angriffskapazitäten allerdings eine rechtliche Erlaubnis bestand, steht auf einem ganz anderen Blatt.

Wenn Großbritannien tatsächlich schon seit über zehn Jahren offensive Cyberoperationen entwickelt, überrascht es erheblich, dass erst jetzt von einem ersten großen Erfolg öffentlich berichtet wird. Dass die gemeinsame Operation von Geheimdienst und Militär gegen »Terrorpropaganda« und damit vor allem gegen die Verbreitung von Videos und Botschaften des IS gerichtet war, macht ebenfalls nachdenklich. Denn solche Inhalte werden typischerweise nicht von Bürgerkriegsschauplätzen aus verbreitet, sondern vielmehr massenhaft von IS-Unterstützern geteilt, die sich überall auf der Welt befinden. Die britischen Staatshacker dürften also ihre offensiven Waffen in fremden Ländern eingesetzt haben, denen nie ein »Cyberwar« erklärt wurde. Neben der Frage, ob die britischen Gesetze solch einen Angriff zulassen, ist die stolz verkündete Cyberattacke des GCHQ also auch aus völkerrechtlicher Sicht mehr als heikel.

Aktivistische Hacker

Jeder Hacker steht vor der Frage, wie er oder sie seine oder ihre Fähigkeiten einsetzt. Wer in der Lage ist, in Systemen Schwachstellen zu finden und auszunutzen, oder wer auch nur mit den schon vorhandenen digitalen Werkzeugen umgehen kann, muss sich entscheiden: Für welche Ziele will ich meine Talente einsetzen? Einige Hacker engagieren sich als sogenannte Hacktivisten und nutzen ihr Talent ohne kommerzielle Absichten, um bestimmte politische oder gesellschaftliche Ziele zu fördern. Oft geht es dabei um das Veröffentlichen geheimer Dokumente und Daten, um auf Missstände hinzuweisen und eine gesellschaftliche Debatte anzustoßen. Der wesentliche Unterschied zu Kriminellen liegt vor allem in der Motivation der Hacktivisten: Sie besteht oft in der Aufdeckung von Korruption, Machtmissbrauch oder in dem Versuch, Beweise von öffentlichen Falschaussagen aufzudecken.

Hacktivismus muss nicht immer mit einem Angriff auf fremde Rechner einhergehen, sondern kann auch die Form eines sichtbaren politischen Protests annehmen, für die technische Fähigkeiten hilfreich sind. Dazu gehören etwa die Sabotage von Webseiten oder Onlinedienstleistungen durch Denial-of-Service-Angriffe, in der Hoffnung, durch eine solche destruktive Aktion Aufmerksamkeit für die politischen Forderungen des Protests zu generieren.

Ob ein solcher temporärer Protest, der Kommunikation sabotiert oder Webseiten absichtlich optisch verändert (Defacement) und oft mit wirtschaftlichen Schäden für die Betroffenen einhergeht, eine noch akzeptable Form der politischen Meinungsäußerung ist, darüber kann man trefflich streiten. Vergleicht man etwa einen Denial-of-Service-Angriff in der Onlinewelt mit einer Straßenblockade im Rahmen einer Demonstration, fallen Gemeinsamkeiten auf: Solange der Protest anhält, haben die Betroffenen wirtschaftliche Nachteile und werden in ihren gewohnten Tätigkeiten ganz oder teilweise blockiert. Eine solche politische Demonstration in der physischen Welt ist weithin akzeptiert und sogar in den meisten Staaten rechtlich geschützt, vergleichbare Formen des Onlineprotests sind das hingegen in der Regel nicht.

Die Idee, dass die Onlinewelt auch als öffentlicher Raum betrachtet werden kann, in dem politische Demonstrationen inklusive Blockaden ihre Berechtigung haben, wird unter Juristen bereits seit Jahren diskutiert. Obwohl ein wesentlicher Teil der öffentlichen Debatte in den Netzen stattfindet, wird heute die Frage allerdings seltener gestellt. Der Zeitgeist geht sichtbar in die Richtung, solche Formen des politischen Protests zu kriminalisieren und als nicht mehr legitim anzusehen.

Prominente Beispiele für solchen Hacktivismus waren aber auch zum Zeitpunkt des Protestes hochumstritten: Als etwa gegen die Firmen PayPal und Mastercard vor einigen Jahren ein solcher Angriff stattfand, wurden die dafür Verantwortlichen zumeist als Kriminelle dargestellt und nicht als Demonstranten. Unter anderem hatte eine Gruppe von Studenten Cyberangriffe gegen die beiden Firmen initiiert, um gegen deren Weigerung, Spendengelder für WikiLeaks weiterzuleiten, zu protestieren. Sie nutzten dafür eine frei im Netz erhältliche Software mit dem Namen LOIC (Low Orbit Ion Cannon), um gemeinschaftlich die Webseiten der Unternehmen mit Datenverkehr zu bombardieren.

Zunächst konnte die kleine Gruppe keine große Wirkung entfalten. Doch als sich recht schnell erst Dutzende, dann

Hunderte Menschen dem Protest anschlossen, wurde die Verfügbarkeit der kommerziellen Dienste erst verlangsamt und kam letztlich völlig zum Erliegen. Je nachdem, mit welchen Methoden die aktivistischen Hacker vorgehen, wird also schnell ein rechtlicher Graubereich erreicht. Die Grenze zu kriminellen Handlungen kann dann leicht überschritten werden.

Genauso wie bei Angriffen von staatlichen oder kriminellen Hackern müssen auch Hacktivisten ihre Operationen planen und ausführen. Schon mit Blick auf eine spätere Strafverfolgung müssen sie dabei vorsichtig vorgehen und versuchen, wenig oder keine Spuren zu hinterlassen. Anders als bei staatlichen oder kriminellen Akteuren tritt aber bei den Hacktivisten ein Aspekt hinzu, den andere in der Regel vermeiden: Die gewonnenen Informationen müssen nicht nur an die Öffentlichkeit gebracht werden, es darf auch kein Zweifel daran bestehen, dass sie wirklich aus der angegebenen Quelle stammen. Deswegen sind Hacktivisten bestrebt, die erbeuteten Daten mit Herkunftsnachweisen zu untermauern. Mitunter führt das dazu, dass sie ihr Vorgehen in allen Details dokumentieren.

Da Hacktivisten mittlerweile seit mehreren Jahrzehnten aktiv sind, wurden schon vor mehr als zehn Jahren die ersten wissenschaftlichen Untersuchungen zu dem Phänomen veröffentlicht. Gleich geblieben ist den vielfältigen Formen des Hacktivismus nur die politische Motivation und damit die Abgrenzung zu kriminellen Hackern, deren Ziele in der Regel finanzieller Natur sind. Die Methoden der aktivistischen Hacker haben sich jedoch an die veränderten Gegebenheiten der Netze angepasst. Während in den 1990er Jahren zuweilen Webseiten umgeleitet oder optisch verändert wurden, hat sich diese Form von politischem Protest weitgehend überlebt. Grund dafür sind auch wirksame technische Gegenmaßnahmen, die solche Aktionen über die Jahre deutlich erschwert haben.

Eine nach wie vor zumindest temporär wirksame Form des aktivistischen Hackens ist der gezielte Angriff auf Firmen, die Zulieferer oder Dienstleister von Geheimdiensten sind und bei der staatlichen Überwachung helfen. In einer seit Jahren anhaltenden Angriffsserie wurden etwa die Netze des Geheimdienst-Dienstleisters HBGary, der Überwachungstrojaner-Hersteller HackingTeam und Flexispy sowie diverser anderer Unternehmen der Überwachungsbranche erfolgreich gehackt und die dabei erbeuteten Daten veröffentlicht. Insbesondere die Zusammenarbeit dieser Firmen mit Regimen in aller Welt, die solche Spionage- und Hackingprodukte verwenden, um ihre Bürger zu bespitzeln und die Opposition zu unterdrücken, motivierte die Hacktivisten zur Unschädlichmachung der Spionagesoftware. Zugleich beförderten ihre Aktionen die öffentliche Diskussion über den Bau und den Einsatz von Cyberwaffen.

Dabei ist natürlich – wie immer im Cyber-Spiegellabyrinth – die Frage, ob einige dieser Hacks nicht eigentlich ihren Ursprung bei staatlichen Angreifern oder Konkurrenten hatten, die ihre eigenen, nicht immer nachzuvollziehenden Motive haben. Dass Geheimdienste sich als Aktivisten tarnen, ist seit vielen Jahren bekannt, und auch dass Aktivistengruppen infiltriert, eigens gegründet oder ihre Existenz simuliert wird, gehört zum Standardrepertoire geheimdienstlicher Operationen. Solche Täuschungsmanöver haben den Vorteil, dass Geheimdienste und Staaten eine Verantwortung für Cyberangriffe abstreiten können. Zugleich diskreditieren sie bei ihrer Enttarnung die Arbeit der echten Aktivisten.

Die Liste von Aktivitäten, bei denen mehr oder weniger plausibel anzunehmen ist, dass es sich eigentlich um Geheimdienstaktionen handelte, ist lang. Das »Anonymous«-Kollektiv mit seinem strukturlosen Prinzip bot eine besonders günstige Ausgangsposition für die Infiltration staatlicher Hacker. Weltweit bekannt geworden waren die »Anonymous«-Aktivisten im Zusammenhang mit WikiLeaks, als sie die Denial-of-Service-Angriffe gegen die Zahlungsdienstleister Mastercard und Visa orchestrierten. Später stellte sich allerdings heraus, dass die Aktivisten schnell zum Ziel der Geheimdienste wurden: Durch die Erpressung von Schlüsselpersonen wurde das Kollektiv infiltriert, und zugleich kaperten die geübten Desinformationsagenten die Marke »Anonymous«, um unter dem Deckmantel der Aktivisten eigene Aktionen durchzuführen.

Die Überwachungs- und Hackingindustrie

Ein wichtiger Bestandteil der großen, ständig wachsenden Wirtschaftsbranche, die man als private Überwachungs- und Hackingindustrie bezeichnen könnte, sind die Vertragspartner und Zulieferer der Geheimdienste. Die wichtigsten Staaten, in denen sich eine ganze Reihe solcher Unternehmen auf einem wenig regulierten Markt etabliert hat, sind die Vereinigten Staaten, Großbritannien, Frankreich, Israel und Deutschland. Aber auch in China ist ein ganz eigener Markt solcher Anbieter entstanden, die alle erdenklichen digitalen Unterstützungsleistungen für ihre staatlichen Kunden im Angebot haben.

Die Menschenrechtsorganisation Privacy International untersucht regelmäßig die westlichen kommerziellen Anbieter und erstellt auf dieser Basis einen »Surveillance Industry Index«, in dem das Wachstum der Branche und des Geschäfts mit Produkten, die für Cyberangriffe genutzt werden können, ablesbar ist. Da viele dieser Firmen sowohl für ihre Überwachungsprodukte als auch für digitale Angriffswaffen Käufer auf der ganzen Welt suchen, erlaubt die Werbung für ihre Produkte einen gewissen Einblick in einen Markt, der der breiten Öffentlichkeit wenig bekannt ist.

Angeboten werden dort Exploits und Hacking-Werkzeuge aller Art, überwiegend für Kunden aus dem Bereich der Strafverfolgungsbehörden und der Geheimdienste, aber auch für Militärs. Die Firmen haben oft auch Soft- oder Hardware im Portfolio, die beim Auslesen der Inhalte von beschlagnahmten Computern oder Smartphones helfen. Im Grunde wird angeboten, was die staatlichen Behörden brauchen, um entweder direkt oder über Umwege heimlich in Geräte einzudringen. Der Großteil der Anbieter macht dabei keinen Unterschied, aus welchem Land die Käufer stammen. Nur wenige setzen sich selbst Regeln, dass potenzielle Kunden bestimmte demokratische oder rechtsstaatliche Standards erfüllen müssen. In den letzten Jahren hat sich die Branche nicht nur vergrößert, sondern ist auch serviceorientierter geworden. Besondere technische Vorkenntnisse müssen die Nutzer der Produkte in den jeweiligen staatlichen Behörden daher nur noch selten mitbringen. Die Produkte werden meist mit einem routinierten, professionellen Kundensupport sowie angepassten Lösungen angeboten. Sonderwünsche werden gern erfüllt.

In den vergangenen Jahren sind einige Firmen unwillentlich ins Rampenlicht gezerrt worden, oft weil sie selbst angegriffen und ihnen interne Informationen gestohlen wurden. Die Angreifer konnten ihre Schadenfreude meist nur schlecht verbergen, wenn sie die internen E-Mails oder Verträge der Überwachungsfirmen im Nachgang veröffentlichten.

Insbesondere die italienische Firma HackingTeam wurde durch so einen Angriff bloßgestellt. Wenn das eigene Geschäftsmodell darin besteht, digitale Offensivwaffen anzubieten, und man dann selbst nicht in der Lage ist, sich vor einem Angriff zu schützen, schadet das neben dem Ansehen auch ganz handfest dem Geschäft. Bei den Interna von HackingTeam, die von den Angreifern veröffentlicht wurden, kam interessanterweise auch heraus, dass das Bundeskriminalamt zumindest eine Geschäftsanbahnung per E-Mail versucht hatte.

Auch in Deutschland wurde über eine der Firmen, die Angriffswaffen verkaufen, öffentlich diskutiert, weil sie von deutschen Behörden als Vertragspartner herangezogen wurde: das Unternehmen FinFisher. Geliefert wurde beispielsweise eine der Varianten des umstrittenen Staatstrojaners, mit dem Computer und Smartphones von Verdächtigen angegriffen und deren Daten ausgeleitet werden können. Wie viele Anbieter orientiert sich FinFisher bei seinen Produkten verstärkt am Mobilmarkt und verkauft, dem Trend der Zeit folgend, digitale Angriffswaffen auch für Smartphones.

Neben den Strafverfolgungsbehörden, Militärs und Geheimdiensten existiert aber auch eine gewissermaßen zivile Kundschaft, die Produkte solcher Anbieter kaufen: ein Markt für nicht staatliche Akteure, die Spionagesoftware verwenden wollen.

Disclosure

Stellen Sie sich vor, Sie arbeiten in der IT-Sicherheitsbranche und entdecken eine Schwachstelle in einer Software, in einem Gerät oder in einem Chip. Sie dokumentieren mit Ihren Kollegen, was Sie gefunden haben, und schreiben einen detaillierten Bericht. Und was dann? Wie gehen Sie damit um? Melden Sie sich bei dem betroffenen Anbieter? Veröffentlichen Sie Ihr Wissen? Falls ja, in welchem Detailgrad und in welcher Form? Würden Sie sagen, es ist Ihre alleinige Entscheidung, was Sie mit Ihrem Wissen anstellen? Müssen Sie Rücksicht nehmen, und wenn ja, auf wen? Und was, wenn Ihnen jemand für Ihre Entdeckung Geld anbietet?

Machen wir es noch konkreter: Sie haben nicht irgendeinen Computer untersucht, sondern eines der populären neuen Geräte, die als »Sprachassistenten« beworben werden, aber auch als »Werbewanze« bekannt sind. Als Sie die Software des kleinen Computers analysiert haben, entdeckten Sie darin eine Schwachstelle: Da das Gerät in seinem Normalzustand stets auf Sprachbefehle wartet, hat Sie interessiert, ob die akustische Aufzeichnung der Umgebung vielleicht auch ohne das üblicherweise zuerst gesprochene Signalwort möglich ist oder ob Sie vielleicht nach den gesprochenen Befehlen an die Aufzeichnungen gelangen können. Das wäre eine Sicherheitslücke und würde bedeuten, dass der Hersteller Fehler gemacht hat.

Weil die gesprochenen Befehle nicht in dem Gerät selbst, sondern auf Servern verarbeitet werden, ist der »Sprachassistent« mit den Cloud-Computern des Herstellers in fernen Ländern verbunden. Sobald also jemand vor dem Computer steht und ein Schlüsselwort ausspricht, wird die nachfolgende Frage oder der Befehl an die Server weitergeleitet. Wenn der Hersteller diese Verbindung nun nicht richtig abgesichert hat, kann das ein Einfallstor für einen digitalen Angriff sein: Nicht nur die Verbindung selbst ist dann vielleicht abhörbar, sondern möglicherweise kann man den kleinen Computer so auch fernsteuern.

Beispielsweise können Sie das Gerät mit einer kleinen Zusatz-App so umprogrammieren, dass es nach der Ausführung eines Sprachbefehls einfach weiter jedes Geräusch aufzeichnet. Sie haben sogar die Möglichkeit gefunden, wie Sie das visuelle Zeichen für das offene Mikrofon – eine leuchtende LED – deaktivieren können, sodass der Nutzer gar nicht bemerkt, dass die Umgebung weiter aufgezeichnet wird: Alle Geräusche werden nun ohne Zeitbegrenzung an Ihren Cloudserver weitergeleitet.

Das Modell des »Sprachassistenten«, das Sie untersucht haben, ist bereits mehrere Millionen Mal verkauft worden. Soweit Sie wissen, hat niemand vor Ihnen diese brachiale Lücke entdeckt. Was also tun Sie, nachdem Sie Ihr Vorgehen getestet, dokumentiert und detailliert beschrieben haben? Müssten Sie nicht eigentlich sofort diese Millionen Käufer des »Sprachassistenten« warnen, dass sich die schicken Geräte in ihren Wohnungen und Büros zu Lauschwanzen manipulieren lassen? Könnte es nicht sein, dass längst schon ein anderer diese Sicherheitslücke entdeckt hat und sie nun für finstere Zwecke missbraucht?

Beim Finden einer Sicherheitslücke stellt sich immer wieder die Frage, wie mit den Erkenntnissen umgegangen wird und in welcher Form sie veröffentlicht werden (Disclosure). Denn es besteht immer die Gefahr, dass ein Dritter, der von der Sicherheitslücke erfährt, dieses Wissen ausnutzt und damit vielleicht sogar großen Schaden anrichtet. Deswegen wird seit Jahrzehnten über den besten Umgang mit entdeckten Sicherheitslücken gestritten, um einerseits sicherzustellen, dass der Hersteller informiert wird, und andererseits genug Druck aufzubauen, damit dieser möglichst schnell Abhilfe schafft und seine Nutzer und Kunden besser absichert.

Es besteht kein Zweifel daran, dass es in Fragen der IT-Sicherheit in allen Wirtschaftsbranchen erhebliche Defizite gibt, auch in der Tech-Branche selbst. Risiken und Folgen digitaler Angriffe werden strukturell unterschätzt, und oft wird erst dann in Sicherheitsmaßnahmen investiert, wenn ein Datenabfluss oder ein Sabotageakt bereits geschehen ist.

Schon als die Zahl der Menschen, die beruflich oder aus Neugier ihre Zeit damit verbrachten, IT-Sicherheitslücken zu finden und zu dokumentieren, noch überschaubar war, ist das Problem des verantwortungsvollen Veröffentlichens intensiv diskutiert worden. Ihre Haltung, ihre Diskussionsbeiträge und auch ihre Verhaltensratschläge sind dabei von ihren Erfahrungen mit den betroffenen Firmen geprägt. Während es natürlich auch die Meinung gibt, dass der Entdecker einer Sicherheitslücke nicht für sie verantwortlich ist, geht es den meisten doch um einen geordneten und verantwortungsvollen Umgang mit solch einem Sicherheitsrisiko. Auch die Hersteller werden in diese Diskussionen mit einbezogen. Denn wenn jemand eine Sicherheitslücke findet, müssen diejenigen, die dafür technisch (und auch oft unternehmerisch) verantwortlich sind, die Lücke möglichst schnell schließen und ihre Kunden informieren.

In der Anfangszeit einer sich professionalisierenden IT-Sicherheitsszene gab es das Ideal, die gefundenen Details einer Schwachstelle zunächst für sich zu behalten und mit dem betroffenen Hersteller das Gespräch zu suchen. Erst wenn die Schwachstelle behoben und die Kunden mit einem Update versorgt waren, wurde die Sicherheitslücke veröffentlicht. Daran hat sich im Prinzip bis heute nichts geändert: Mit den betroffenen Herstellern in Kontakt zu treten, bevor man das Wissen um eine Sicherheitslücke veröffentlicht, gilt als wichtiges Element in einem verantwortungsvollen Umgang mit Sicherheitslücken und unterscheidet wohlmeinende IT-Sicherheitsforscher von solchen, die sich eher von Gewinnsucht als von Neugier leiten lassen.

Allerdings zeigte sich, dass Unternehmen mitunter sehr viel Zeit verstreichen ließen, um eine Sicherheitslücke, auf die sie aufmerksam gemacht worden waren, tatsächlich zu schließen. Einige Forscher begannen deswegen, Fristen zu setzen und mit einer Veröffentlichung aller Details direkt nach Fristende zu drohen. Ziel war dabei ganz klar, den Druck auf die Hersteller zu erhöhen, um die von ihnen zu verantwortenden Sicherheitsprobleme zügig anzugehen und ihre Soft- oder Hardware schneller zu reparieren.

Natürlich ist dabei auch die Art und Weise entscheidend, wie ein Hersteller informiert wird. Es ergibt wenig Sinn, nur eine knappe E-Mail an das betroffene Unternehmen zu senden und es aufzufordern, die Lücke innerhalb eines Tages zu schließen. Denn eine Schwachstelle lediglich mitzuteilen und eine derart knappe Frist zu setzen, kann das Unternehmen oder die betroffenen IT-Experten nur überfordern. Stattdessen müssen zumindest die Details der Sicherheitslücke offengelegt und eine angemessene Zeitspanne zur Behebung des Problems angeboten werden.

Doch nicht alle Hersteller reagieren auf solche Ansprachen optimal. Sicherheitsforscher wurden und werden von Herstellern mit einstweiligen Verfügungen überzogen und mit juristischen Winkelzügen an der Veröffentlichung gehindert, Konferenzen und Medien werden gegängelt, Klagen angedroht und zum Teil sogar eingereicht. Im besten Fall wird der veröffentlichte Fehler stillschweigend behoben, aber oft genug unerwähnt gelassen, wem man den Hinweis darauf zu verdanken hatte.

Einige Firmen, die für ein solches rabiates Vorgehen berüchtigt sind, haben ihre Sicherheitslücken daraufhin anonym und ohne Vorwarnung im Internet serviert bekommen. Aber das blieben viele Jahre lang Einzelfälle: Zwar gab es eine Minderheit, die sich nicht um das Korrigieren des Fehlers scherte und ihr Wissen sofort oder mit sehr knappen Fristen und ganz ohne Rücksprache mit den Herstellern veröffentlichte. Doch die große Mehrheit derjenigen, die Sicherheitslücken aufspürten, bemühte sich lange, verantwortungsvoll damit umzugehen.

Bug Bounty

Das jahrelange Verhalten der Hersteller- und Betreiberfirmen führte zu einer Frustreaktion unter den Sicherheitsforschern. Im Jahr 2009 postulierten die prominenten Forscher Dino Dai Zovi, Charlie Miller und Alex Sotirov die »No more free bugs«-Bewegung. Sie argumentierten, dass das Finden von Sicherheitslücken aufwendig und zeitraubend ist und deswegen bezahlt werden sollte. Die bis dato weithin geltende Ansicht, dass der Lohn der Forscher in ihrem Ruhm und daraus vielleicht folgenden kommerziellen Beratungsaufträgen besteht, wurde infrage gestellt.

Die Diskussionen, die sich an die Forderung der Forscher anschlossen, führten über die Jahre dazu, dass mittlerweile praktisch alle großen Firmen sogenannte Bug-Bounty-Programme aufgelegt haben, also für Sicherheitslücken, die ihnen in verantwortlicher Weise mitgeteilt werden, eine Prämie bezahlen. Eine Art Finderlohn für die Meldung von Schwachstellen auszusetzen ist eine Idee, die seit den 1980er Jahren existiert. Im Jahr 1995 bewarb die Firma Netscape ein Bug-Bounty-Programm für Fehler oder Sicherheitslücken in ihrem Webbrowser, der damals weitverbreitet war, wodurch die Idee Aufschwung erhielt.

Die Summen, die in den Bug-Bounty-Programmen gezahlt werden, stehen jedoch in Konkurrenz zum größer werdenden Markt von Firmen, die solche Schwachstellen oder fertige Exploits aufkaufen. Vielen geht es heute weniger um Verantwortung und ethisch einwandfreies Verhalten, sondern um die Maximierung der finanziellen Kompensation: Die Bug-Bounty-Programme zahlen in der Regel weniger Geld für eine Lücke als die Exploit-Dealer, die solches Wissen für Geheimdienste und Cybermilitärs ankaufen. Wer sich heute öffentlich Gedanken um einen verantwortungsvollen Umgang mit Schwachstellen macht, ist in der Regel nicht Teil des kommerziellen Handels mit Hacking-Werkzeugen und auch nicht dessen typischer Nutznießer wie beispielsweise die Geheimdienste und ihre Vertragspartner.

Das Aufkommen dieses kommerziellen Sektors in der IT-Sicherheit, der sich von einer kleinen Nische zu beachtlicher Größe entwickelt hat, hat heftige Diskussionen ausgelöst um die Verantwortung derjenigen, die Sicherheitslücken oder Exploits verkaufen oder damit handeln. Je mehr in der Szene darüber gesprochen wurde, wer wohl welche Lücken aufkaufen würde, desto häufiger wurde auch diskutiert, was in der IT-Sicherheitsszene als akzeptables Verhalten gilt. In einem heiklen, sicherheitsrelevanten Bereich, in dem sich zuvor nur die Forscher und die betroffenen Unternehmen gegenüberstanden, war innerhalb weniger Jahre faktisch ein dritter Mitspieler hinzugekommen, der die Diskussion grundlegend veränderte.

Eigentlich ist dieser dritte Spieler längst in sich wiederum mehrfach gespalten, da sich der kommerzielle IT-Sicherheitssektor aus Akteuren mit teilweise unterschiedlichen Motiven und zudem sehr variierenden Ressourcen zusammensetzt. Eine ganze Reihe von internationalen Geheimdiensten mit ihren Vertragspartnern tummelt sich hier ebenso wie Zwischenhändler und Halbkriminelle. Wer in diesem Markt mitmischt, wird früher oder später auch bekannt. Denn noch immer ist die Forscherszene gut vernetzt, sodass sich vieles schnell herumspricht und auch heute noch Diskussionen auslösen kann. Die monetären Anreize sind inzwischen allerdings so groß geworden, dass längst nicht mehr jeder IT-Forscher seinem Gewissen oder hehren Zielen folgt. Stattdessen wird das Wissen an den verkauft, der am meisten zahlt. Was der Aufkäufer mit der Sicherheitslücke oder mit dem Exploit tatsächlich vorhat, kann der Verkäufer oft nur ahnen.

Das Wachstum der IT-Sicherheitsszene, ihr Grad der Vernetzung und der Erfahrungsaustausch unter ihren Mitgliedern machte sie zu einem hochattraktiven Rekrutierungspool für die Geheimdienste. Auf den großen Hacker-Konferenzen in den Vereinigten Staaten wie der DEFCON in Las Vegas suchen nicht nur IT-Unternehmen nach neuen Mitarbeitern, sondern auch die staatlichen Vertreter der zumeist heimischen und ein paar befreundeter Geheimdienste. Der damalige NSA-Chef General Keith Alexander gab sich auf der DEFCON des Jahres 2013 sogar höchstselbst die Ehre und hielt eine Grundsatzrede.

Dabei versuchte der Geheimdienstchef, der ursprünglich gegenüber Militärs und Staatsvertretern misstrauischen Hackerszene entgegenzukommen und sie auch ein wenig zu umgarnen. Den Bau und den Einsatz von digitalen Waffen stellte Alexander in seiner Rede als eine Form der Landesverteidigung dar. Wenn man sich nicht gegen die Bedrohungen wehre, die aus den Netzen erwachsen, drohe ein »Cyber Pearl Harbor«. Dass sein Geheimdienst bei digitalen Angriffen auch selbst der Aggressor ist und zudem im großen Umfang Exploits aufkauft, erwähnte er dabei nicht.

Das ambivalente Verhältnis und die gegenseitigen Abhängigkeiten zwischen denjenigen, die – als Freizeitsport oder als Beruf – Sicherheitslücken finden und analysieren, und einer wachsenden Branche von Zwischenhändlern und ihren oft staatlichen Käufern wird der IT-Sicherheitsszene wohl erhalten bleiben. Die wesentliche Veränderung besteht in der Professionalisierung beider Seiten.

Mit der Entstehung eines Marktes, der finanzielle Anreize setzt, stellen sich für viele professionelle IT-Sicherheitsforscher beim Umgang mit einer Schwachstelle vor allem drei Fragen: Wie schnell reagiert ein Unternehmen üblicherweise auf die Meldung einer Sicherheitslücke? Wie hoch ist grob geschätzt der monetäre Wert des Wissens? Wie offen kann nach der Weitergabe des Wissens damit umgegangen werden? Wenn man davon ausgeht, dass es einen Mehrwert für alle bedeutet, aus Fehlern zu lernen, ist die Frage nach dem offenen Umgang mit dem Wissen um Sicherheitslücken zentral. Viele Berichte mit detaillierten technischen Details über Sicherheitslücken sind daher aus gutem Grund öffentlich bekannt und werden in langen Archiven zum Studium angeboten. Sie stehen jedem offen, um daraus zu lernen und vergangene Fehler möglichst nicht zu wiederholen.

Seit Software und Hardware in größeren Mengen professionell produziert und verkauft werden, sind auch die Hersteller gezwungen, sich dem Problem von IT-Sicherheitsmängeln mit all seinen Folgen zu stellen. Was wir heute als IT-Industrie kennen, hat seine Anfänge mit dem Aufkommen des Internets in den 1970er Jahren und seitdem einen enormen Wandel erfahren. Erst seit den 1990er Jahren wurden die immer zahlreicheren digitalen Angriffe zu einem Problem, welches das dräuende Zeitalter des Cloud-Computings und des »Internet of Everything«, also der Vernetzung aller möglichen elektronischen Objekte um uns herum, unweigerlich noch vergrößern wird. Wir werden damit auf eine Weise angreifbar, dass sich die heute bekannten Malware-Wellen dagegen ausnehmen werden wie eine Erkältung im Vergleich zur Spanischen Grippe.

In jüngerer Zeit haben sich fast alle großen IT-Firmen entschlossen, mit sogenannten Bug-Bounty-Programmen einen finanziellen Anreiz zu setzen, Fehler in ihren Produkten zu melden. Diejenigen, die bisher unbekannte Lücken in Software oder Hardware finden und in gewissem Detailgrad an die betroffenen Unternehmen melden, können im Rahmen dieser Programme eine Bezahlung für ihre Forschung erwarten. Nachdem es die Programme mittlerweile schon mehrere Jahrzehnte gibt, haben sich längst auch einige Angreifer darauf spezialisiert, auf die Jagd nach Fehlern zu gehen, um die angebotenen Gelder einzuheimsen. Da es aber nicht strafbar ist, das Wissen um die Schwachstelle zu verkaufen, bleibt es dem Finder überlassen, ob er die Summe, die ihm durch das Bug-Bounty-Programm angeboten wird, annimmt oder ob er sein Wissen doch lieber anderweitig (und vielleicht zu besseren Konditionen) verkauft.

Bug-Bounty-Programme beschränken sich heute nicht

mehr auf die typischen Computertechnologiekonzerne, sondern haben auch in anderen Branchen Einzug gehalten: Sie finden sich bei Banken, im Bereich der Medizingeräte, in Einzelhandelsketten oder in der Medienbranche. Da sich Hard- und Softwaresysteme in der gesamten Wirtschaft ausbreiten, dürften die Finderlohnangebote bald in weiteren Branchen Einzug halten.

Selbstverständlich gehört zur Etablierung eines solchen Programms in den anbietenden Unternehmen ein definierter Prozess, wie man mit den quasi eingeforderten Meldungen über Sicherheitsprobleme intern umgeht. Es genügt ja nicht, IT-Sicherheitsforscher mit Geld zu locken und darauf zu warten, welche Schwachstellen wohl gefunden werden. Vielmehr muss zeitgleich geklärt sein, wer die gemeldeten Lücken dann mit welchen Ressourcen bearbeitet und möglichst schnell schließt.

Solch einen Schadensbehebungsprozess zu institutionalisieren ist im Grunde jedem IT-Unternehmen dringend anzuraten, ob es nun über ein Bug-Bounty-Programm verfügt oder nicht. Denn dass Externe irgendwann Sicherheitsprobleme in den Computersystemen eines Unternehmens melden, ist so sicher wie das Amen in der Kirche. Wer heute eine E-Mail-Adresse für das Einsenden von IT-Sicherheitslücken angibt, aber dann nicht dafür sorgt, dass die Nachrichten dort auch gelesen und verarbeitet werden, ist schlicht verantwortungslos.

Selbst Apple hat sich nach langem Zögern mittlerweile ein Bug-Bounty-Programm zugelegt. Als das Programm im Jahr 2016 vorgestellt wurde, hatte die Konkurrenz schnell eine Antwort parat. Wie bei anderen großen Unternehmen sind die Summen, die Apple zu bezahlen bereit war, oft zu gering, um mit kommerziellen Mitbietern mitzuhalten.

Diese zahlen manchmal doppelt so viel oder mehr, um an die begehrten, bisher unbekannten Schwachstellen zu kommen. Im Falle von Apple dauerte es nur wenige Tage, bis beispielsweise die Firma Exodus Intelligence ihrerseits die Preise für das Wissen um Apple-Schwachstellen sowie für fertige Exploits anhob.

Dieses Vorgehen hat bereits Tradition und war bei der Verkündung von Bug-Bounty-Programmen anderer großer Unternehmen ähnlich zu beobachten. Konkurrenten zielen mit solchen verlockenden Angeboten vor allem auf professionelle Hacker, deren Geschäftsmodell es ist, Schwachstellen zu finden und Exploits zu verkaufen oder Angriffssoftware anzupassen, die sich direkt gegen Kommunikationsnetzwerke und spezielle Computersysteme richtet: Sie haben nun die Wahl, ihr Wissen direkt an den Hersteller zu melden oder eine höhere Bezahlung von einer anderen Firma zu bekommen.

Der Unterschied ist jedem, der eine solche Lücke verkauft, vollkommen klar: Meldet man sie direkt an die betroffene Firma, wird diese versuchen, die gefundene Schwachstelle zu eliminieren. Ihren Kunden wird dann ein sogenannter Patch angeboten, der meist routinemäßig als Software-Update verteilt wird. Über zwei Drittel aller Softwareunternehmen spielen solche Patches heute mindestens einmal im Monat aus. Verkauft man sein Wissen aber an einen Zwischenhändler, besteht zwar auch eine kleine Chance, dass die betroffene Firma davon erfährt. Der Regelfall ist aber, dass die Sicherheitslücke anderweitig verwertet wird.

Was genau die Zwischenhändler mit ihrem erworbenen Wissen anstellen, kann der Verkäufer oft nur ahnen. Handelt es sich um einen Zero-Day-Exploit, kann er aber zuweilen auf ein regelmäßiges Einkommen hoffen: Solange niemand Dritter denselben Fehler findet oder die betroffene Firma die Lücke schließt, zahlen manche der Zwischenhändler im Quartalstakt weitere Summen.

Um eine Vorstellung zu bekommen, von welchen Summen hier die Rede ist, lohnt ein Blick auf das Beispiel Apple. Der amerikanische Soft- und Hardware-Riese bot im Rahmen seines Bug-Bounty-Programmes ein Maximum von 200 000 Dollar für denjenigen, der Fehler in dem damals aktuellen mobilen Betriebssystem des iPhones meldet. Allerdings wird nicht jede Art von Fehler entlohnt. Apple beschreibt recht detailliert, für was das Unternehmen im Rahmen des Bug-Bounty-Programmes zu zahlen bereit ist: Etwa wenn wegen der gefundenen Schwachstelle sensible Daten aus bestimmten, besonders gesicherten Bereichen des iPhones extrahiert werden können.

Apple ist mit einer solchen Summe derzeit an der Spitze der Preisliste. Die auf den Handel mit Schwachstellen spezialisierte Firma Exodus Intelligence überbot diese Summe allerdings um mehr als das Doppelte und lobte eine halbe Million Dollar pro gemeldeter aktueller iPhone-Sicherheitslücke aus. Findet man einen ernsthaften Fehler in Googles beliebtem Chrome-Browser und legt ihn dem Zwischenhändler gegenüber offen, zahlt Exodus Intelligence immerhin noch bis zu 150 000 Dollar.

Der Exploit-Markt

Es gibt bisher kaum einen verlässlichen Maßstab dafür, wie angreifbar ein bestimmtes Betriebssystem, ein spezifischer Webbrowser oder etwa ein E-Mail-Programm ist. Aber es gibt eine indirekte Möglichkeit einzuschätzen, wie schwierig es ist, eine bestimmte Software anzugreifen: den Preis, der auf dem Graumarkt für Sicherheitslücken gezahlt wird. Denn einige der Firmen mit Namen wie Exodus Intelligence, Azimuth Security, oder Zerodium, die sich auf den An- und Verkauf von Exploits spezialisiert haben, veröffentlichen sogar Preislisten.

Die Preisspanne für Exploits reicht von einigen Tausend Dollar für Sicherheitslücken in DSL-Routern und populären Web-Nachrichtenboards bis zu anderthalb Millionen Dollar für das Eindringen in ein neues Apple-iPhone aus der Ferne, ohne dass der Nutzer dabei etwas Bestimmtes selbst tun muss. Diese Preise sind nur der sichtbare Teil eines grauen Marktes, der in den letzten Jahren dank der Nachfrage insbesondere von Geheimdiensten und Cyberabteilungen der Militärs erheblich eskaliert ist. Zwar spielen die deutschen Ausgaben angesichts der Etats finanziell potenterer internationaler Mitspieler nur eine untergeordnete Rolle, jedoch kaufen auch hiesige staatliche Institutionen in zunehmendem Maße auf diesem Markt Exploits und Wissen ein. Der Auslandsgeheimdienst BND bedient sich hier ebenso wie das Bundeskriminalamt.

Die Preise auf diesem Markt der Sicherheitslücken sind durchaus verzerrt. Sie reflektieren nämlich nicht nur, wie einfach oder schwer es ist, ausnutzbare Exploits für ein bestimmtes Betriebssystem oder etwa eine verschlüsselte Kurznachrichten-App zu entwickeln. Sie spiegeln auch wider, wie populär dieses Programm ist, wie viele Nutzer es installiert haben, ob zu diesen Nutzern Personen gehören, die für Geheimdienste und Militärs interessant sind, und ob der Exploit oder häufiger die Kette von Exploits zu den bei den Kunden bereits vorhandenen Waffenstrukturen passt. Auch die Frage, in welchen Staaten oder auf welchen Kontinenten eine angreifbare Software verbreitet benutzt wird, kann eine Rolle für die Preisbildung spielen.

Der Preis für einen Exploit oder eine Sicherheitslücke kann auch davon abhängen, ob eine große Menge von Geräten oder Softwarevarianten betroffen ist oder nur eine spezifische Version damit angreifbar wird. Bei einsatzfähigen Angriffswerkzeugen steigt der Preis in der Regel dann, wenn derjenige, der die Schadsoftware verwenden möchte, nicht in die physische Nähe des anzugreifenden Computers gehen muss, sondern über die Netze quasi bequem vom Büro aus den Exploit einsetzen kann.

Auch relativ einfache Exploits können Spitzenpreise erzielen, wenn sie gegen vergleichsweise seltene Systeme funktionieren und diese gerade weit oben auf der Prioritätenliste eines Geheimdienstes oder eines anderen Interessenten stehen. Zugleich kann es erstaunlich geringe Preise für sehr schwierig zu entwickelnde Angriffe geben, wenn sie sich gegen Systeme richten, die für die inhaltlichen Prioritäten der Angreifer eher uninteressant sind.

Auch mit welcher Macht über den Computer ein Angreifer ausgestattet wird, kann den Preis der Sicherheitslücke oder des Exploits in die Höhe treiben. Ist das System mit der Schwachstelle beispielsweise nur sehr umständlich oder gar nicht durch ein späteres Update zur Abwehr zu reparieren, kann das ebenfalls einen Sprung nach oben in der Preisliste bewirken.

Für Unternehmen, die besonders stark von Angriffen betroffen sind oder als besonders attraktive Angriffsziele gelten, stellt es natürlich ein Problem dar, wenn sie beim Ankauf von Exploits von anderen überboten werden. Zugleich müssen diese Firmen auch einiges anbieten, um an fähige Mitarbeiter zu kommen. Denn um die eigenen Produkte und Prozesse besser zu sichern, braucht man auch Leute, die Erfahrungen mit dem Denken von Angreifern mitbringen. Konzerne wie Microsoft, Google oder Amazon haben das verstanden und entlohnen ihre IT-Sicherheitsteams nicht nur fürstlich, sie bieten obendrein attraktive Arbeitsumgebungen.

Zwar gibt es etliche IT-Spezialisten, die schon aus Gewissensgründen lieber bei einem Tech-Konzern anheuern als beim Militär, den Geheimdiensten, deren Vertragspartnern oder windigen Exploit-Händlern, aber unterm Strich muss man doch feststellen, dass der entstandene Markt für digitale Spionageprodukte die betroffenen Unternehmen teuer zu stehen kommt. Nicht nur ist die Konkurrenz um Exploits und gutes Personal größer (und somit teurer) geworden, die Tech-Konzerne müssen auch die Anzahl der Mitarbeiter in den IT-Sicherheitsteams aufstocken, was die Kosten ebenfalls kräftig wachsen lässt.

Wegen der Konkurrenzsituation bei der Anwerbung von IT-Spezialisten hat beispielsweise der britische Geheimdienst GCHQ schon vor Jahren gefordert, im Bereich IT die Gehaltsschranken aufzuheben, um finanziell mit dem privaten Sektor mithalten zu können. Vorbild war nach eigener Aussage das Bonussystem bei Gehältern in den US-Geheimdiensten, die seit langer Zeit besondere Prämien anbieten, um wichtige IT-Mitarbeiter anzuwerben oder zu halten.

Neben solchen Prämienzahlungen für Mitarbeiter nutzen Geheimdienste und Militärs für die Anwerbung neuer Mitarbeiter auch den Umweg über Bug-Bounty-Programme: So rief etwa das Pentagon im Frühjahr 2016 den Wettbewerb »Hack the Pentagon« und später zusätzlich »Hack the Army« und »Hack the Airforce« aus, um Lücken auf den Webseiten des US-Verteidigungsministeriums zu erkennen und aufzukaufen. Allein im Programm »Hack the Pentagon« wurden innerhalb weniger Wochen über 130 Sicherheitslücken gemeldet. Insgesamt haben alle drei Bug-Bounty-Programme 3600 Schwachstellen in den Computersystemen der Behörde aufgedeckt, die inzwischen alle behandelt worden sein sollen. Belohnt wurden Hinweise auf eine Schwachstelle mit höchstens 15 000 Dollar. Angesichts dieser vergleichsweise geringen Summe kann man vermuten, dass es dem US-Verteidigungsministerium bei der Aktion vor allem um die Rekrutierung junger Talente unter den immerhin über eintausend Teilnehmern ging.

Sicherheits- & Antivirus-Firmen

Unternehmen, die Sicherheitsprodukte und -dienstleistungen verkaufen, sind in den letzten Jahren zu einem immer wichtigeren Faktor in Cyber-Auseinandersetzungen geworden. Der Markt ist riesig und wird – auch dank enormer Werbebudgets – immer größer. Darauf hat die Branche reagiert: Die größten Firmen geben im Schnitt über vierzig Prozent ihres Umsatzes für Marketing aus.

Die Rollen, die diese Unternehmen am Markt spielen, sind vielschichtig. Oberflächlich betrachtet verkaufen sie Produkte, mit denen Schadsoftware erkannt und entfernt werden kann, mit denen sich Denial-of-Service-Angriffe abwehren lassen und Botnetze lahmgelegt werden können. Aufgrund der Masse an Angriffen, Viren, Trojanern und Schadsoftware aller Art sind die Staaten bei der Abwehr digitaler Angriffe auf eine enge Kooperation mit den Firmen angewiesen. Alle staatlichen Akteure im großen Cyberspiel sind bestrebt, mindestens eine solche Firma als vertrauenswürdigen Partner an ihrer Seite zu haben, schon allein um einen verlässlichen, heimischen Hersteller für Sicherheitsprodukte unter Vertrag nehmen zu können und dann im Notfall über eingespielte und erfahrene Teams zu verfügen, die einen Angriff rasch analysieren und bekämpfen.

Kaspersky in Russland, Symantec und FireEye in den Vereinigten Staaten, die NCC Group in Großbritannien, Trend Micro in Japan, F-Secure in Finnland, G Data und Avira in Deutschland, Bitdefender in Rumänien, ESET in der Slowakei, Amnpardaz Padvish in Iran, Avast und TrustPort in Tschechien, Check Point in Israel, Panda in Spanien, Qihoo 360 in China – jede dieser Firmen pflegt enge Beziehungen zu den Behörden ihres jeweiligen Herkunftslands. Um die zentrale Rolle dieser Sicherheitsfirmen zu verstehen, muss man sich vor Augen halten, dass Software, die Computer sichern soll, besonders weitgehende Zugriffsrechte hat. Sie muss – oft unter Umgehung von Sicherheitsmaßnahmen des Betriebssystems – alle Dateien lesen und Vorgänge auf dem System beobachten können, um eine Chance zu haben, Schadsoftware zu erkennen. Wenn es nun in der Sicherheitssoftware selbst eine Hintertür oder eine undokumentierte Schwachstelle gibt, hat ein darum wissender Angreifer leichtes Spiel. Deshalb versuchen insbesondere staatliche Organisationen, bevorzugt Produkte aus dem eigenen Land oder einem als verbündet – oder zumindest nicht feindlich – geltenden Land zu verwenden.

Wie groß das Bewusstsein für die möglichen Probleme mit ausländischer Software mittlerweile ist, wurde am Fall der Firma Kaspersky sehr deutlich. Das bereits im Jahr 1997 gegründete Unternehmen arbeitet international und ist einer der größten Player im Bereich der IT-Sicherheit in Wirtschaftsunternehmen, hat aber auch mehr als vierhundert Millionen private Nutzer. Nachdem der Verdacht immer stärker wurde, russische Geheimdienste würden Kaspersky-Software benutzen, um geheime Daten von Computern der US-Regierung und amerikanischen Behörden zu extrahieren, haben die Vereinigten Staaten ihren Einsatz in Regierungsnetzen verboten. Der Verdacht kam nicht von ungefähr: Israels Geheimdienst ließ durchsickern, dass er Kasperskys internes Netz gehackt habe und direkt dabei zusehen konnte, wie die Antivirus-Software dazu benutzt wurde, um nach Codenamen US-amerikanischer Geheimdienstoperationen zu suchen.

Moderne Antivirus-Software ist meist so konfiguriert, dass Dateien, die von der Software als verdächtig eingestuft werden, zur Analyse zu den Cloud-Systemen des Anbieters übertragen werden. Die Kriterien, was als verdächtig gilt, werden zwar oft zwischen den Anbietern ausgetauscht, jedoch ist es sehr schwer zu überprüfen, ob die Software eines Herstellers nicht ein paar zusätzliche Kriterien enthält, die gezielt nur an einige Kunden – etwa in einer bestimmten Region – ausgeliefert werden.

Diese sogenannten Signaturen werden oft mehrmals täglich über das Netz aufgefrischt, um den Computer vor Schadsoftware zu schützen, die irgendwo neu identifiziert wurde. Wenn diese Signaturen nun bestimmte Stichworte oder Datenmuster enthalten, die eigentlich kein Hinweis auf einen Schadcode, aber von Interesse für den Geheimdienst des Herkunftslandes sind, werden die entsprechenden Dateien ebenfalls in die Cloud übertragen. Das kann sowohl interessante Dokumente betreffen als auch Cyberwaffen, die noch in der Entwicklung sind. Deshalb sind die

Datenströme, die permanent aus den Computern der Nutzer einer Sicherheitssoftware in die Cloud-Server des Herstellers fließen, von größtem Interesse für die Geheimdienste. Darauf zuzugreifen, ist naturgemäß leichter, wenn der Hersteller im eigenen Land beheimatet ist.

Interessant wird es insbesondere, wenn es um die Erkennung von staatlicher Schadsoftware wie etwa Spionage-Trojanern geht. Öffentlich bekennen sich alle großen Sicherheitsfirmen dazu, dass sie – schon allein wegen der Schwierigkeiten bei der Attribution – nicht danach unterscheiden, woher eine Schadsoftware kommt. Ihr Geschäft ist es schließlich, die Computer ihrer Kunden zu schützen. In der Praxis gibt es jedoch gewisse Graubereiche, die von großer Bedeutung sind.

Sogenannte Advanced Persistent Threats (APTs) sind dabei gesondert zu betrachten. APT ist der industrieübliche Begriff für fortgeschrittene Schadsoftware meist staatlichen Ursprungs, sie ist in der Regel nur mit hohem Aufwand zu finden und zu analysieren. Wenn ein APT jedoch einmal gefunden ist und seine Erkennungsmerkmale als Signaturen abgebildet wurden, die dann automatisch an alle Kunden verteilt werden, kann eine solche über Jahre mit großem Aufwand entwickelte und eingesetzte Spionagesoftware innerhalb von Stunden wertlos werden. Dazu kommt ein Verstärkungseffekt: Der Konkurrenzkampf zwischen den Herstellern zwingt alle dazu, die Signaturen ihrer Mitbewerber schnell nachzubauen und an ihre eigenen Kunden auszuliefern. Wenn ein Hersteller also einen APT bei seinen Kunden eliminiert, dauert es nicht lange, und alle anderen Antivirus-Firmen ziehen nach.

Auf welche APTs eine bestimmte Firma ihre Ressourcen konzentriert, und wie zügig sie die Signaturen zu ihrer

Ausrottung in Umlauf bringt, ist also durchaus eine strategische Entscheidung mit weitreichenden Implikationen. So überrascht es dann auch nicht, dass sich in letzter Zeit ein Muster abzeichnet: Es ist zu beobachten, dass sich die Russland nahestehende Firma Kaspersky auf APTs der »Equation Group« konzentriert, die der NSA zugerechnet werden. Im Gegenzug priorisieren amerikanische Firmen wie Symantec und FireEye augenscheinlich APTs, die russischen Geheimdiensten zugeschriebenen Gruppen zugeordnet werden.

Das Muster ist allerdings – wie im Cyber-Spiegellabyrinth üblich – nicht durchgängig und eindeutig. Auch Kaspersky publiziert etwa Analysen und Signaturen über »APT28«, einer den russischen Geheimdiensten zugeordneten Gruppe. Westliche Analysten haben die Theorie, dass der Zeitpunkt dafür so gewählt wird, dass die spezifische Variante oder die spezifische Exploit-Kette, die durch die neuen Signaturen entdeckt werden, den westlichen Diensten schon bekannt geworden sind und daher ohnehin bald eliminiert werden würden. Kaspersky nimmt danach also nur das Unvermeidliche vorweg und versucht damit, seinen Ruf als neutraler Anbieter von Sicherheitssoftware zu schützen.

Eine Variante dieser Theorie ist, dass die Mechanismen der russischen Exploit-Beschaffung eine starke Motivation für ein regelmäßiges »Verbrennen« der genutzten Exploits erzeugen. Die Gruppen, von denen die russischen Geheimdienste ihre Exploits kaufen und entwickeln lassen, finanzieren sich durch diese Dienstleistungen. Wenn nun Exploits eine zu lange Lebenszeit haben, werden nicht genügend neue nachgekauft, was dem Geschäft mit den Sicherheitslücken natürlich nicht zuträglich ist. Also sorgt man dafür, dass Exploits »verbrennen« und kontinuierlich Nachschub angekauft werden muss. Das gewährleistet ein stabiles »Ökosystem« und fördert die technische Innovation.

Marken-Exploits

In letzter Zeit ist es Mode geworden, für herausragende Sicherheitslücken, die sehr viele Computersysteme betreffen, einen griffigen Namen und mitunter gar ein Logo zu finden und die Informationen über diese Schwachstelle auf einer Webseite anzubieten. Dort werden in der Regel allgemeinverständliche Erklärungen veröffentlicht, aber in einem sogenannten White Paper meist auch sehr viel detailliertere technische Erläuterungen zur Verfügung gestellt. Die Idee dahinter ist, eine verlässliche Informationsquelle anzubieten, die alle wichtigen Erkenntnisse bündelt und über die sich Journalisten, aber auch betroffene Unternehmen und jeder normale Nutzer informieren kann. Oft werden die Webseiten über einen längeren Zeitraum hinweg aktualisiert und bieten Tipps, wie sich Betroffene schützen können. Denn mit der Veröffentlichung des Problems beginnt in der Regel ein langer Prozess, in dem die Sicherheitslücke ausgemerzt wird.

Durch solche Veröffentlichungen eine breite Öffentlichkeit zu suchen, hilft dabei, die oft darin involvierten Unternehmen und Forschergruppen bekannter zu machen, und wirkt damit als Marketingmaßnahme. Zugleich erhöht die größere Publicity auch den Druck auf die betreffenden Hersteller, rasch etwas gegen die veröffentlichte Schwachstelle zu unternehmen. Diese neue Art, mit schwerwiegenden Sicherheitslücken umzugehen, hat jedoch auch Schattenseiten. Der eigentlich gut gemeinte Trend zu griffigen Namen,

Schlagworten und Logos für Sicherheitsprobleme, die sehr viele Menschen betreffen, wurde in jüngerer Zeit auch von Akteuren dazu missbraucht, für ihre Unternehmen Werbung zu machen. Dabei wurden Sicherheitsprobleme aufgebauscht und übertrieben dargestellt. Das macht es für technisch wenig Versierte schwierig, die Bedrohung durch eine veröffentlichte Sicherheitslücke einzuschätzen.

5

Der endlose Krieg

Strategie und Taktik in Cyberkonflikten

» Der Krieg ist also ein Akt der Gewalt, um den Gegner zur Erfüllung unseres Willens zu zwingen. «

Carl von Clausewitz, Vom Kriege, Buch I

Cyberkonflikte und die ihnen zugrunde liegenden Strategien und Taktiken unterscheiden sich in vielem von herkömmlichen Konflikten. In einem jedoch sind sie gleich: Eine Partei versucht, der anderen ihren Willen aufzuzwingen, sie zu Handlungen oder Unterlassungen zu nötigen. Welche Mittel dazu wie eingesetzt werden, welche Risiken eingegangen und welche Kollateralschäden in Kauf genommen werden, all dies ordnet sich dem übergeordneten Ziel unter: die Handlungsoptionen des Gegners so weit zu reduzieren, dass er sich dem eigenen Willen beugt.

Typischerweise ist dieses Ziel nicht durch ein einzelnes Mittel zu erreichen. Konflikte zwischen Staaten wurden schon immer auf mehreren Ebenen ausgetragen. Ökonomische Einflussnahme durch Währungs- und Marktmanipulationen, Sanktionen und Handelsblockaden, strategische Investments und Kreditvergaben, Zölle und Regulierungen sind oft und gern genutzte Methoden der Konfliktaustragung im Bereich der Wirtschaft. Versuche der Zerrüttung von Moral, Zusammenhalt und Willen des Gegners durch Propaganda und Desinformation, gezieltes Publizieren von kompromittierenden Informationen und die Zerstörung des öffentlichen Diskurses in der Gesellschaft des Gegners sind älter als die Massenmedien und haben durch das Netz noch einmal stark an Bedeutung gewonnen. Die Instrumentalisierung von Religionen zur Schwächung des Gegners ist nicht erst seit der gegen die Sowjetunion gerichteten westlichen Unterstützung der islamistischen Mudschaheddin in Afghanistan bekannt, sondern hat eine jahrhundertelange Tradition.

Die Diplomatie präsentiert sich gern als zivilisiertes Mittel der Friedenserhaltung, ist jedoch in ihrem Kern ein integraler Bestandteil der Konfliktaustragung, beispielsweise wenn dem Gegner seine bisherigen Verbündeten abspenstig gemacht werden oder wenn nach erfolgreicher Aufzwingung des eigenen Willens der Sieg in Verträgen kodifiziert wird. Der Einsatz militärischer Mittel in Form von Soldaten, Panzern, Flugzeugen, Schiffen, Raketen und in jüngerer Zeit digitalen Angriffswaffen ist aus dieser Sicht nur eine weitere Stufe der Konfliktaustragung, meistens die letzte, eine Art Ultima Ratio, die mit hohen Kosten und Risiken verbunden ist, besonders wenn sie offen geschieht, etwa durch eine Kriegserklärung, oder dem Angreifer klar zugeordnet werden kann. Offen erklärte Kriege sind jedoch seltener geworden, auch weil deren kodifizierte Regeln den Angreifer binden und die Weltöffentlichkeit dann genauer hinschaut.

Der endlose Krieg

Um die strategischen Überlegungen von Militärs und Geheimdiensten für Cyberkonflikte zu verstehen, lohnt es, sich kurz in deren Gedankenwelt zu versetzen. Aus ihrer Sicht befindet sich der Westen seit dem 11. September 2001 in einem »endlosen Krieg«. Der Gegner kann überall lauern, das Schlachtfeld ist die Welt. Schon während des Kalten Krieges, in dem eine offene militärische Auseinandersetzung zwischen der Sowjetunion und den Vereinigten Staaten durch das Nuklearwaffenarsenal der beiden Supermächte zum Ende der Menschheit geführt hätte, etablierte sich eine Vielzahl von Konfliktvarianten, die unterhalb der Schwelle eines großen, offen erklärten Krieges geführt wurden.

Der »endlose Krieg« kann als eine Fortsetzung der »Konflikte niedriger Intensität«, der Guerilla- und Stellvertreterkriege des Kalten Krieges, verstanden werden, bei denen die Großmächte ihren Zwist austrugen, ohne dafür ihre Atomwaffen einzusetzen. Dabei ist es heute zwar nicht mehr so offenkundig wie zu Zeiten des Kalten Krieges, dass es sich um Stellvertreterkriege handelt. Doch dass strategische geopolitische Interessen der Großmächte diese bewaffneten Konflikte bestimmen, daran hat sich wenig geändert. Viele der Paramilitärs und Terrorgruppen, gegen die heute gekämpft wird, sind aus Organisationen entstanden, die zuvor vom einen oder anderen Block politisch und finanziell unterstützt worden sind. Ihre Waffen erhalten sie ohnehin von diesen Staaten, die zugleich auch die größten Waffenexporteure sind und an jedem der »endlosen Kriege« verdienen.

Die unübersichtliche Struktur solcher Stellvertreterkriege mit Dutzenden Gruppen, die abwechselnd verfeindet oder alliiert sind oder schlicht für den höchsten Bieter kämpfen, entspricht der Situation in Cyberkonflikten. Für welche Mächte oder Investoren eine Gruppe gerade agiert, ist oft nicht ohne Weiteres zu erkennen. Die wechselseitige Wiederverwendung von Malware-Komponenten und die

Leichtigkeit, mit der geografische Grenzen ignoriert werden können, führen zu einer Gemengelage, die dem der Schlachtfelder des »endlosen Krieges« in nichts nachsteht.

Die Mittel in diesen neuen Kriegen sind oft getarnt operierende Spezialkräfte, wachsende Privatarmeen aus Söldnern, Drohnen sowie die Versorgung temporärer Verbündeter mit Waffen, Ausbildung und Geheimdienstinformationen. Es ist auch zu befürchten, dass in diesen Konflikten künftig die bereits heute angebotenen autonomen Waffensysteme stärker zum Einsatz kommen. Da Methoden der künstlichen Intelligenz und immer umfangreichere Auswertungen und Berechnungen aus Sensordaten in Kampfsysteme einfließen und ihre Kampfkraft sogar definieren, sind Digitalwaffen schon längst ein integraler Bestandteil der Arsenale. Früher verwirrte man den Radar des Gegners, störte seinen Funkverkehr, narrte ihn durch gefälschte Funksprüche und Navigationssignale. Heute kommt der Angriff auf seine digitalen Kommunikationsnetze dazu, die computerisierten Einsatzführungssysteme, das Hacken der privaten Telefone der Soldaten und das Abgreifen der Daten ihrer Fitnesstracker. Und auch die zivilen Netze, die Wirtschaft und die Gesellschaft an sich sind zum Schlachtfeld geworden.

Ein wesentliches Kennzeichen dieser neuen Konflikte ist ihre Vergeheimdienstlichung. Deutlich wurde dies zuerst an den Drohnenkriegen der Vereinigten Staaten, die operativ über einen langen Zeitraum und bis heute von einem Geheimdienst, der CIA, dominiert wurden. Die praktisch nahtlose Integration von Kommunikationsüberwachung, Satellitenbildern, klassischer Spionage, Desinformations- und psychologischen Operationen, Informationen, die aus Digitalgeräten von Gefangenen extrahiert werden, drohnengestützten Raketeneinsätzen und Spezialkräfte-Operationen sowie der ökonomischen Manipulation mit Bombenangriffen hat den klassischen Frontalkrieg mit dem massiven Einsatz von Bodentruppen faktisch bereits abgelöst.

Im »U.S. Army Concept for Cyberspace and Electronic Warfare Operations« aus dem Jahr 2018 wird dieses Zusammenwachsen von militärischen und geheimdienstlichen Mitteln als explizite Strategie vorgeschlagen. Die elektronischen Möglichkeiten, auch in Offensivoperationen, sollen künftig noch stärker und in allen militärischen Feldern miteinander verwachsen.

Cyberoperationen fügen sich also nahtlos in diesen schmutzigen, nicht deklarierten Konfliktmodus ein. Sie haben den Vorteil, im Zweifelsfall die eigene Schuld abstreiten zu können, und ermöglichen Attacken gegen zivile Infrastruktur, die schwer von technischem Versagen zu unterscheiden sind. Informationen, die aus gehackten Netzen und Geräten extrahiert wurden, lassen nicht nur die exakte Ortung von Angriffszielen, etwa für Drohnen, zu, sie sind auch ideales Futter für Desinformations- und Diskreditierungskampagnen.

Das grundlegende Problem dieser Art der Kriegführung ist, dass das wichtigste Element jeder militärischen Strategie verloren geht: ein klares Ziel der Operation. In der Regel gibt es kein definiertes Ende, keinen Friedensschluss, keine Nachkriegsordnung, keine Kodifizierung der entstandenen Machtverschiebungen. Oft genug werden Operationen auch nur durchgeführt, um die Konsequenzen und Nebenwirkungen vorangegangener Einsätze zu adressieren. Das funktioniert ähnlich wie bei der Mafia: Sobald ein Mord angeordnet und durchgeführt wird, zieht das eine endlose Kette von Folgen nach sich: Vertuschung, Ruhigstellung von Zeugen und Mitwissern, Bestechung oder Erpressung von Ermittlungsbeamten und Blutrache. Denn einen Konflikt anzufangen ist bekanntlich sehr viel einfacher, als ihn zu beenden.

Ein daraus resultierendes, nicht weniger wesentliches Problem des fließenden Übergangs zwischen Frieden und Krieg ist die Schaffung eines permanenten Zustands des Nicht-Friedens. Kaum eines der Länder, in denen die Methoden der verdeckten und nicht deklarierten Kriegführung zum Einsatz kamen, hat sich davon wieder erholt. Die Hoffnung, aus den zerrütteten Strukturen, die nach irregulären Kriegen zurückbleiben, durch »nation-building« wieder einen funktionierenden, bestenfalls demokratischen Staat formen zu können, erfüllt sich nämlich meist nicht. Stattdessen enden Auseinandersetzungen, bei denen mächtige Staaten mit dem Repertoire geheimdienstlicher Kriegführung ihre Interessen mehr oder weniger indirekt durchzusetzen versuchen, in der Regel in Bürgerkrieg und Chaos. Warlords, organisierte Kriminelle und Paramilitärs machen sich die Auflösung staatlicher Strukturen zunutze, um die Macht im Land zu übernehmen, was für die Zivilbevölkerung meist mit viel Leid und Elend einhergeht und mitunter in großen Flüchtlingswellen endet.

Mittlerweile ist das Muster dieser Kriege so etabliert, dass die Erzeugung von solchen irregulären Konfliktzonen an sich zu einem Mittel der strategischen Auseinandersetzung geworden ist. Die implizite oder explizite Drohung, einen Konflikt vom Zaun zu brechen, der ein Land zum Schlachtfeld eines solchen »endlosen Krieges« machen würde, wird von großen Staaten gegen Schwächere effektiv eingesetzt. Die russische Strategie etwa in der Ostukraine und in Syrien zielt nicht darauf ab, einen Krieg zu gewinnen, sondern die anderen beteiligten Mächte zu binden und zum Ressourceneinsatz zu nötigen.

Es gibt keine Cyberabschreckung

Diese unerklärten, irregulären Kriege sind das tatsächliche strategische Paradigma für Cyberkonflikte. Mit der statischen, überschaubaren Welt der nuklearen Abschreckung, von deren Wiederbelebung etliche Strategen, insbesondere aus den Vereinigten Staaten, träumen, hat die Kriegführung im Cyberspace nur wenig gemein. »Frieden durch überlegene Feuerkraft«, so lautet das inoffizielle Motto des US-Militärs. Was für die Vereinigten Staaten im Bereich der konventionellen und nuklearen Waffen lange gut funktioniert hat, soll auch im Cyberbereich gelten. Wenn man nur genügend übermächtige Offensivkapazitäten hat, so die These, werde es sich der Feind zweimal überlegen, bevor er einen Angriff wagt.

Vor diesem Hintergrund kann man auch die faktische Bestätigung der US-amerikanischen Regierung interpretieren, dass der Stuxnet-Angriff gegen den Iran unter anderem von den Vereinigten Staaten ausging. Stuxnet, die hoch entwickelte mehrstufige Angriffssoftware, die im Jahr 2010 entdeckt worden war, sollte ein Industriesteuerungssystem der Firma Siemens sabotieren und dadurch die iranische Urananreicherung behindern. Jahre später räumte der damalige US-Präsident Barack Obama indirekt ein, dass der Angriff eine gemeinsame Geheimdienstoperation seines Landes mit Israel gewesen war. Ein Bericht der »New York Times« hatte zuvor die amerikanische Regierung als Auftraggeber der Stuxnet-Waffe offengelegt. Er blieb unwidersprochen.

Ein Kernproblem der Abschreckungstheorie ist, dass die offensiven Digitalkapazitäten und -fähigkeiten dem Gegner zwangsläufig unbekannt sind. Anders als noch im Kalten Krieg, können dem Gegner im digitalen Bereich nicht einfach die eigenen Waffen vorgeführt werden. Für die atomare Abschreckung war die erfolgreiche Demonstration einer funktionsfähigen Nuklearwaffe eine Grundvoraussetzung. Das Cyber-Äquivalent eines Atombombentests, so die Logik der Cyber-Abschreckungstheoretiker, müsste die gleiche Wirkung auf potenzielle Gegner haben.

Stuxnet war eine technisch und organisatorisch beeindruckende, zuvor noch nicht gesehene Demonstration von fortgeschrittenen digitalen Offensivfähigkeiten. Nachdem der Angriff ohnehin enttarnt worden war, lohnte es aus strategischer Perspektive durchaus, erst durch Gerüchte und später durch ausbleibende Dementis zuzugeben, dass die Vereinigten Staaten und Israel dahintersteckten. Erst mit dieser Attribuierung wurde Stuxnet rückblickend zu einem Wendepunkt in der Geschichte digitaler Angriffe. Dass mit der Schadsoftware eine Industrieanlage erfolgreich zerstört werden konnte, bewies die reale physische Gefahr, die von Cyberwaffen ausgehen kann.

Stuxnet war de facto ein Blick in den Waffenschrank, das neuzeitliche Äquivalent zu einem Atomwaffentest oder zum Auffahren einer neuen Interkontinentalrakete auf einer Militärparade. Jeder Gegner konnte sehen, in welche Liga die US-amerikanischen Cyberfähigkeiten aufgestiegen sind, mit welch enormem Aufwand, mit welchem Nachdruck und welch hoher Komplexität der Angriff betrieben wurde – und wie erfolgreich er letztlich war. In der Theorie der Cyberabschreckung hätte das dazu führen sollen, dass niemand es wagen würde, US-Interessen mit digitalen Waffen zu attackieren. Doch in der Praxis bewirkte Stuxnet genau das Gegenteil.

Es geschah, wovor weitsichtigere Beobachter lange gewarnt hatten: Stuxnet wurde allgemein als Signal interpretiert, dass es jetzt üblich, angemessen und akzeptiert sei, mit Cybermitteln verdeckte Angriffe gegen andere Staaten zu führen. Jeder Staat, der zukünftig noch im geostrategischen Poker mitspielen will, hat den Eindruck gewonnen, eigene Offensivkapazitäten aufbauen zu müssen. Die Abschreckungstheorie ist ad absurdum geführt.

Passend zum Schema der irregulären Kriege war der Gegenschlag dann auch nicht direkt gegen Computersysteme in den Vereinigten Staaten gerichtet, sondern zielte auf eine indirekte Wirkung: Im August 2012 wurden die Systeme von Saudi Aramco, dem staatlichen Ölkonzern des engen US-Verbündeten Saudi-Arabien, von einer Malware lahmgelegt, deren Ursprung nie öffentlich identifiziert, aber von den meisten Beobachtern dem Iran zugeschrieben wurde. Zuvor hatte es einen – laut Iran nicht besonders erfolgreichen – Angriff auf das wichtigste Ölverladeterminal der National Iranian Oil Company auf der Insel Charg gegeben. Das Eingeständnis, dass Stuxnet eine gemeinsame Operation der Vereinigten Staaten und Israels war, hat also mitnichten zu einer Art Cyberdétente geführt, sondern die Büchse der Pandora erst weit geöffnet.

Der Schlagabtausch, der mit Stuxnet begonnen hat, setzt sich seitdem immer weiter fort, wobei wie immer die Attribution der Angriffe unsicher und eine Einordnung meist nur auf der Basis der geschädigten Infrastruktur und der betroffenen Interessen möglich ist. Immer deutlicher kristallisiert sich dabei heraus, dass ein Arsenal digitaler Waffen nicht die gleiche abschreckende Wirkung erzeugt wie atomare Waffen oder hochgerüstete konventionelle Streitkräfte. Denn damit das Prinzip der Abschreckung funktioniert, müsste sich ein Angriff im virtuellen Raum zweifelsfrei zu seinem Urheber zurückverfolgen lassen.

Abschreckung bedeutet im Kern, dass das Wissen um die Gegenschlagsfähigkeit eines Kontrahenten einen selbst davon abhält loszuschlagen. Wenn man nun aber nicht weiß, woher ein Angriff kam oder dies nur anhand von Indizien vermuten kann, ist die Wahrscheinlichkeit hoch, dass ein Gegenschlag den Falschen trifft und damit nicht nur gänzlich ins Leere geht, sondern schlimmstenfalls einen weiteren Gegner auf den Plan ruft, der sich als bislang Unbeteiligter nun provoziert fühlt. Und sobald ein Angreifer damit rechnen kann, dass er unerkannt bleibt – insbesondere, wenn er falsche Fährten legt –, wird er sich schwerlich von noch so grandiosen Offensivkapazitäten abschrecken lassen.

Interessanterweise wird genau dieses Problem von den Geheimdiensten als Argument benutzt, ihre weltweiten Überwachungssysteme weiter auszubauen. Eine funktionierende Abschreckung oder zumindest qualifizierte Gegenschläge würden erst dann wieder möglich, wenn man das ganze Internet überwachte und so den Ursprung jedes Angriffs nachvollziehen könnte. Der fundamentale Denkfehler dabei ist, dass man selbst dann, wenn man etwa den Server findet, von dem eine Malware per E-Mail versendet worden ist, immer noch nicht sicher weiß, wer diesen Server wirklich kontrolliert. Wer am Ende vor der Tastatur sitzt und in welchem Auftrag und mit welcher Intention er handelt, bleibt unsicher. Ein Angreifer, der die umfänglichen Überwachungskapazitäten natürlich kennt, kann sie umgehen oder benutzen, um falsche Spuren zu legen. Mehrere Jahre voller Veröffentlichungen aus den Geheimdienstdokumenten von Edward Snowden waren auch für all jene augenöffnend, die eine Attribuierung ihrer Angriffe vermeiden wollen. Die Risiken von Cyberangriffen nach Snowden noch als Begründung für mehr Überwachung zu benutzen, ist eine mehr als durchsichtige Ausrede.

Ähnlich wie in der Diskussion um Hintertüren (siehe Kapitel 3), zu deren Einbau in Soft- oder Hardware man heimische IT-Firmen drängen will, liegt auch in der Abschreckungstheorie ein weiteres Problem darin, dass nach dem Vorzeigen und dem Einsatz der eigenen Offensivkapazitäten ein argumentatives Dilemma entsteht: Wie verhält man sich als Angreiferstaat, wenn man selbst oder ein drittes Land angegriffen wird? Wenn etwa Moskau oder Peking einen digitalen Angriff auf ein anderes Land einräumen, mit welchen Argumenten könnte man dieses Verhalten dann als unrechtmäßig im Sinne des Völkerrechts verurteilen, wenn man selbst schon digitale Angriffe verübt hat? Eine Eskalation des Konfliktverhaltens im Cyberraum ist nur schwer wieder umzukehren, ihre Folgen unabsehbar.

Ein geflügeltes Wort nicht nur unter Militärhistorikern ist, dass Armeen sich immer auf den vorherigen Konflikt vorbereiten. Neue militärische Fähigkeiten in neue Strategien und Taktiken umzusetzen, war bisher aufwendig und teuer und hat gewisse Ähnlichkeiten mit der Entwicklung wissenschaftlicher Theorien: Bahnbrechende Fortschritte werden oft nur erzielt, wenn eine Generation abtritt und ihre vorherrschende Lehrmeinung von der nächsten Generation infrage gestellt werden kann. Bei Militärs ist das ganz ähnlich.

Obwohl seit Stuxnet klar ist, dass das Abschreckungsparadigma aus dem Kalten Krieg im Cyberbereich nicht funktioniert, hält insbesondere eine Fraktion der US-Strategen weiter daran fest. Die Realität sieht jedoch längst anders aus: Der »endlose Krieg« mit seinem massiven Einsatz geheimdienstlicher Mittel, seiner Regellosigkeit und der Abwesenheit eines klar definierten strategischen Ziels bestimmt die Auseinandersetzung zwischen den Mächten.

Militärisches Denken dreht sich um sogenannte Doktrinen und Einsatzregeln. Darin ist niedergelegt, wie Operationen durchgeführt werden, unter welchen Umständen welche Mittel eingesetzt werden dürfen, wie die Zusammenarbeit der verschiedenen Teilstreitkräfte auszusehen hat und welche Kollateralschäden riskiert werden können. Üblicherweise werden einige Punkte solcher Doktrinen öffentlich gemacht, auch um potenzielle Gegner wissen zu lassen, welche roten Linien sie besser nicht überschreiten sollten. Öffentliche und tatsächliche Doktrinen unterscheiden sich natürlich, man will schließlich nicht alle Karten auf den Tisch legen. Im Atomwaffenbereich sind öffentliche Doktrinen üblich, wie: »Wir führen keinen nuklearen Erstschlag.« Aber es gibt auch Varianten davon: »Wenn wir in einem konventionellen Krieg zu sehr unter Druck geraten, können taktische Atomwaffen auf dem Schlachtfeld eingesetzt werden, aber die Städte des Gegners greifen wir nicht als Erste mit Interkontinentalraketen an.« Was dann im Ernstfall tatsächlich geschieht, kann natürlich niemand vorhersagen.

Im Cyberbereich sind solche Regeln nicht so einfach zu formulieren. Auch weil derzeit eigentlich niemand bereit ist, sich an irgendwelche Regeln zu halten. In der NATO läuft schon seit Jahren ein Diskussionsprozess unter dem Namen »Tallinn Manual«, bei dem versucht wird, die verschiedenen praktischen und völkerrechtlichen Aspekte des Cyberkriegs definitorisch zu erfassen, um die Grundlage für eine »Cyber-Doktrin« zu schaffen. Dabei hat sich jedoch herausgestellt, dass bei zentralen Fragen nicht nur die Meinungen der NATO-Partner weit auseinanderklaffen, sondern dass auch innerhalb der Mitgliedsstaaten die Interessenkonflikte zwischen Politik, Militär und Geheimdiensten zu einer schwer überschaubaren Gemengelage führen.

Ein einfaches Beispiel für diese andauernde Diskussion ist die Frage, ob Zugänge in den Systemen eines potenziellen Gegners, die von einem Geheimdienst für Spionagezwecke erhackt worden sind, im Falle einer Auseinandersetzung vom Militär genutzt werden können, um aktive Schadensoperationen durchzuführen. In den Vereinigten Staaten wurde nach einigem Hin und Her versucht, dieses Problem durch die Etablierung des US Cyber Command zu lösen, einer Zwitterkonstruktion aus NSA und Militär. Der Chef der NSA ist gleichzeitig auch der Chef der militärischen Cyber-Teilstreitkraft mit Weisungsbefugnis für beide Bereiche. Dies zementiert de facto die seit Längerem festzustellende Vergeheimdienstlichung von Konflikten auch auf organisatorischer Ebene: Die Trennung zwischen Informationsbeschaffung durch die Geheimdienste einerseits und Angriffe oder Schadenserzeugung durch das Militär andererseits ist nicht mehr nur fließend, sondern faktisch aufgehoben.

Die Taktik, sich prophylaktisch Zugänge in die Systeme potenzieller Gegner zu verschaffen, ob nun durch Hintertüren oder durch Hacking-Operationen, ist ein wichtiger Baustein in den strategischen Überlegungen der einzelnen Akteure. Im Jargon der Cyberkrieger heißt das »Positionen einnehmen«. Je gründlicher die Netze und Geräte eines potenziellen Gegners infiltriert sind, je umfangreicher die Sektoren von Wirtschaft und Gesellschaft sind, in denen man im Ernstfall erhebliche Schäden anrichten kann, desto stärker ist die eigene Position.

Das Problem dabei: Man kann seine Positionen natürlich nicht zu Abschreckungszwecken offenlegen, nicht einmal abstrakt. Wenn der Gegner weiß, wo er ungefähr suchen muss, wird er die Malware auch finden und entfernen. Jede Verwendung von Angriffswerkzeugen, jedes Ausnutzen einer

»Position« birgt das Risiko der Entdeckung. Deshalb konzentrieren sich viele Militärs außerhalb von aktiven Kriegsgebieten – in denen andere Prinzipien gelten – vor allem darauf, ein möglichst aktuelles und detailliertes Bild von den Netzen und den verwendeten Komponenten und Softwareversionen in den IT-Systemen des Gegners zu haben. Ausgehend von diesen Informationen aktualisieren sie dann fortlaufend ihren Bestand an Angriffswerkzeugen, um im Ernstfall rasch und effektiv zuschlagen zu können.

Die Geheimdienste spielen ein deutlich opportunistischeres Spiel. Ihre primären Ziele sind die Beschaffung von Informationen und die Beeinflussung des Gegners. Dazu versuchen sie, in möglichst viele Systeme einzudringen, die direkt oder indirekt nützlich sind oder werden könnten. Welche das genau sind, hängt einerseits von den politischen Aufgabenstellungen der Geheimdienste ab, aber auch davon, welche Angriffswerkzeuge ihnen zur Verfügung stehen. Wenn man gerade einen schönen, gut funktionierenden Exploit gegen ein beliebtes Betriebssystem hat, kann man ihn ja auch verwenden, um schon mal prophylaktisch »Positionen einzunehmen«. Vielleicht werden die sich dann bei späteren Operationen als nützlich erweisen.

Dabei kommt es unweigerlich zu tiefen Expeditionen ins Spiegelkabinett der Ungewissheit. Nicht selten stellt sich heraus, dass auf einem gerade erst gehackten System schon eine andere Gruppe aktiv ist. Dabei kann es sich um einen APT-Trojaner von kriminellen Gruppen, um einen befreundeten oder gegnerischen Geheimdienst oder sogar um eine andere Abteilung des eigenen Dienstes handeln. Bei der Analyse der im Rahmen des »ShadowBrokers«-Leaks veröffentlichten NSA-Einbruchswerkzeuge fand sich unter anderem ein Werkzeug namens »Territorial Dispute« (»Gebietsstreitigkeit«). Der Name des Programms ist nicht etwa ein misslungener Sprachwitz von Geheimdienstlern, sondern die traurige Realität in den Gefilden des Cyberwar.

»Territorial Dispute« sucht auf dem System, in das man eingebrochen ist, nach Anzeichen für andere ungebetene Gäste. Wenn solche Indikatoren gefunden werden, gibt das Programm dem NSA-Operator Hinweise, was zu tun ist. Diese reichen von »Sofort zurückziehen« über »Befreundeter Dienst« bis zu »Sofort Hilfe holen«, also jemanden hinzuziehen, der nicht nur Anwender der Einbruchswerkzeuge ist, sondern sich wirklich damit auskennt. Der Grund für diese Hinweise ist klar: Man will vermeiden, dass eigene oder befreundete Operationen gestört werden oder dass die wertvollen Angriffswerkzeuge in die Hände eines anderen Akteurs fallen.

Interessant dabei ist, dass die NSA offenbar über Kenntnisse zu APT-Trojanern verfügt, die deutlich über das öffentlich bekannte Wissen hinausgehen. Die überprüften »Indicators of Compromise« (Indikatoren für ein kompromittiertes System, kurz IoC) – etwa das Vorhandensein von Dateien mit bestimmten Namen, die charakteristisch für eine spezifische Malware sind – wurden absichtlich eher simpel gehalten, um auch gegenüber den eigenen Leuten, die »Territorial Dispute« verwenden, nicht allzu viel von diesem Wissen preiszugeben.

Die Analyse der Software zeigt zum einen, dass die NSA eine strenge Informationshierarchie betreibt. Sogar die Operatoren, die Angriffe mithilfe der Einbruchswerkzeugkästen durchführen, sollen möglichst wenig Details kennen. Zum anderen wird klar, dass man unter allen Umständen vermeiden will, dass eigene Operationen entdeckt werden. Die Geheimdienste verzichten lieber darauf, ein interessantes

System unter ihre Kontrolle zu bringen, als aufzufliegen und dabei dem Gegner zu offenbaren, wie man vorgeht. Denn dadurch könnten sie deutlich mehr Positionen verlieren.

Natürlich werden die Gegner der NSA nun das Wissen über »Territorial Dispute« benutzen, um das System auszutricksen. Durch die Simulation von Indikatoren, auf die »Territorial Dispute« reagiert, etwa spezifische Dateinamen auf möglicherweise interessanten Systemen, kann einerseits Fehlalarm ausgelöst und damit der NSA-Operator zum Rückzug bewegt werden. Andererseits kann durch Veränderung von bekannten Malware-Dateinamen die Entdeckung vermieden werden. Die NSA wiederum wird eine neue Version von »Territorial Dispute« entwickeln, die andere Indikatoren benutzt, um nicht an der Nase herumgeführt zu werden. So dreht sich das Rad immer weiter, immer schneller.

Dieser kleine Einblick in die Cyberscharmützel, die bereits heute stattfinden, ohne dass man darüber viel erfährt, macht deutlich, wie komplex und unvorhersehbar die Gemengelage geworden ist. Auf solch einer schwankenden Basis eine rationale Strategie für digitale Offensivoperationen zu entwickeln, ist sehr schwierig bis unmöglich. Schon weil die Unterscheidung von Freund und Feind nicht immer eindeutig ist: etwa wenn die NSA befreundete Länder infiltriert oder eine deutsche Behörde bei den Amerikanern nachfragt, ob sie eine bestimmte Malware kennen, ohne zu ahnen, dass diese eigentlich von der NSA oder CIA selbst stammt. Die Rivalitäten der verschiedenen Geheimdienste innerhalb der einzelnen Länder tragen ein Übriges zur großen Ungewissheit bei. Zudem haben taktische Konzepte für den Cyberspace eine ausgesprochen kurze Lebensdauer, da auch die jeweiligen Gegner sehr zügig handeln, ihren Modus Operandi flexibel anpassen, neue, möglichst langlebige Einbruchswerkzeuge entwickeln und immer neue Wege finden, Kommandos zu übertragen und interessante Daten abzusaugen.

6

Desinformation und Einflussoperationen

Der Angriff auf Gefühle und Gedanken

Konflikte im digitalen Raum werden zwangsläufig mit Informationen ausgetragen. Eine essenzielle Komponente von Stuxnet war die Manipulation der Informationen, die auf den Monitoren in der Urananreicherungsanlage von Natanz erschienen. Den Bedienern der Anlage wurde vorgegaukelt, dass alles in Ordnung ist, dass sich die Zentrifugen normal verhalten und keine Gefahr droht. Die Mitarbeiter hatten keinen Grund, den Grafiken und Zahlen auf ihren Computerbildschirmen zu misstrauen – und bemerkten den Angriff erst, als es zu spät war.

Es ging ihnen damit nicht anders als vielen anderen Menschen, die ihre Informationen aus oder vermittelt durch vernetzte digitale Systeme beziehen. Die Manipulation dessen, was der Gegner für die Wahrheit hält, was er glaubt, was seine Sicht der Welt ist, also die Grundlage seiner Entscheidungen und Prioritäten, ist ein altes und gern genutztes Mittel in Auseinandersetzungen. In Cyberkonflikten finden Täuschungsmanöver und Desinformationskampagnen auf vielen Ebenen Anwendung.

Desinformation – Mechanismen und Ursprung

Desinformationen werden in Cyberkonflikten in einer ganz neuen Dimension eingesetzt. Zum einen, weil man durch Cyberangriffe relativ einfach an Informationen gelangt, die früher nur mit aufwendigen und risikoreichen Geheimdienstoperationen hätten gesammelt werden können. Zum anderen, weil die digitalen Medien, insbesondere die Mechanismen von Social-Media- und Videoplattformen, Möglichkeiten der Manipulation bieten, die in vordigitalen Zeiten so nicht existierten. Mit fast vier Milliarden Menschen, die heute Zugang zum Internet haben, potenzieren sich die Möglichkeiten eines Akteurs, Informationen gezielt für seine Zwecke einzusetzen.

Die neue Dimension des strategischen Einsatzes von Desinformationen wurde einer breiteren Öffentlichkeit bei der letzten US-Präsidentschaftswahl bewusst. Eine nicht enden wollende Folge echter, verfälschter und gefälschter Leaks von vertraulichen Dokumenten und E-Mails dominierte die Berichterstattung in den Medien – zum Teil wochenlang. Am Ende reichte allein das Auftauchen eines neuen Leaks schon aus, um die Umfragewerte zu beeinflussen, der tatsächliche Inhalt der Enthüllungen interessierte kaum noch. Parallel dazu gab es umfangreiche Social-Media-Kampagnen, bei denen erst im Nachhinein – im Rahmen des Cambridge-Analytica-Skandals – bekannt wurde, dass sie darauf zielten, mit einem automatisierten psychologischen Profiling die Entscheidung der Wähler zu beeinflussen.

Die Diskussion um mögliche Manipulationen wird vor allem unter dem etwas eindimensionalen Begriff »Fake News« geführt, der dem Ausmaß des Problems nicht gerecht wird. »Fake News« sind vom Wortsinn her in erster Linie Falschnachrichten. Um die komplexe Wirkungsweise von Propaganda und Wahrnehmungsmanipulation zu beschreiben, bevorzugen wir den älteren, aber umfassenderen Begriff »Desinformation«.

Der Begriff stammt vom russischen »Desinformazia«, dem Namen einer Abteilung des sowjetischen Geheimdienstes KGB, der mit der Manipulation von Meinungen im Westen betraut war. Dem in den Westen geflohenen rumänischen Geheimdienstgeneral Ion Mihai Pacepa zufolge soll Stalin selbst die Abteilung so genannt haben. In der Tat hat der KGB, der veröffentlichten Literatur nach, die strategische Beeinflussung der Weltsicht des Gegners durch eine geschickte Mischung aus Lügen, Halbwahrheiten und selektiver Hervorhebung von tatsächlichen Geschehnissen als Erster zu einem systematisch betriebenen Mittel der Auseinandersetzung im Kalten Krieg entwickelt. Die Grenzen zu traditionellen Methoden der Propaganda und der psychologischen Kriegführung sind dabei fließend. Desinformation ist immer eingebettet in eine größere Strategie, sie dient als Mittel, ein übergeordnetes Ziel zu erreichen oder geplante Aktivitäten zu erleichtern.

Den Kampfeswillen des Gegners zu schwächen, seine Fähigkeit zum rationalen Handeln zu beeinträchtigen und ihn durch Täuschung und gezielte Falschinformationen zu Fehlern zu verleiten, sind seit Jahrtausenden Mittel der Auseinandersetzung in Konflikten. Dabei bediente man sich stets der Medien oder der Kommunikationsformen, die verfügbar waren.

Jedes neue Medium, das massenhaft verfügbar wurde – seien es Druckerpresse, Kino, Radio, Fernsehen oder das Netz –, wurde umgehend für Zwecke der Beeinflussung genutzt. Interessant dabei ist, dass die psychologischen Mechanismen, auf denen die Wirksamkeit solcher Beeinflussungskampagnen beruht, bei politischer Manipulation und kommerzieller Werbung praktisch dieselben sind. In der Sowjetunion fand die Entwicklung dabei unter der Ägide des Staates, insbesondere des Geheimdienstes KGB, statt, während es im Westen eine große personelle Überschneidung der Abteilungen für Propaganda und psychologische Kriegführung mit der Werbe- und Medienindustrie gab. Während die offizielle Propaganda des Ostens eher hölzern und steif daherkam, waren die Operationen der östlichen Geheimdienste zur Manipulation der öffentlichen Meinung im Westen subtiler, geschickter und weitaus wirksamer. Ihr Ziel war in der Regel eine Unterminierung des Vertrauens in die Staaten des Westens und ihre Organe, aber auch die konkrete Beeinflussung von Wahlen und die Diskreditierung von Politikern, oft durch später bekannt gewordene Skandale. Wie erfolgreich solche Desinformationskampagnen sein können, zeigt sich daran, dass einige dieser gezielt gestreuten Geschichten bis heute kursieren: so etwa das durch die KGB-Operation INFEKTION im Westen lancierte Gerücht, dass HIV eine in einem westlichen Militärlabor entwickelte Biowaffe sein soll.

Natürlich ist und war auch der Westen auf dem Feld der gezielten Desinformation sehr aktiv. Da ihm nicht die Möglichkeit offenstand, die staatlich kontrollierten Medien im Osten zu benutzen, schuf er eigene Medien, um die Bevölkerung des Gegners zu erreichen. So bot das Aufkommen des Radios die Möglichkeit, direkt in das Gebiet des Gegners hineinzusenden, wobei auch die weltweite Popularität westlicher Musik half. Schon im Zweiten Weltkrieg wurde die Methode perfektioniert, Sender mit populärem Musikprogramm für das jeweilige Zielgebiet in der Landessprache zu betreiben, auf denen dann über Nachrichten, Kommentare und von Propagandaexperten entworfenen oder selektierten Hörerpost-Lesungen die eigentlichen Propagandaziele verfolgt wurden. Stationen wie der von Großbritannien gegen die deutsche Wehrmacht im Zweiten Weltkrieg betriebene Soldatensender Calais oder die von den USA gegründeten Sender Radio Free Europe und RIAS Berlin waren, was Wirkprinzip und Methoden angeht, die geistigen Großeltern von Russia Today heute.

Diese historische Dimension im Auge zu behalten, macht es einfacher, die heutigen Entwicklungen bei Desinformationskampagnen zu verstehen. Man könnte sagen, dass die russischen Medienoperationen im Westen jene Methoden kopieren, die Westsender im Kalten Krieg gegen den Osten eingesetzt haben, und dass sie diese weiterentwickelten und an die neuen Möglichkeiten anpassten. Ein Kernelement der gezielten Desinformation ist die Auswahl, Präsentation und Priorisierung von Nachrichten. Offen gelogen wird nur dann, wenn es unbedingt sein muss. Das erhöht die Effektivität und Glaubwürdigkeit. Und meistens gibt es ja genügend reale Geschehnisse, die den Gegner diskreditieren – man muss sie nur entsprechend verpacken, hervorheben und kommentieren.

Vor der Wende berichteten die Westsender oft und gern von den negativen Auswirkungen der realsozialistischen Mangelwirtschaft, von der Korruption der Funktionäre und den Lügen der östlichen Medien. Die russischen Auslandssender machen es nun ähnlich: Sie wurden im Westen auch deshalb immer populärer, weil sie über Themenfelder wie Polizeigewalt, Benachteiligung von Minderheiten, Ungerechtigkeiten und die immer weiter aufklaffende Schere zwischen Arm und Reich berichteten, also Themen aufgriffen, die in den westlichen traditionellen Medien wenig oder mit geringer Priorität diskutiert wurden.

Während der sogenannten Flüchtlingswelle im Herbst 2015 konzentrierte sich beispielsweise Russia Today auf die Probleme und Schwierigkeiten, die die massenhafte Ankunft von Flüchtlingen mit sich brachte, während die deutschen Medien darüber zunächst eher zögerlich berichteten, um nicht eine ausländerfeindliche Stimmung zu befördern. Das Image, »ungeschminkt« und irgendwie ehrlicher über das zu berichten, was die heimischen Medien als Teil des »Systems« verschweigen, wurde von Russia Today sorgfältig kultiviert. Das Interessante dabei ist, dass ein einmal aufgebautes Glaubwürdigkeitskapital auch durch gelegentlich eingestreute offensichtliche Desinformationen, die sich später als vollständig falsch oder erfunden herausstellen, kaum beschädigt wird. Die kurzen Aufmerksamkeitsspannen der Zuschauer und die heute ohnehin hohe Geschwindigkeit des Nachrichtenflusses sorgen dafür, dass die Desinformationsnachricht ihre Wirkung entfalten kann. Dabei scheint es fast egal zu sein, wenn sich die Fakten hinterher als inkorrekt herausstellen.

Es ist wichtig zu verstehen, dass die Ziele von Desinformationskampagnen nicht sonderlich konkret sein müssen. In der US-Debatte über die Zusammenarbeit der Trump-Wahlkämpfer mit Russland wird oft implizit angenommen, dass Russland Donald Trump ins Amt verhelfen wollte, um Hillary Clinton zu verhindern, die als feindseliger gegenüber der russischen Regierung eingeschätzt wurde. Diese Einschätzung übersieht jedoch, wie sich die russische Sicht auf die Welt entwickelt hat und welche Ziele sich daraus für seine Einflussoperationen ergeben. Während sich die Vereinigten Staaten im Grunde immer noch als einzig verbliebene Weltmacht sehen, die das Weltgeschehen bestimmen können, versteht sich Russland als Akteur in einer multipolaren Welt, in der große Staaten und Staatenblöcke ihre Interessen gegeneinander durchsetzen und keine Partei so übermächtig ist, dass sie allen anderen ihren Willen aufzwingen kann. Daraus ergibt sich für Russland folgerichtig eine Strategie, bei der das Hauptziel ist, die Kontrahenten zu schwächen und ihre Handlungsfähigkeit zu reduzieren.

Dabei sollte man klar im Auge behalten, dass der Umgang des Westens mit Russland nach dem Fall der Sowjetunion von Putin und seinen Anhängern als massive Schmach, als Ausnutzen einer kritischen Situation gesehen wird, bei der der Westen die von ihm postulierten Prinzipien der Souveränität und nationalen Selbstbestimmung ignoriert hat. Der letzte Tropfen, der das Fass aus russischer Sicht zum Überlaufen brachte, war die umfangreiche Unterstützung aus dem Westen für die »Farbrevolutionen« in Ländern der russischen Einflusszone: Serbien, Ukraine, Kirgisien, Georgien und zuletzt Mazedonien. Die russische politische Elite interpretiert die westliche Hilfe für die Proteste und für die Demokratiebewegungen als hybride Kriegführung mit dem Ziel eines Regimewechsels. Die umfängliche finanzielle Unterstützung des US-Außenministeriums für Stiftungen und Organisationen, die Demokratie- und Menschenrechtsaktivisten unterstützen, und die in der Folge der farbigen Revolutionen an die Macht gekommenen prowestlichen Regierungen werden als Beleg dafür gesehen, dass die Vereinigten Staaten versuchten, die russische Einflusszone gezielt zu beschneiden.

Nach dem Motto »quid pro quo« leiten russische Strategen aus dieser Weltsicht die Berechtigung und Notwendigkeit ab, mit aktiven Desinformations- und Einflussoperationen gegen den Westen vorzugehen. Die Annexion der Krim und das Schüren der Dauerkonflikte in der Ostukraine und Syrien sind nur die offensichtlichen militärischen Dimensionen dieser Strategie, die intellektuelle und militärische Ressourcen des Westens binden sollen.

Den Gegner anderweitig zu beschäftigen, ihn dazu zu zwingen, sich um Probleme zu kümmern, die ihn von seinen eigenen strategischen Zielen ablenken, und ganz allgemein seine Fähigkeit zu zielgerichtetem Handeln zu beeinträchtigen, hat den großen Vorteil, dass solche Aktivitäten sich nur schwer als direkte Aggression interpretieren lassen. Und da es keine internationalen Konventionen gegen solche Einflussoperationen gibt, bietet das Völkerrecht keine besonders brauchbare Handhabe für Gegenschläge. Mittlerweile dürften es die Strategen im Westen nachhaltig bereuen, dass die Anfang des Jahrtausends ausgerechnet von Russland vorgeschlagene Konvention zur Ächtung solchen Vorgehens damals von den Vereinigten Staaten verhindert wurde.

Postmodernismus als Waffe

Wenn das Ziel die generelle Destabilisierung des Gegners, die Unterminierung seiner Fähigkeit zur politischen Willensbildung, das Erzeugen von allgemeinem Chaos und verbreiteter Ungewissheit durch die Eliminierung gewohnter Orientierungspunkte in der Politik ist, ergeben sich für den strategischen Einsatz von (Des-)Informationen viele Möglichkeiten und Handlungsoptionen. Zu versuchen, einzelnen Elementen einer solchen breiten Kampagne ein jeweils eigenes Teilziel zuzuordnen, muss zwangsläufig fehlschlagen.

Ein zentraler Vordenker für den russischen Einsatz von Desinformation ist der Putin-Berater Wladislaw Surkow. Surkow kommt ursprünglich aus dem Theaterbereich, war dann in der Werbebranche aktiv und ist seit 1999 in verschiedenen Funktionen für die jeweiligen russischen Regierungen tätig. Er hat das russische Konzept der »souveränen Demokratie« formuliert, die man ehrlicherweise wohl »gelenkte Demokratur« nennen sollte. Der britische Russlandexperte Peter Pomerantsev beschreibt seine Methoden so: »Im Gegensatz zur alten UdSSR [...] verändert sich im modernen Russland die Bühne permanent: Das Land ist morgens eine Diktatur, eine Demokratie zur Mittagszeit, eine Oligarchie am Abend. Währenddessen werden hinter den Kulissen Ölfirmen enteignet, Journalisten umgebracht, Milliarden beiseitegeschafft. Surkow steht im Zentrum der Inszenierung. Er fördert in einem Moment nationalistische Skinheads und unterstützt im nächsten Menschenrechtsgruppen. Es ist eine Strategie der Macht, die darauf beruht, jegliche Opposition in einem permanenten Zustand der Konfusion zu halten, ein unablässiges Formwechseln, das unaufhaltbar ist, weil es undefinierbar ist.« Pomerantsev beschreibt in diesem Zitat die Realität der russischen Gesellschaft zu der Zeit, bevor Putin zu seinem jetzigen offen autoritären Herrschaftsstil zurückkehrte. Nach der Konfusion und der Orientierungslosigkeit, die Surkow zu erzeugen half, wirkte Putins klar autoritärer Kurs wie ein wohltuendes Versprechen von Ordnung, Struktur und Klarheit. Surkow hatte den Boden dafür bereitet.

Surkows Methoden und Ideen, die sich am ehesten mit »Postmodernismus als Waffe« beschreiben lassen, verschwanden nach der Festigung von Putins Macht jedoch nicht in der Schublade. Es ist recht offensichtlich, dass sie heute die intellektuelle Basis der russischen Desinformationskampagnen gegen den Westen sind. Für die deutlich aggressiveren und weiter gehenden Operationen, die Russland in den Ländern seiner direkten Nachbarschaft ausführt, gibt es sogar schriftliche Belege, seit Dokumente aus Surkows Büro-Mailserver von ukrainischen Gruppen erhackt und veröffentlicht wurden – wenn man denn glauben mag, dass sie echt sind.

Die allgegenwärtigen Widersprüche und Konflikte in den westlichen Demokratien, die Abwesenheit von großen politischen Visionen, die als Orientierungspunkt dienen könnten, bieten in Kombination mit der digitalen Medienwelt einen fruchtbaren Boden für Einflussnahme. Die systematische Dekonstruktion aller Fixpunkte, die Herbeiführung eines Zustandes, in dem sich viele Menschen von der Realität permanent überfordert fühlen, in dem es keine Gewissheiten mehr gibt, wird durch die ökonomischen Umwälzungen der Globalisierung und der Digitalisierung noch befördert. Aus Sicht des Gegners spielt dabei für das Erreichen des Ziels – mehr Konflikte, Chaos und Konfusion – keine Rolle, welche politischen Positionen und Gruppen gefördert und welche bekämpft werden. Solange die Herausbildung von Konsens, Einigkeit und Klarheit verhindert werden kann, ist es gleichgültig, ob die Desinformationsmethoden, die Social-Media-Bots und Auslandssender für oder gegen einen Kandidaten, die Frauenbewegung, Minderheitenrechte, Einwanderung, Flüchtlinge, Abrüstung, Umweltschutz oder Korruption eingesetzt werden.

Alles zu hinterfragen – das offizielle Motto von Russia Today ist »Question More« –, ist eine Grundtugend moderner Medien in freien Gesellschaften. Die philosophischen Ideen des Postmodernismus und des Dekonstruktivismus, das Hinterfragen und Infragestellen aller Institutionen, Wertesysteme, Begriffe und Autoritäten sind de facto die Fundamente des öffentlichen Diskurses und der Meinungsbildung im Westen, der Korrekturmechanismus der Gesellschaft gegen zu große Machtkonzentration und ineffiziente Strukturen. Der Preis dafür ist jedoch eine zunehmende Orientierungslosigkeit, weil sich aus den Trümmern der permanenten Dekonstruktion meist keine neuen, besseren Strukturen oder allgemeingültige Wahrheiten bilden.

Durch Desinformation und geschickte Auswahl der Bereiche, die zu zerfragen sind, und solcher, die von der Dekonstruktion verschont bleiben, soll eine Polarität von Chaos und Ordnung erzeugt werden. Auf der einen Seite steht der zerstrittene, von Korruption und Wohlstandsspaltung zerfressene Westen, auf der anderen Seite das ordentliche, planmäßig voranschreitende, rational-national handelnde Russland unter seinem großen Führer Putin.

Diese übergeordnete Zielsetzung macht es so schwer, aus der Perspektive eines konventionellen politischen Koordinatensystems erkennbare Muster zu identifizieren oder selbst Position zu beziehen. Auf einen Gegner, der keine politischen Ziele im althergebrachten Sinn verfolgt, der kein Problem damit hat, konkurrierende Gruppen und Positionen zu unterstützen, solange es nur zu mehr Orientierungslosigkeit und Konfusion führt, der die philosophischen Ideen der Dekonstruktion und des Postmodernismus als Waffe einsetzt, ist unser derzeitiges System der politischen Meinungsbildung nicht ausreichend vorbereitet.

Jedoch muss man feststellen, dass die gleichen Methoden, die man Russland zur Unterminierung des Westens vorwirft, auch von politischen Akteuren im Westen angewendet werden, um ihre Ziele zu erreichen. Die Wahlkampagne von

Donald Trump mit ihrer völligen Ignoranz der Regeln und Traditionen amerikanischer Politik und der weitgehenden Invalidierung von Fakten und Tatsachen ist deutlich von Surkows Ideen inspiriert. Wenn es dem Kandidaten vollkommen gleichgültig ist, was er gestern gesagt hat, und ob die Faktenchecker in den Medien ihm eine Lüge nach der anderen nachweisen, weil es seine Wählerbasis ohnehin nicht interessiert und er seinen Wahlkampf ausschließlich auf die Manipulation von Gefühlen und Wahrnehmungen und die gleichzeitige Beschimpfung von kritischen Medien als »Fake News« ausrichtet, versagen die Schutzmechanismen der Demokratie. Hierin liegt die eigentliche Gefahr für den Westen.

Die Methoden des Datenanalyse-Unternehmens Cambridge Analytica, das im US-amerikanischen Wahlkampf vor allem Nachrichten in den sozialen Netzwerken manipulierte, waren folgerichtig nicht etwa darauf ausgerichtet, Wähler zu überzeugen, Donald Trump zu wählen. Vor allem wenn in Wahlkämpfen die Konkurrenten Kopf an Kopf liegen, kann es strategisch zielführender sein, die Wählerbasis des Gegners zu verunsichern, zu demotivieren und vom Wählengehen abzubringen, statt selbst neue Wähler hinzugewinnen zu wollen. Und so zielten die Aktivitäten von Cambridge Analytica auch vielmehr darauf ab, potenzielle Clinton-Wähler zu demotivieren und vom Wählen abzuhalten, indem sie Zweifel an der Kandidatin und eine gewisse generelle Politikerverdrossenheit schürten. Dafür nutzte die Firma griffige Memes und Bilder, bezahlte Facebook-Posts und Social-Media-Bots oder auch billige Klick-Arbeiter, die bestimmte Inhalte so oft weiterverteilten, dass sie von den Algorithmen von Twitter, Facebook und YouTube für relevant gehalten und gut sichtbar in den Feeds der Nutzer platziert wurden.

Die Strategie ging auf: Trump gewann die Präsidentschaftswahl auch, weil er in einigen entscheidenden Bundesstaaten genügend Anhänger der Demokraten so weit verunsicherte, dass sie nicht zur Wahl gingen. Die Untersuchungen, wie bedeutsam die bezahlten Cambridge-Analytica-Interventionen in verschiedenen bedeutenden Wahlen in mehreren Ländern waren, dauern an. Dass sie aber mindestens dazu beitrugen, die Wahlergebnisse zu beeinflussen, ist nicht mehr umstritten.

Die algorithmische Rutsche in den Abgrund

Eine wesentliche Rolle bei Desinformationskampagnen spielen die inhärenten Mechanismen der Social-Media-Netzwerke. Entwickelt wurden sie, um möglichst gezielt und effektiv Werbung platzieren zu können. Die Plattformen wurden dadurch zu effizienten Manipulationsmaschinen, weil sie emotionalere Inhalte präferieren und algorithmisch aufwerten. Posts, die traurig oder lustig sind, betroffen machen oder Wut auslösen, die Nutzer zum Antworten oder Weiterleiten provozieren, führen zu einem höheren »Engagement«, zu einem längeren Verweilen und einer intensiveren Nutzung der Plattform und damit der Möglichkeit, mehr Werbeplätze zu verkaufen.

Insbesondere Facebook, aber auch YouTube und in einem geringeren Maße Twitter bieten vielfältige Optionen für die präzise Ansprache einer bestimmten Nutzergruppe durch Werbung. Zudem können aber auch sogenannte Dark Posts platziert werden, für die Werbekunden zahlen müssen und die sich kaum von normalen Posts unterscheiden. Oftmals fällt Nutzern nicht auf, dass es sich hierbei um Werbung handelt.

Für Desinformationsoperationen ist besonders interessant, dass über soziale Medien gezielt unterschiedliche Inhalte an verschiedene, auch relativ kleine Zielgruppen ausgeliefert werden können. Nur wer bestimmte Kriterien erfüllt, sieht die Werbung oder den Post überhaupt. Dies erlaubt unter anderem sogenanntes A/B-Testing, bei dem verschiedene an die jeweilige Demografie und die psychologischen Profile angepasste Varianten des gleichen Inhalts – etwa suggestive Fragen über den Gesundheitszustand des gegnerischen Kandidaten – ausprobiert werden und dann gemessen wird, welche Variante die meisten Likes und Weiterteilungen und die emotionalsten Reaktionen erhält. Die erfolgreichere Variante eines Inhalts spielt man dann an eine größere Gruppe aus – und optimiert so den Geldeinsatz.

Gegen solche Techniken helfen auch keine »Faktenchecks«, wie sie von verschiedenen Medienorganisationen als Gegenmittel für Desinformationsinhalte erprobt werden. Wirksame Desinformationskampagnen zielen ausschließlich auf Gefühle und mit deren Hilfe auf die Manipulation von Wahrnehmungen und Überzeugungen. Wenn jemand felsenfest daran glaubt, dass ein Politiker im Grunde seines Wesens ein korrupter Schurke ist, gibt es wenig Fakten, die ihn von dieser Ansicht abbringen könnten.

Einige wenige hochemotionale, passend bebilderte Berichte über grausame Verbrechen haben mehr Überzeugungskraft als jede Kriminalstatistik, selbst dann, wenn sich diese Berichte im Nachhinein als übertrieben oder gefälscht herausstellen. Das zeigt auch die Wirkung, die von Terroranschlägen auf Politik und Gesellschaft ausgeht: Obwohl objektiv betrachtet die Gefahren, die von Terroristen ausgehen, im Vergleich zu anderen gesellschaftlichen Risiken deutlich überbewertet werden, entfalteten die dramatischen

Bilder von Anschlägen und die breite Berichterstattung darüber eine enorme Kette an politischen Reaktionen.

Bestehende Ängste und Überzeugungen zu bestärken, die in Menschen bereits vorhanden sind, ist deutlich einfacher, als Zweifel zu säen oder Meinungen zu verändern. Das Wesen von Desinformation und Propaganda ist im Grunde nie die Überzeugung auf rationaler Ebene. Es geht immer um die Manipulation des Bauchgefühls, der Stimmung, der allgemeinen Sicht auf die Dinge und des Filters, durch den wir alle Informationen wahrnehmen.

Die psychologischen Mechanismen, wie Überzeugungen und Weltsichten entstehen, sind gut erforscht, die Möglichkeiten, sie manipulativ auszunutzen, wurden von der Werbeindustrie hinlänglich perfektioniert. Eines der mächtigsten Elemente dabei ist, wie Erinnerungen langfristig verankert werden. Wir erinnern uns am besten an Dinge, die mit starken Emotionen verbunden sind, seien sie positiv oder negativ. Ein zweiter wichtiger Mechanismus ist, dass wir uns die Details gut merken, die zu unserem bereits vorhandenen Wissen und unserem Weltbild passen. Hier setzen die Desinformationstechniken an.

Um ihr Geschäftsmodell möglichst erfolgreich zu betreiben, nutzen Social-Media-Plattformen die Tendenz, dass Menschen sich wohlerfühlen, wenn sie nicht mit Dingen konfrontiert werden, die ihrem Weltbild zuwiderlaufen. Also sind die Algorithmen so trainiert, dass sie bevorzugt Inhalte anzeigen, die einander ähneln. Es bilden oder verstärken sich damit sogenannte Filterblasen, in denen der Nutzer nicht oder nur noch selten mit Meinungen konfrontiert wird, die konträr zu seinen eigenen Ansichten stehen. Das führt dazu, dass sich etwa die Realitätswahrnehmung eines AfD- oder Trump-Anhängers signifikant von denen eines liberalen Linken unterscheidet, weil beiden fast ausschließlich Inhalte angezeigt werden, die zu ihrer eigenen Meinung passen. Für die Anbieter der Plattformen ist dieser Filterblaseneffekt attraktiv: Die zugrunde liegende Logik der Algorithmen verlängert die Verweilzeit und intensiviert die Interaktionen der Nutzer, sodass wieder mehr Werbung ausgespielt werden kann.

Die Entscheidung von Facebook nach dem Cambridge-Analytica-Skandal, die Inhalte von Familienmitgliedern, Bekannten und Freunden algorithmisch nochmals höher zu priorisieren und öfter anzuzeigen, wird diesen Effekt noch verstärken. Denn damit werden Meinungsbeiträge und Kommentare höher gewichtet als eine neutrale Berichterstattung etwa von Nachrichtenseiten – emotionale Inhalte und Reaktionen haben noch einmal mehr Gewicht erhalten. Ein wenig erinnert die Entscheidung Facebooks an politische Prozesse, bei denen zuweilen zu beobachten ist, dass Stellungnahmen von Experten ignoriert werden, weil man lieber auf sein Bauchgefühl hört.

Insbesondere auf YouTube, aber auch auf Facebook gibt es einen sogenannten Rutscheneffekt, der durch die Präferenz für hohe emotionale Intensität entsteht. Sobald man das erste Video zu einem Thema ausgewählt hat, bietet der Autoplay-Algorithmus innerhalb weniger Filmchen immer drastischere Inhalte an. In systematischen Studien wurde bestätigt, was sich durch einfache Beobachtung selbst leicht feststellen lässt: Während auf der ersten Seite der Suchergebnisse noch ein relativ ausgewogenes Spektrum von Meinungen angeboten wird, landet man sehr zügig bei immer offenerer Propaganda, Verschwörungstheorien und Desinformationsinhalten. Die Nutzer von Social-Media-Plattformen befinden sich also nicht nur in einer Filterblase, sie werden innerhalb dieser Blase auch noch immer weiter zu extremen Inhalten und Meinungen gedrängt.

Social Bots und das Dröhnen der Echokammern

Ein für Desinformationskampagnen sehr wichtiges Mittel ist der Einsatz von automatisiert bespielten oder durch Menschen bedienten Schwärmen von Social-Media-Accounts, sogenannten Social Bots. Auch sie nutzen den Mechanismus, dass Inhalte und Hashtags, die von vielen Nutzern geteilt werden, auf den Plattformen als relevanter angesehen und höher und öfter in die Feeds befördert werden. Wenn man nun nicht einen Nutzer, sondern Tausende oder Zehntausende von Accounts kontrolliert und diese dazu einsetzt, einen Post zu teilen oder zu liken, wird dieser Inhalt automatisch als wichtig errechnet und mehr Nutzern zur Ansicht gebracht.

Social Bots wurden ursprünglich für kommerzielle Werbezwecke entwickelt und Kunden als Dienstleistung angeboten, um etwa eine positive Produktbewertung vielen Menschen zur Kenntnis zu bringen, ohne den Eindruck zu erwecken, es handele sich um Werbung. Die Nutzung für Desinformationszwecke und in Wahlkämpfen folgte auf dem Fuße. Ausnahmsweise haben Social-Media-Plattformen selbst ein Interesse daran, den Einsatz von Social Bots zu bekämpfen: Durch sie entgehen ihnen potenzielle Werbeeinnahmen.

Das Phänomen ist daher für sich betrachtet nicht so gefährlich wie die gezielten »Dark Posts«, an denen die Plattformen auch noch verdienen. In Kombination mit anderen Desinformationstechniken ist jedoch der Einsatz von Social Bots durchaus problematisch, etwa wenn er erfolgt, um die

Aufmerksamkeit von Themen und Inhalten wegzulenken, die für die eigenen Ziele negative Auswirkungen haben können. Diese »Übertönen« (englisch: »drown out«) genannte Methode macht sich die Tatsache zunutze, dass die Aufnahme- und Konzentrationsfähigkeit und schlicht die Zeit zum Konsum von Inhalten bei jedem Menschen begrenzt ist. Wer sich gerade über eine Serie von Videos mit niedlichen Kätzchen amüsiert, liest nicht gleichzeitig einen langen Beitrag über Korruption und Vetternwirtschaft. Eine Garderobenfehlfunktion oder die neueste Liebschaft eines B-Promis zu einem veritablen Social-Media-Skandal aufzublasen, kann problemlos von einem Massaker in einem fernen Land ablenken.

China verfolgt diesen Ansatz sehr systematisch zur politischen Kontrolle seiner Bevölkerung. Seit mehreren Jahren ist in China die Internetfreiheit im internationalen Vergleich mit am weitgehendsten eingeschränkt, nur in Äthiopien, Syrien oder Iran gibt es noch drastischere Restriktionen. Aber technische Einschränkungen, die in neuerer Zeit auch das Blockieren der beliebten Livevideos umfassen, genügen nicht mehr: Nachdem sich die direkte Zensur von missliebigen Inhalten als oft kontraproduktiv herausgestellt hat, weil Nutzer dadurch erst recht auf das zensierte Problem aufmerksam werden und Wege finden, die Sperrung von Inhalten zu umgehen, wird die technische Zensur inzwischen durch weitere Methoden ergänzt. Die chinesische Regierung nutzt ihre staatliche Medienmacht immer mehr, um von bestimmten Inhalten abzulenken und Themen, die nicht erwünscht sind, zu übertönen. Dabei macht sie sich zunutze, dass Menschen soziale Wesen sind, die das wichtig finden, was ihre reale oder virtuelle soziale Umgebung wichtig findet.

Größere Leaks von E-Mails einer lokalen Internetpropagandabehörde in China haben deutlich gemacht, dass die bisherigen Ansichten über die Mechanismen und Ziele der Desinformationskampagnen im Inneren der Volksrepublik inkorrekt waren. Zuvor war man davon ausgegangen, dass die chinesische Regierung mit einer großen Zahl bezahlter Nutzer arbeitet, die in den chinesischen sozialen Medien aktiv versuchen, kritische Meinungen konfrontativ anzugehen und mit den Kritikern zu argumentieren. Diese Methode wurde »50-Cent-Partei« getauft, weil es Hinweise darauf gab, dass dies der Lohn für einen Beitrag im Sinne der Regierung ist. Die Analyse der geleakten E-Mails ergab jedoch ein differenzierteres, viel interessanteres Bild. Offenbar hat es sich als effektiver herausgestellt, anstelle von Konfrontation mit Ablenkung zu arbeiten.

Dabei muss man im Auge behalten, dass das chinesische System nicht auf die blinde Unterdrückung jeglicher Kritik gerichtet ist, sondern die sogenannte harmonische Gesellschaft zum Ziel hat. Konfrontation erzeugt schlechte Laune und negative Emotionen, die sich letzten Endes wieder gegen den Staat richten können. Mit den Mitteln der Ablenkung und Übertönung greift man jedoch subtiler ein. Wann immer sich Diskussionen mit einer negativen Richtung ergeben, etwa wenn es ein größeres Zugunglück gab oder in einem Landesteil regierungskritische Demonstrationen stattfinden, werden massenweise Posts über »positive« Themen in Auftrag gegeben, um die Tendenz und Stimmung der Debatte zu kippen und die Aufmerksamkeit der Nutzer abzulenken.

Diese positiven Inhalte werden dabei offenbar von einer Vielzahl von Regierungsangestellten gepostet, die dafür ihre eigenen Nutzerprofile sowie Fake-Accounts verwenden. Die

Ablenkungs-Posts sind dabei sehr unterschiedlich und reichen von der Betonung der positiven Aspekte der Politik der Partei, gestiegenen Lebensstandards, Erfolgen von Antikorruptionskampagnen (»Die Partei tut was!«) bis hin zu Bildern und Videos von niedlichen Tierbabys. Da das Ziel der Kampagnen vor allem ist, das Zusammenfinden von größeren Gruppen zu verhindern, die ihren Protest auf die Straße tragen oder anderweitig gemeinsam agieren, sind alle Inhalte tauglich, die die »negativen« Diskussionen umleiten oder ins Leere laufen lassen.

In den konventionellen Medien ist eine ähnliche Methode auch als »Verbuddeln« oder »Begraben« (englisch: »burying«) bekannt. Ein Promi-Skandal, eine die Nachrichten dominierende Katastrophe oder eine künstlich erzeugte Aufregung über eine Nebensächlichkeit wird benutzt, um heikle Nachrichten auf die hinteren Seiten der Zeitung oder den untersten Teil des Newsfeeds zu verdrängen und um sie möglichst gar nicht erst in der TV-Berichterstattung auftauchen zu lassen. Die Social-Media-Mechanismen sind wie geschaffen für diese Technik, insbesondere in Kombination mit Social Bots. Denn diese automatischen Nachrichten- und Meinungsverbreiter verstärken in der Regel die ohnehin schon weitverbreiteten Themen auf den Social-Media-Plattformen. Nie war es einfacher als heute, die Wahrnehmung von Themen durch große Zahlen von Likes und Shares zu manipulieren und so die Aufmerksamkeit von Menschen auf unwichtige Themen zu lenken.

Und der Westen?

Es wäre in hohem Maße unehrlich, so zu tun, als würden nicht auch die westlichen Staaten Desinformationen und Methoden der manipulativen Einflussnahme nutzen. Selbst wenn man sich beispielsweise der russischen These von den Farbrevolutionen als gezielte Regimewechseloperationen nicht anschließt, gibt es genügend Anhaltspunkte und zahlreiche Belege für die Aktivitäten westlicher Staaten in diesem Bereich. Sie arbeiten in der Regel nicht nach den oben dargelegten Surkowschen Prinzipien, sondern verfolgen – soweit sich das anhand von Leaks, Dokumenten und Beobachtungen nachvollziehen lässt – konkrete, oft eher kurzfristige Ziele.

Aus geleakten Dokumenten ist bekannt, dass diverse westliche Geheimdienste und militärische Abteilungen für psychologische Kriegführung eigene Desinformationskampagnen fahren, an Werkzeugen für effektives Social-Bot-Management forschen lassen und mit Firmen zusammenarbeiten, die auf Social-Media-Manipulationen spezialisiert sind. Nach wie vor unterhalten alle größeren westlichen Staaten große Auslandssender, die sich vielleicht in ihrer Aggressivität von russischen Nachrichtenschleudern wie Russia Today und Sputnik unterscheiden, aber sich mitnichten auf die Propagierung von hehren Zielen wie Demokratie und Freiheit beschränken. Ein zentraler Unterschied zwischen West und Ost bleibt jedoch die Anwendung von Methoden direkter Zensur: Blockaden von Webseiten bleiben im Westen bisher die Ausnahme, sie sind jedoch in vielen Ländern der Welt – in besonders starkem Maße in China, aber auch in Russland – zum Alltag geworden und nur mit technischen Kenntnissen zu umgehen.

Eine lange Tradition hat im Westen die Unterstützung von prowestlichen Oppositionsgruppen in fremden Ländern. Sie umfasst neben Waffenlieferungen und Hilfe bei der Finanzierung schon immer auch Trainings in effektiver Propaganda. In allen Kriegs- und Krisengebieten, in denen westliche Armeen aktiv sind, werden routinemäßig auch Einheiten zur Informationskampfführung eingesetzt. Aufgrund der Sprachbarrieren ist in der hiesigen Öffentlichkeit über diese Aktivitäten wenig bekannt, aber die Personalstärken und die immerwährende Betonung, wie wichtig diese Operationen seien (»winning the hearts and minds«), sind gute Indikatoren dafür, dass die Manipulation der öffentlichen Meinung für westliche Regierungen mindestens ebenso zentral ist wie für Russland oder China.

Zudem gibt es deutliche Hinweise, dass westliche Geheimdienste versuchen, das Ansehen der politischen und wirtschaftlichen Eliten in Russland zu schädigen, etwa durch gezielte Leaks von Daten, die im Auftrag westlicher Geheimdienste erhackt worden sind. Insbesondere die Ukraine hat hier beispielsweise wenig Hemmungen, mit Kompromat-Archiven zu arbeiten, wie etwa ironischerweise beim Leak der E-Mails aus Wladislaw Surkows Büro.

Die enge Zusammenarbeit von Regierungen mit PR- und Werbeagenturen hat im Westen eine lange Tradition, sei es, um die Stimmung im eigenen Land zu beeinflussen oder um die Weltöffentlichkeit zu manipulieren. Breit berichtete und später als falsch identifizierte Nachrichten waren zum Beispiel die Berichte über irakische Soldaten, die kuwaitische Babys in Brutkästen ermordet haben sollen. In den Memoiren westlicher Geheimdienstler und den Leaks der internen Kommunikation des US-Außenministeriums findet sich eine Fülle von Hinweisen und Belegen für solche extensiven

Desinformations- und Manipulationskampagnen, wie sie im Vorfeld des Irakkriegs stattfanden. Es gibt keinen Grund anzunehmen, dass diese Manipulationsmethoden heute nicht mehr im Einsatz sind.

Einen wesentlichen Unterschied gibt es jedoch: Für den Westen sind Desinformationskampagnen mit deutlich höheren Hürden versehen. Insbesondere China hat sich weitgehend gegen ausländische Einflussoperationen immunisiert. Große Teile der westlichen Medien sind in der Volksrepublik blockiert, die westlichen Social-Media-Dienste sind faktisch ausgesperrt. Stattdessen hat die chinesische Regierung einheimische, äquivalente oder sogar technisch überlegene Systeme gefördert, in die mehrschichtige staatliche Zensur- und Manipulationsmechanismen von vornherein eingebaut sind. Russland verfolgt eine ähnliche Strategie, indem durch staatliche Regulierung lokale Anbieter befördert werden.

Grund für die Abschottung ist auch die Tatsache, dass nicht mehr allein politische Großmächte oder potente Geheimdienste mit struktureller Desinformation arbeiten, sondern dass solche Mittel seit einem Jahrzehnt von immer mehr Akteuren aus immer mehr Ländern genutzt werden. Das rasante Wachstum von Social-Media-Plattformen geht nicht zufällig mit der massenhaften Verbreitung von Social Bots einher – auch wenn erst die letzten drei Jahre gezeigt haben, dass mit der hohen Marktmacht einiger Anbieter wie Facebook und YouTube Desinformationskampagnen eine enorme Wirkmacht entfalten können.

Nicht nur in China und Russland betrachten die politischen Eliten Facebook, Google & Co. als Agenten der westlichen Dominanzbestrebungen. Auch andere Länder folgen ihrem Vorbild. Die Türkei hat umfangreiche Blockade- und Zensursysteme installiert, und auch zahlreiche muslimisch geprägte Länder nutzen schon längst ausgiebig ihre eigenen Äquivalente der »Großen Chinesischen Firewall«. Aus Sicht der Strategen im Westen ist eine ungünstige asymmetrische Situation entstanden, in der Länder wie Russland die offenen und zugänglichen Netze im Westen für ihre Manipulationszwecke nutzen können, während sie selbst gegen solche Operationen westlicher Staaten relativ immun sind.

Insbesondere in China zeigt sich zudem, dass in den letzten Jahren Methoden der Massenüberwachung systematisch mit Maßnahmen zur Unterdrückung und Marginalisierung oppositioneller Meinungen kombiniert werden. Es werden also nicht nur westliche Medien und Anbieter aus den eigenen Meinungs- und Kommunikationsplattformen ferngehalten, es werden auch abweichende politische Meinungen früh identifiziert und sich formierende Bewegungen im Keim erstickt. Die Ansatzmöglichkeiten für westliche Geheimdienste, die politische Opposition zu unterstützen, sind dadurch erheblich erschwert worden.

Hinzu kommt, dass oft schwer durchschaubar geworden ist, welche Art von Bewegung sich auf den Social-Media-Plattformen tummelt. Denn echte Meinungsäußerungen von Gruppen und echte politische Bewegungen sind heute kaum zu unterscheiden von »Graswurzel«-Truppen, die zur Manipulation der öffentlichen Meinung fabriziert wurden (eine Methode, die als »Astroturfing« bezeichnet wird). Diese Unsicherheit wirkt sich insgesamt negativ auf das Vertrauen aus, das politische Kampagnen in den sozialen Netzwerken genießen.

Der Ansatz des Westens, in anderen Ländern zugunsten von »Demokratie und Menschenrechten« zu intervenieren, der westliche Einflussoperationen seit dem Fall der Mauer dominiert hat, besteht im Grunde aus einer Verzahnung von hehren Zielen mit harten Machtinteressen. Krisensituationen in den jeweiligen Ländern wurden dabei als Gelegenheit erkannt, Regierungen zu stürzen und einen »regime change« herbeizuführen. Aus Sicht von Russland und China wurden diese Krisen – politische und ökonomische – vom Westen oft genug nicht nur unterstützt und verstärkt, sondern gezielt herbeigeführt. Die Angst davor, selbst Opfer einer solchen farbigen Revolution zu werden, wird insbesondere von der russischen Regierung klar artikuliert. Daran können auch alle Beteuerungen des Westens nichts ändern, man habe ja nur die Verbreitung von Demokratie und Menschenrechten unterstützen wollen.

Leaks und die Medien

Für Journalisten ergeben sich aus dieser Gesamtschau schwierige Dilemmata, insbesondere wenn es um geleakte Informationen geht, die der sichtbarste Schnittpunkt von Cyberoperationen und Desinformation sind. Nachdem im US-Präsidentschaftswahlkampf Dokumente und E-Mails, die durch Leaks erhackt worden waren, eine große Rolle gespielt hatten, kamen beim sogenannten Bundestagshack, der noch vor der letzten Bundestagswahl publik wurde, auch in Deutschland Befürchtungen auf, dass die dadurch erlangten Informationen im Bundestagswahlkampf strategisch geleakt werden und ihren Weg in die Medien finden könnten. Da ein ausländischer staatlicher Akteur hinter dem Hack des Bundestags vermutet wird, war diese Angst durchaus nachvollziehbar. Wäre solch ein gezielter Einsatz geleakter Informationen tatsächlich geschehen, hätten wir in Deutschland heute vermutlich eine ganz andere Diskussion über die Manipulationsmacht durch erfolgreiche Cyberangriffe und die Herausforderungen der IT-Sicherheit.

Wie aber sollten sich Journalisten verhalten, wenn sie Kenntnis von Leaks aus sensiblen politischen Bereichen erhalten? Einerseits gebietet es das journalistische Ethos, das Publikum so umfangreich und gut wie möglich zu informieren. Wenn Daten-Leaks nun wesentliche Informationen über oder Hinweise auf einen Betrug, einen Skandal oder ein Fehlverhalten von Politikern enthalten, wäre es unredlich, darüber nicht zu berichten. Andererseits laufen die Medien damit Gefahr, sich für Desinformationszwecke instrumentalisieren zu lassen, die ihnen im Zweifel gar nicht bewusst sind.

Insbesondere wenn hinter den Leaks Länder wie Russland stecken, die durch ihre Operationen Misstrauen und Konfusion streuen möchten, haben Medienvertreter eigentlich kaum eine Möglichkeit, diesem Dilemma zu entgehen. Denn wer zum Zeitpunkt des Leaks mit welchen Hintergedanken an einen Journalisten herantritt und welche langfristige Strategie dabei verfolgt wird, ist meist nur schwer abzuschätzen. Handelt es sich um einen Whistleblower oder Hacktivisten, der mit den erbeuteten Informationen auf einen Missstand aufmerksam machen möchte? Oder versucht ein Geheimdienst, mit einem absichtlichen politischen Leak die öffentliche Meinung zu manipulieren?

7

Der Cyberwar im Inneren

Wie schützen wir uns vor dem eigenen Staat?

Wie sich der digitale Raum in Zukunft entwickeln wird, hängt essenziell von zwei Dingen ab: vom Verhältnis der Staaten zueinander und vom Verhältnis der Staaten zu ihren Bürgern. Staaten sind für die Sicherheit ihres Staatsgebiets und ihrer Bürger zuständig. Um die Bevölkerung vor äußeren und inneren Gefahren zu schützen, unterhalten sie Armeen, Geheimdienste und Polizeibehörden.

Inzwischen wird dieser Schutzauftrag jedoch immer weiter gefasst. Mit der Digitalisierung hat sich in den Sicherheitsapparaten die Ideologie breitgemacht, dass die Sicherheit der Bevölkerung nur dann gewährleistet werden könne, wenn die Geheimdienste alle Informationen und alle Kommunikation einsehen und auch ohne jeden Anlass speichern können. Das inoffizielle Motto des US-amerikanischen Abhörgeheimdienstes NSA lautet deswegen nicht von ungefähr: »In god we trust. All others we monitor.« (Auf Gott vertrauen wir. Alle anderen beobachten wir.) Wie durch die Snowden-Veröffentlichungen deutlich wurde, ist dieses Motto durchaus wörtlich zu verstehen.

In unterschiedlich extremer Ausprägung hat sich diese Grundhaltung weit verbreitet, Geheimdienste und Polizeibehörden in fast allen Ländern fordern immer umfassendere Zugriffsmöglichkeiten auf Daten, Informationen und die Kommunikation der eigenen Bürger und anderer Staaten.

Ein besonderer Stachel im Fleisch sind den Geheimdiensten und Polizeien deswegen Methoden, die es ermöglichen, sich ihrem »allsehenden Auge« zu entziehen.

Crypto Wars

Es ist jetzt mehr als vierzig Jahre her, seit die ersten Verschlüsselungsverfahren eine hohe Verbreitung gefunden haben. Eine Verschlüsselung ermöglicht es, Nachrichteninhalte so zu kodieren, dass nur diejenigen sie lesen können, die den passenden Dekodierungsschlüssel besitzen. Obwohl es also seit Jahrzehnten Verfahren gibt, die private Kommunikation vor allzu neugierigen Mitlauschern schützen können, blieb ein großer Teil unserer Kommunikation abhörbar. Kommerzielle Telekommunikationsanbieter und Internetprovider sind seit vielen Jahren gesetzlich verpflichtet, Überwachungsschnittstellen vorzuhalten und laufend Daten herauszugeben. Das Fernmeldegeheimnis ist nach und nach in seinem Kern ausgehöhlt worden. Allerdings bietet die Verschlüsselung ein Gegengift.

Heute ist Verschlüsselung in vielen Formen vollkommen alltäglich geworden. Ob es die Nutzer wissen oder nicht einmal ahnen: Viele Male jeden Tag benutzen sie auf ihren Computern und Telefonen Verschlüsselungsanwendungen. Die Anwendungen sind mannigfaltig und kaum mehr zählbar. So werden etwa die Daten auf den Festplatten der Geräte mit Verschlüsselung geschützt oder Verbindungen zwischen Computern abgesichert. Auch ein Großteil der Webseitenabrufe im Internet ist mittlerweile standardmäßig verschlüsselt: Immer wenn oben links im Webbrowser ein kleines grünes Schloss zu sehen ist, kann niemand ohne

Weiteres auf der Verbindung zum Webserver mitlesen. Ein Teil dieser alltäglichen kryptografischen Methoden ist hochkomplex und kann sogar als sehr sicher gegen Angreifer gelten – immer gesetzt den Fall, dass sie korrekt implementiert sind.

Wenn der Nutzer selbst die Hoheit über die Schlüssel für diese kryptografischen Methoden hat und sie direkt auf den kommunizierenden Computern oder Telefonen gespeichert sind, kann auch eine sogenannte Ende-zu-Ende-Verschlüsselung eingeleitet werden. Das bedeutet, dass die miteinander kommunizierenden Computer eine direkte verschlüsselte Verbindung aufnehmen – von einem Ende zum anderen.

Allerdings haben die meisten Computernutzer nicht die Kenntnisse oder den Willen, sich um die technischen Feinheiten rund um Kryptografie zu kümmern. Sie müssen sich darauf verlassen, dass die Dienste, die sie nutzen, gegen Angreifer und Mitlauscher geschützt sind. Viele große IT-Anbieter nahmen die Snowden-Enthüllungen zum Anlass, ihren Kunden mehr Schutz durch Verschlüsselung zu bieten. Für die sichere Kommunikation von Millionen Menschen war die Entscheidung von Facebook im Jahr 2016 ein enorm wichtiger Schritt, den beliebten Messengerdienst WhatsApp mit einer Verschlüsselungslösung auszurüsten. Auf einen Schlag waren Millionen Nachrichten, die zuvor unverschlüsselt durch die Netze gejagt wurden, mit kryptografischen Methoden gegen Mitlauscher gesichert. Nur die Kommunizierenden selbst sollten ihre Nachrichten lesen können, nicht mehr jeder dahergelaufene Spion.

Man kann diese wenigen Jahre, in denen alltägliches Verschlüsseln von der Ausnahme zur Regel wurde, durchaus als eine Zeitenwende sehen: Eine Vielzahl von Nutzern wurde in die Lage versetzt, ohne eigenes technisches Wissen große Teile der Kommunikation und der eigenen Daten selbst zu sichern.

Diese Machtverschiebung gefiel aber nicht allen. Die Beschwerden von Geheimdiensten und Polizeien wurden immer lauter: Jahrzehntelang war man gewohnt gewesen, an die Inhalte von so gut wie jeder Kommunikation gelangen zu können. Oft werden dafür die Anbieter selbst herangezogen. Sie müssen unter bestimmten gesetzlichen Vorgaben Inhalte ihrer Kunden herausgeben.

Wenn nun jedoch das Unternehmen gar nicht die Hoheit über die Kryptoschlüssel hat, mit denen die Kommunikation geschützt wird, sondern wenn es dem Nutzer eine Lösung anbietet, bei dem dieser Schlüssel auf dem Gerät selbst liegt, kann nichts mehr herausgegeben werden. Das betrifft nicht nur die Kommunikation, sondern auch beispielsweise das heute gängige Verschlüsseln von Festplatten: Die Schlüssel dafür befinden sich im Regelfall ausschließlich auf den Geräten selbst. Entsprechend kann man keinen Hersteller zur Herausgabe zwingen.

FBI vs. Apple

Anfang des Jahres 2016 entspann sich eine heftige internationale Diskussion um einen eigentlich inneramerikanischen Ermittlungsfall: Es ging dabei um einen bewaffneten Angriff im Dezember 2015 im kalifornischen San Bernardino, bei dem vierzehn Menschen getötet worden waren. Das FBI nahm die Ermittlungen auf und erhielt eine Durchsuchungserlaubnis für das Smartphone des Hauptverdächtigen Syed Farook.

Der Attentäter hatte ein iPhone seines Arbeitgebers verwendet, dessen Daten verschlüsselt gespeichert waren. Bei modernen Mobiltelefonen ist dies heute normal, schließlich gehen die Geräte häufiger mal verloren, und die Informationen darauf sind privat und oft sensibler Natur. Gesichert war das Smartphone wie heute üblich mit einem numerischen Passwort. Darüber hinaus hatte es wahrscheinlich die ebenfalls weit verbreitete Sicherung, dass man nur zehnmal eine falsche Zahlenkombination eingeben kann, ehe das Telefon seine Daten selbst löscht. Diese sogenannte »auto erase«-Funktion schützt vor dem Versuch eines Angreifers, einfach alle möglichen Zahlenkombinationen durchzuprobieren, bis das Passwort gefunden ist.

Das FBI wollte die Daten, insbesondere die Kommunikationsinformationen und Kontakte, auf dem Smartphone einsehen und kooperierte nach geltendem amerikanischem Recht dabei auch mit Apple. Aufgrund des doppelten Schutzes durch das Passwort und die Löschfunktion scheiterten die Mitarbeiter der Behörde jedoch zunächst am Zugriff. Das geht aus einer Aussage des damaligen FBI-Chefs James Comey hervor, der im amerikanischen Kongress eine deutlich erweiterte Mithilfe des Herstellers einforderte. In der Folge verlangte die Behörde von dem Hersteller Apple, dass er eine Software zur Verfügung stellen solle, die diese Verschlüsselung aushebelt. Apple sollte also sein eigenes Produkt hacken.

Das lehnte Apple öffentlichkeitswirksam ab: Der Unternehmenschef Tim Cook veröffentlichte einen Brief, in dem er das Ansinnen scharf verurteilte. Er weigerte sich, »eine Hintertür für das iPhone« herstellen zu lassen, wie er es ausdrücklich nannte. Er würde damit die Geräte von Hunderttausenden seiner Kunden unsicher und angreifbar machen, argumentierte er. Man würde außerdem einen Präzedenzfall schaffen, der Sicherheit und Privatsphäre unterminiere. Das beträfe nicht nur amerikanische Nutzer, sondern würde Kunden weltweit verunsichern. Würde er dem Ansinnen des FBI folgen, sei das, so Cook, als würde er das Softwareäquivalent von Krebs auf die Welt loslassen. Er hatte damit durchaus recht – nach dem FBI würden auch etliche andere Länder wie China, Saudi-Arabien und Russland bei Apple anklopfen und Zugriff auf die Daten ihrer Bürger verlangen.

Mehrere Wochen lang lieferten sich FBI und Apple einen vorgerichtlichen Schlagabtausch, über den international berichtet wurde. Schließlich standen den Wünschen der amerikanischen Behörde die Sicherheitsinteressen von Apple-Nutzern auf der ganzen Welt gegenüber. Die Kontroverse erinnert an die sogenannten »Crypto Wars« in den 1990er Jahren. Damals befürchteten viele Regierungen, mit dem Aufkommen von immer mehr Verschlüsselungssoftware ihre technischen Möglichkeiten zu verlieren, auf digitale Daten zuzugreifen. Die verschiedenen regulatorischen Versuche, starke Verschlüsselung einzudämmen oder Regierungshintertüren zu etablieren, scheiterten allerdings nach wenigen Jahren am Widerstand einer breiten Koalition von Aktivisten, Banken, Industrie und Silicon Valley.

Bevor die Verschlüsselung der gespeicherten Daten auf Telefonen zum Standard wurde, konnten die Behörden meist relativ einfach darauf zugreifen. Spezialisierte Hersteller wie beispielsweise die israelisch-japanische Firma Cellebrite bieten seit vielen Jahren Geräte und Software an, die eventuell vorhandene Zugriffssicherungen umgehen und nach kurzem Training auch von technisch durchschnittlich begabten Menschen verwendet werden können. Ebenjene

Firma soll das FBI auch beim San-Bernardino-Fall hinzugezogen haben.

Die Anwälte der Behörde hatten zwar bereits den Gang vor Gericht vorbereitet und mit Apple Schriftsätze ausgetauscht. Man bezog sich in der juristischen Argumentation auf die amerikanische Verfassung sowie auf ein über zweihundert Jahre altes Gesetz: dem All Writs Act. Demnach sollte Apple die Verpflichtung haben, dem FBI beim Zugriff zu assistieren. Sogar der erste Gerichtstermin war bereits angesetzt. Doch nur einen Tag vor Beginn des Prozesses zog das FBI dann plötzlich seine Forderung zurück. Das US-amerikanische Justizministerium gab bekannt, dass auch ohne Apples Hilfe auf die Inhalte des Attentäter-iPhones erfolgreich zugegriffen worden und eine gerichtliche Auseinandersetzung nun nicht mehr nötig sei.

Aus einem Untersuchungsbericht des amerikanischen Justizministeriums, der Anfang 2018 veröffentlicht wurde, geht hervor, dass das FBI, parallel zu den Vorbereitungen auf einen Prozess, im Februar 2016 auch seine Vertragspartner kontaktierte, um eine technische Lösung für das Auslesen der iPhone-Daten zu finden. Im März sei eine solche Lösung von einem kommerziellen Partner dann angeboten und dem FBI erfolgreich demonstriert worden. Innerhalb einer Woche hätten die Daten dann extrahiert werden können, was danach auch dem Gericht mitgeteilt wurde. Apple kommentierte seinerseits öffentlich, dass man nicht wisse, mit welcher technischen Methode das FBI vorgegangen sei.

Dass der kommerzielle Partner des FBI die Firma Cellebrite war, bestritt niemand öffentlich, mochte aber auch weder die Behörde noch das Unternehmen selbst bestätigen. Allerdings ist das FBI bereits jahrelang Kunde von Cellebrite, so wie viele Polizeien und Geheimdienste, aber auch

Grenzkontrollbehörden und Militärs weltweit. In Deutschland zählt beispielsweise die Bundespolizei zum Kundenkreis, sie liest mit Produkten von Cellebrite Mobiltelefone aus, ohne dass die Besitzer kooperieren müssen.

Wie im Fall des Attentäters von San Bernardino sind Smartphones heute gleich mehrfach gegen das Eindringen eines Angreifers geschützt. Meist ist die Verschlüsselung standardmäßig aktiviert. Sobald der Smartphone-Nutzer ein Passwort oder eine PIN festlegt, werden seine Daten damit dauerhaft verschlüsselt. Eine zusätzliche Sicherung sperrt das Gerät oder löscht gar die Daten (»auto erase«), sobald das Passwort zu oft falsch eingegeben wurde. Eine absichtliche Zeitschleife zur Verzögerung schneller Passworteingaben ist ebenfalls eingebaut. Mit diesen Sicherungen ist ein einfaches Ausprobieren vieler Passwörtervarianten nicht mehr möglich, ohne zu riskieren, dass die Daten endgültig verloren sind.

Genau um diese technischen Schutzfunktionen drehte sich der Rechtsstreit, den das FBI ursprünglich angestrengt hatte. Apple sollte per Gerichtsbeschluss verpflichtet werden, eine extra für das FBI angepasste Version des Betriebssystems iOS für das Smartphone zu programmieren. Darin sollten gegenüber der an alle Kunden verkauften Version drei Änderungen eingefügt werden: Die »auto erase«-Funktion sollte ebenso umgangen oder ausgeschaltet werden wie die Zeitverzögerung bei der Passworteingabe. Hätte Apple dem nachgegeben, wäre das FBI mithilfe eines schnellen Computers in der Lage gewesen, alle Passwortkombinationen durchzuprobieren.

»Going Dark«

Das amerikanische FBI beschreibt die zunehmende Verwendung von Verschlüsselung mit einem dramatischen Schlagwort: »going dark«. Gemeint ist damit, dass es aus Sicht der Behörde immer größere digitale Dunkelfelder gibt, in die sie keinen Einblick nehmen kann. Verantwortlich dafür sei vor allem die Verschlüsselung, die es entsprechend zu schwächen, zu modifizieren oder zu beschränken gelte.

Im San-Bernardino-Fall argumentierte das FBI so auch gegenüber dem Gericht: Der Hersteller Apple habe »absichtlich technische Barrieren errichtet«, die nun die Behörde bei ihrer Arbeit behinderten. Das Schlagwort »going dark«, das bereits seit dem Jahr 2011 kursiert und in der öffentlichen Debatte zuerst vom Abhörgeheimdienst NSA verwendet wurde, ist seit diesem Showdown in der Debatte um Verschlüsselungstechniken häufiger zu hören. Die Diskussion ist dabei auf weitere Staaten übergesprungen, sie findet vor allem in Kanada, Großbritannien, Australien und in geringerem Maße auch in Deutschland statt.

Die Bundesregierung betont, sich weiterhin an den »Eckpunkten der deutschen Kryptopolitik« aus dem Jahr 1999 zu orientieren und diese auch in Diskussionen im Rahmen der Europäischen Union zu vertreten. Damals hatte das Kabinett in diesen Eckpunkten beschlossen, ein Verbot von Verschlüsselungen oder ihre Schwächung abzulehnen. Jedoch spricht die Bundesregierung im gleichen Atemzug heute stets davon, dass die alltägliche Verbreitung starker Verschlüsselung die Befugnisse der Polizeien und Geheimdienste nicht »aushöhlen« dürfe.

In den Vereinigten Staaten ist der stärkste Verfechter einer Krypto-Regulierung heute nach wie vor das FBI, dessen derzeitiger Chef Christopher Wray sich auch das Schlagwort des »going dark« zu eigen macht. Dass es sich bei dieser Argumentation in der Praxis jedoch eher um Propaganda als um tatsächliche Probleme handelt, musste selbst das FBI einräumen: Die Behörde hatte dem US-amerikanischen Kongress mehrfach weit überzogene Zahlen für beschlagnahmte Geräte genannt, die durch Verschlüsselung angeblich so stark geschützt seien, dass die Ermittler nicht auf die gespeicherten Daten zugreifen konnten. Gegenüber den Abgeordneten gab das FBI noch im Jahr 2017 an, bei 7800 Geräten die Verschlüsselung nicht umgehen zu können. Im Jahr danach stellte sich diese Angabe als stark übertrieben heraus, wie die Behörde schließlich eingestehen musste. Tatsächlich lag die Anzahl der betroffenen Geräte bei weniger als einem Sechstel.

Auch wenn die angegebenen Zahlen überzogen waren: Natürlich ist es durch die zunehmend überall verfügbare Verschlüsselung für die Behörden schwerer geworden, auf Daten zuzugreifen. Aber genau dafür, zur Sicherung von Daten, sind die Verschlüsselungsverfahren ja auch entwickelt worden. Sie sind eine sinnvolle Methode gegen die Überwachung privater und beruflicher Kommunikation und dienen dem Schutz vor Wirtschaftsspionage. Eine starke, nicht kompromittierte Verschlüsselung zu nutzen, ist in den letzten Jahren für alle Bereiche der Wirtschaft zur Notwendigkeit geworden. Neben den Interessen der Wirtschaft und Fragen des Kundenvertrauens ist Verschlüsselung dabei nicht nur ein wirtschaftliches Muss, sie ist auch ein Garant für Menschenrechte und öffentliche Sicherheit sowie ein wichtiger Eckstein für die Erschwerung von Cyberangriffen.

Verschlüsselung hin oder her: Die Ermittlungsbehörden

wollen natürlich weiter auf die für sie interessanten Daten zugreifen und verfolgen dafür einen Weg, den die Abhörgeheimdienste bereits seit Jahrzehnten nutzen: Wenn man Verschlüsselung nicht brechen kann, dann umgeht man sie eben. Typischerweise geschieht dies durch Ausnutzung von Schwachstellen in der Gerätesoftware, über die man entweder die Schlüssel ausliest oder die Kommunikation abfängt, bevor sie verschlüsselt wird.

So geschah es dann auch im San-Bernardino-Fall. Wie sich im Nachhinein herausstellte, verfügte das FBI längst über Produkte, mit denen die iPhone-Verschlüsselung mithilfe solcher Exploits ausgehebelt werden konnte. Das Problem wurde nur deshalb in der Öffentlichkeit als so dramatisch dargestellt, weil man am Beispiel des Telefons, das ein Terrorist zur Planung seines Anschlags benutzt hatte, einen emotional vermittelbaren Präzedenzfall schaffen und durch den damit erzeugten öffentlichen Druck Hersteller wie Apple zur Kooperation nötigen wollte.

Dies misslang jedoch zumindest in dieser Runde, da sich Apple geschickt und ebenfalls öffentlichkeitswirksam zu wehren wusste. Mit einer umfangreichen PR-Gegenoffensive schlug sich die Firma auf die Seite der Nutzer und positionierte die eigenen Produkte als Bollwerke im Schutz der digitalen Privatsphäre. Selbst als das FBI dann die Daten des Tätertelefons auf technischem Weg ohne die Hilfe Apples extrahierte, schadete dies dem Ruf des Unternehmens kaum – es handelte sich schließlich um ein zu diesem Zeitpunkt bereits älteres und damit technisch überholtes Produkt: ein iPhone 5c mit dem Betriebssystem iOS 9 und nur acht Gigabyte Speicher, das schon seit 2013 angeboten worden war. Neuere iPhones waren längst mit einer erheblich verbesserten Absicherung gegen solche Datenextraktionen ausgerüstet worden. Die neuen »Crypto Wars« endeten also zunächst mit einem Waffenstillstand.

Die Diskussion um eine grundsätzliche Pflicht von Technologiefirmen, Herstellern und Diensteanbietern, Behörden bei der Entschlüsselung behilflich zu sein, geht jedoch weiter. Schon während der Streit zwischen dem FBI und Apple öffentlich diskutiert wurde, meldeten sich amerikanische Abgeordnete zu Wort, die eine generelle Regelung für das Problem finden und einen Prozess der anhaltenden Zusammenarbeit zwischen Unternehmen und Behörden etablieren wollten.

Da die amerikanische Regierung in den 1990er Jahren schon einmal daran scheiterte, Telekommunikations- und Softwareunternehmen zum Einbau von Hintertüren oder zu einer Schlüsselhinterlegung (»Key-Escrow«) zu bewegen, ist zweifelhaft, ob das Ansinnen diesmal von Erfolg gekrönt sein wird. Derzeit ist im US-Kongress zumindest keine Mehrheit für einen solchen gesetzgeberischen Vorstoß erkennbar. Das mag auch an den jahrelangen Veröffentlichungen aus den Snowden-Dokumenten liegen, die selbst technikfernen Abgeordneten verdeutlicht haben dürften, dass die eigenen Abhörgeheimdienste auch heute schon in der Lage sind, die halbe Welt auszuspionieren – ganz ohne verpflichtende Hintertüren.

Unter dem neuen Schlagwort »verantwortungsvolle Verschlüsselung« soll in der amerikanischen Diskussion allerdings wieder der Eindruck erweckt werden, dass es notwendig sei, Hintertüren für Polizeien und Geheimdienste in digitale Sicherheitssysteme einzubauen. Doch im Grunde geht es dabei lediglich darum, den Behörden die Arbeit zu erleichtern. An die gewünschten Daten gelangen die Geheimdienste, wie wir gesehen haben, in den allermeisten

Fällen ohnehin. Doch es kann teuer und umständlich sein, dafür Softwarelücken ausnutzen zu müssen. Wie viel leichter wäre es, wenn man einfach den Schlüssel oder gleich die entschlüsselten Daten beim Hersteller anfordern könnte.

Staatstrojaner und ZITiS

Der Streit um den Einbau von Hintertüren, um Behörden und Geheimdiensten Zugriff auf Computer und Smartphones zu erleichtern, ist mit der Diskussion um Staatstrojaner verbunden, die in Deutschland vor mehr als zehn Jahren begann. Der Staatstrojaner ist auch unter der Bezeichnung »heimliche Online-Durchsuchung« geläufig. Die Bezeichnung ist gleich doppelt irreführend: Zum einen handelt es sich dabei um eine Spionagesoftware, die auch dann auf dem infizierten Gerät aktiv ist, wenn es gar nicht online ist. Und zum anderen ist solch eine »Online-Durchsuchung« auch kein punktueller Zugriff, wie etwa bei der polizeilichen Durchsuchung einer Wohnung, sondern die Spionagesoftware ist für Wochen oder gar Monate auf dem betroffenen Computer aktiv – ohne Wissen des Durchsuchten.

Die öffentliche Diskussion um staatliches Hacken begann in Deutschland bereits im Jahr 2006. Damals kam ans Licht, dass deutsche Ermittlungsbehörden versucht hatten, eine staatliche Spionagesoftware ohne eine gesetzliche Grundlage einzusetzen. Die Presse berichtete von einer einfachen Dienstvorschrift des damaligen Innenministers Otto Schily (SPD), auf die sich der Einsatz stützte. Der Bundesgerichtshof entschied wenig später, dass eine »heimliche Online-Durchsuchung« nur auf der Basis einer konkreten Rechtsgrundlage eingeführt werden dürfe.

In der Folge wurde über die Möglichkeiten und Risiken sowie über eine mögliche rechtliche Ausprägung von Staatstrojanern heftig debattiert. Anders als heute war aber Spionagesoftware noch kein alltägliches Thema in den Medien, nur wenige Politiker und Journalisten hatten sich damit bisher intensiv auseinandergesetzt, nur sporadisch war ein Verständnis der dahinterliegenden Technik vorhanden. Entsprechend war die öffentliche Diskussion davon geprägt, die damals überhaupt vorhandenen Infiltrationsmöglichkeiten und die Risiken staatlichen Hackens abzuschätzen.

Neben dem Risiko, dass Dritte, etwa Kriminelle, die Spionagesoftware entdecken und ihrerseits missbrauchen könnten, gelangte allmählich auch die größere Problematik in die öffentliche Diskussion, nämlich dass für den Einsatz der Überwachungsprogramme Sicherheitslücken ausgenutzt werden müssen. Damit ergibt sich ein unüberwindlicher Spagat: Nicht nur der Staat selbst hat ein erhebliches Interesse daran, sichere IT-Systeme zu nutzen, auch die Wirtschaft und die privaten Nutzer haben ein Anrecht darauf, auf möglichst sichere Software und Geräte zugreifen zu können. Wenn aufgrund von geheimdienstlichen oder polizeilichen Interessen Sicherheitslöcher absichtlich offen bleiben, verletzt der Staat seine Fürsorgepflicht. Zugleich besteht die Gefahr, dass ein gewisses digitales »Wettrüsten« eintritt, das für die Behörden nicht zu gewinnen ist.

Ende 2006 trat dennoch erstmals in Deutschland ein Gesetz in Kraft, das eine »heimliche Online-Durchsuchung« für den Inlandsgeheimdienst in Nordrhein-Westfalen erlaubte. Prompt landete das Gesetz beim Bundesverfassungsgericht in Karlsruhe und wurde dort als verfassungswidrig kassiert. Bei der mehrstündigen Anhörung, die wegen der vielen technischen Fragen anberaumt worden war, gaben die Behörden kein gutes Bild ab. Ihre Argumentation war geprägt von technischer Unbedarftheit.

Einfache Fragen der Richter konnten die Verantwortlichen nicht parieren: So wollte ein Verfassungsrichter etwa von den Ermittlungsbehörden wissen, wie man den Computer, den man ausspionieren wolle, denn eigentlich vorab sicher identifiziere. Die Frage ist aus heutiger Sicht fast prophetisch, denn die Anzahl der uns umgebenden informationstechnischen Systeme ist in den letzten zehn Jahren explodiert. Mittlerweile sitzen wir sogar darin, denn längst sind auch Fahrzeuge nichts anderes als aufwendige Computer mit ein wenig Karosserie drum herum. Sicher zu bestimmen, welches Gerät man zu hacken beabsichtigt, ist heute noch bedeutend wichtiger als damals.

Umso mehr erstaunte die Antwort auf die Frage nach der Identifizierung des richtigen Rechners viele Anwesende. »Wenn wir finden, was wir suchen«, war die knappe Auskunft der Behörden, und sie war ernst gemeint. Angesichts der auch schon damals umfänglich auf Computern und Smartphones gespeicherten höchstpersönlichen Informationen und dem erheblichen Eingriff in die Privatsphäre, die die Durchsuchung dieser Daten darstellt, ist eine solche lapidare Antwort erschütternd.

Letztlich scheiterte das erste Staatstrojaner-Gesetz aber nicht nur an den peinlich dürren Auskünften der Behörden, sondern auch an seinen gravierenden handwerklichen Mängeln. Mit dem Urteil des Ersten Senats vom 27. Februar 2008 wurde das Gesetz nicht nur als verfassungswidrig erklärt, sondern zur Überraschung vieler gleichzeitig ein ganz neues Grundrecht auf Gewährleistung der Vertraulichkeit und Integrität informationstechnischer Systeme etabliert. In den Jahren danach haben die Landes- und der

Bundesgesetzgeber dieses Grundrecht allerdings kaum als Gewährleistungsrecht interpretiert und weitgehend ignoriert.

Der damalige Innenminister Wolfgang Schäuble (CDU) wich den grundlegenden Fragen um den Trojaner-Einsatz so gut wie möglich aus und betonte stattdessen immer wieder mit einem gewissen Stolz, dass er die Probleme der IT nicht verstehe und dies seinen Experten überlassen würde. Eine ähnliche Position bezog der damalige BKA-Präsident Jörg Ziercke. Damit blieb die politische Diskussion um die Zweischneidigkeit des Staatstrojanereinsatzes auf einem oberflächlichen Niveau. Erst in den Jahren danach gelangten etwas mehr technisches Verständnis und Realitäten in die politische Debatte.

Offenkundig ist in Deutschland die Ausweitung digitaler Angriffe politisch weiterhin gewünscht. Deutliches Zeichen dafür ist die Gründung von ZITiS, der Zentralen Stelle für Informationstechnik im Sicherheitsbereich in München, die im September 2017 eröffnet wurde, jedoch in den ersten Monaten zunächst mit der Selbstorganisation und dem Aufbau beschäftigt war. Das Bundesinnenministerium führt ZITiS als eine »Sicherheitsdienstleistungsstelle«, die Sicherheitslücken finden sowie Kryptografie und deren Schwachstellen analysieren soll. Dabei hat es das Ministerium vermieden, für die Arbeit der neuen Behörde eine Rechtsgrundlage zu schaffen.

Damit sind die Aufgaben von ZITiS nur informell geklärt: Die Behörde wird wohl nicht nur, aber mindestens auch als Dienstleister bei offensiven IT-Angriffen in Stellung gebracht. Wegen des sich hinziehenden Aufbaus konnten von ZITiS bis zum Frühjahr 2018 allerdings noch keinerlei technische Dienstleistungen oder Ergebnisse erbracht werden, wie die Bundesregierung in einer Antwort auf eine parlamentarische Anfrage einräumte.

Neben den Werkzeugen und Dienstleistungen, die künftig die neue ZITiS-Behörde liefern soll, kauft der deutsche Staat auch auf dem kommerziellen Markt Spionagesoftware. Konkret bekannt ist die Kooperation des BKA mit einer privaten Firma, die den Trojaner »FinSpy« zuliefert. Zwar liegt vom Bundesinnenministerium eine Einsatzgenehmigung für diese kommerzielle Spionagesoftware vor, nach Medienberichten habe aber bisher noch kein Einsatz stattgefunden.

Die Gründung von ZITiS kann als deutliches Zeichen gewertet werden, dass auch in Deutschland nicht nur der polizeiliche und geheimdienstliche Informations- und Technologieaustausch intensiver betrieben wird, sondern man auch eine gewisse Nähe zum Militär nicht mehr scheut. Das zeigt sich an der Tatsache, dass im Münchner ZITiS-Gebäude auch das Bundeswehrprogramm »CODE« angesiedelt wurde. »CODE« soll zwar defensiv ausgerichtet sein, aber wie eng die Kooperation mit der Bundeswehr tatsächlich ausfallen wird, soll ebenso geheim bleiben wie die Frage, mit welchen privaten Unternehmen ZITiS zusammenarbeiten wird. Die Bundesregierung erklärte dazu in einer Antwort auf eine parlamentarische Anfrage lediglich, dies dürfe nicht öffentlich werden, weil dann für Dritte »weitgehende Rückschlüsse auf die technischen Fähigkeiten und die Arbeitsweise« der Polizeien und Geheimdienste offenbar würden.

Während die Behörden und auch der ehemals beim BND arbeitende neue ZITiS-Chef Wilfried Karl gern den Eindruck erwecken, es ginge ihnen ja nur darum, die Mittel zu bekommen, um die Telefone von Verdächtigen trotz Verschlüsselung abzuhören, geht es in Wahrheit um sehr viel mehr: Der Staat will sich die Fähigkeiten schaffen, um nach Belieben in Digitalgeräte aller Art einzudringen, sie unter Kontrolle zu bringen und gewünschte Informationen zu extrahieren. Und wenn man es für nötig hält, sollen Geräte auch lahmgelegt werden können.

Dass deutsche Behörden für den verstärkten Einsatz von Staatstrojanern auch eine strukturelle Gefährdung der IT-Sicherheit in Kauf nehmen, beweist aber nicht nur die ZITiS-Gründung. Vor allem die Änderung der Strafprozessordnung im Jahr 2017, bei der die Große Koalition einer enormen Ausweitung von Staatstrojanereinsätzen zustimmte, war eine klare Entscheidung für das erleichterte Hacken von Geräten Verdächtiger – und gegen die IT-Sicherheit von Bürgern und Wirtschaft.

»Hack Back«

Ein eng mit dem Einsatz von staatlicher Schadsoftware verwandter Bereich ist das sogenannte Hack Back. Behörden nehmen dabei das Recht für sich in Anspruch, ihre Einbruchs- und Hackingwerkzeuge für eine Art »Zurückhacken« einzusetzen, wenn sie glauben, einen Computer identifiziert zu haben, von dem zum Beispiel ein krimineller Angriff ausgeht oder auf dem ein Darknet-Markt betrieben wird. Mit einem elektronischen »Blitzkrieg« soll der betreffende Rechner dann aus dem Netz geschossen werden. Diese Möglichkeit soll neben Polizeien und Geheimdiensten auch dem Militär offenstehen. »Wir dürfen uns auch wehren, wenn wir angegriffen werden«, formuliert es mit Blick auf die digitale Sphäre Verteidigungsministerin Ursula von der Leyen (CDU). Äußere und innere Sicherheit seien ihrer Meinung nach ohnehin nicht mehr zu trennen.

Die vielfältigen Risiken eines solchen Vorgehens sind offensichtlich. Was, wenn der falsche Server angegriffen wird? Was, wenn er in einem Land steht, das jeden Cyberangriff als Attacke auf seine eigene Souveränität ansieht? Was, wenn auf dem angegriffenen System auch Software läuft, die für das Funktionieren kritischer Services nötig ist? Dieses Risiko ist nicht theoretisch, gerade bei Cloud-Systemen ist es oft sehr schwer abzusehen, was bei einem Angriff noch alles in Mitleidenschaft gezogen wird.

Demgegenüber steht die Abwägung, dass bei einer weitverbreiteten kriminellen Schadsoftware oft keine andere Möglichkeit zur schnellen Gegenwehr besteht, außer den »Command & Control«-Server zu übernehmen. Es gibt dazu allerdings auch andere Methoden, etwa den Verkehr umzuleiten oder die Domainnamen zu übernehmen – eine Taktik, die in letzter Zeit recht erfolgreich angewendet wurde. Die Bundesregierung hat sich zum Thema »Hack Back« noch keine abschließende Meinung gebildet, jedoch ist absehbar, dass die Debatte darum komplex und langwierig wird. Falls »Hack Back« per Gesetz zugelassen werden sollte, wären umfangreiche zeitnahe Auskunfts- und Transparenzpflichten nötig, um einem Missbrauch vorzubeugen.

8

Was tun?

Schäden begrenzen, Sicherheit stärken

Internationale Konventionen, Gentlemen's Agreements und bilaterale Abkommen

Um Cyberkonflikte einzudämmen, werden wir in der Zukunft nicht umhinkommen, internationale Übereinkünfte speziell für den digitalen Raum zu entwerfen. Anders als bei Kontrollregimen, die für physische Waffensysteme entworfen wurden, werden für Auseinandersetzungen mit digitalen Waffen ganz neue Wege beschritten werden müssen. Schließlich dient bei Cyberkonflikten nur selten Hardware, sondern meistens Software als Waffe. Zudem haben wir gesehen, dass ein digitaler Angriff oftmals nicht zweifelsfrei einem bestimmten Urheber zugeordnet werden kann. Doch nur weil bisher keine hinreichenden Möglichkeiten bestehen, einen digitalen Angreifer präzise zu identifizieren, ist das noch kein Grund, solche Cyberangriffe als Mittel militärischer Auseinandersetzungen nicht trotzdem als illegitim anzusehen. Das gilt auch und vor allem für alle Formen von Angriffen, die sich gegen das öffentliche Internet richten.

Wahrscheinlich wird sich der Konflikt, dass staatliche Behörden oder militärische Cybereinheiten im Geheimen operieren und ihre Handlungen daher kaum oder gar nicht kontrolliert werden können, auch in demokratischen Gesellschaften nicht gänzlich auflösen lassen. Doch es bleibt zu hoffen, dass die Kontrollgremien der Parlamente in Zukunft Lösungen dafür entwickeln werden, militärische Angriffe und etwaige Vergeltungsschläge in der digitalen Sphäre zu überwachen. Schließlich sind umfangreiche digitale Angriffe auch nicht mal eben an einem Nachmittag in Gang gesetzt. Sie brauchen technische Vorbereitung, für die Gelder organisiert werden müssen und an der etliche Personen beteiligt sind.

Mit Blick auf beispielsweise die UN-Konventionen gegen Atom- und Chemiewaffen, Antipersonenminen oder Laser-Blendwaffen lehrt die Vergangenheit, dass keine dieser Konventionen die Waffen gänzlich eliminiert hätte. Jedoch setzt sich derjenige, der sie entwickelt, bezahlt und einsetzt, automatisch ins Unrecht. Und selbst wenn derjenige nicht immer unmittelbar zur Verantwortung gezogen werden kann, so zeigt die Geschichte doch, dass die verabschiedeten Konventionen solche Waffen zurückdrängen konnten. Ähnliches lässt sich zum Folterverbot konstatieren. Zwar ist Folter beileibe nicht ausgemerzt worden, nicht einmal in Demokratien wie den Vereinigten Staaten. Doch auch für das Folterverbot gilt: Viele Fälle kommen später ans Licht und können geahndet oder zumindest öffentlich gebrandmarkt werden.

Einen Orientierungspunkt in der Frage militärischer Operationen in den zivilen digitalen Netzen bietet das »Tallinn Manual« der NATO, das seit 2017 in einer zweiten, überarbeiteten Version vorliegt. Die Autoren sind 19 Juristen aus vornehmlich westlichen Staaten unter Vorsitz des Amerikaners Michael Schmitt, die von dem Militärbündnis NATO für das »Tallinn Manual« zusammengeholt wurden. Gemeinsam mit technischen Experten haben die Juristen darin über 150 Regeln zusammengestellt, unter denen ein Cyberwar geführt werden soll.

Unter anderem schreibt das »Tallinn Manual« vor, dass durch Cyberoperationen nicht die Souveränität eines anderen Landes verletzt werden darf. Das wäre beispielsweise dann der Fall, wenn ein offensiver digitaler Angriff die Regierungsfähigkeit des betroffenen Staates unterminiert oder gänzlich zerstört. Die Diskussion in den Vereinigten Staaten ist in diesem Punkt noch nicht abgeschlossen, wohl auch, weil Washington von der weiterhin existierenden digitalen Überlegenheit ausgeht. Wie schon in früheren Jahren und bei anderen Waffenarten gibt es in den Vereinigten Staaten die Perspektive, dass man sich durch Konventionen nicht einer effektiven Angriffswaffe berauben lassen will.

Ein guter Ansatzpunkt zur Regulierung digitaler Konflikte, der tatsächlich schon zu Anfang des Jahrtausends in internationalen Gremien diskutiert wurde, geht auf eine Initiative Russlands zurück. Zwar war zu dieser Zeit die Gefahr eines eskalierenden Cyberwars noch nicht so greifbar wie heute, doch dass es internationale Übereinkünfte geben müsste, wenn sich zur Durchführung einer digitalen Offensivoperation der Angreifer nicht einmal mehr dem Territorium des Angegriffenen nähern muss, war auch um das Jahr 2001 schon deutlich. Seitens der russischen Regierung wurde sogar ein Vorschlag für eine UN-Resolution vorgelegt.

Bereits damals wird ein Szenario angeführt, das die Problematik illustrieren soll: Eine aggressive militärische Cyberoperation eines Staates gegen einen anderen wird als Angriff einer lokalen Kriminellengruppe getarnt. Da die Cyberattacke nicht klar einem Urheber zuzuordnen ist, kann sich der Angegriffene mit den damals verfügbaren Mitteln des Rechts nur schwer zur Wehr setzen, selbst dann, wenn der militärische Eingriff zerstörerisch und damit klar unrechtmäßig war.

Schon damals wollte die UNO daher potenzielle Angriffe

mit digitalen Waffen, die zu dieser Zeit auch unter dem Begriff »Information Warfare« behandelt wurden, eindämmen und Gespräche für eine UN-Konvention einleiten. Eine internationale Vereinbarung schien notwendig, weil nationale Regeln nicht ausreichend seien und nur auf Basis einer universellen und länderübergreifenden Regelung Handelnde zur Verantwortung gezogen werden könnten. Rückblickend erscheinen diese Einschätzungen als geradezu prophetisch.

Die Vereinigten Staaten zeigten sich allerdings nicht gesprächsbereit und sabotierten am Ende die Entwicklung einer Konvention, da sie sich zu diesem Zeitpunkt auf diesem Gebiet deutlich überlegen fühlten. Eine Regulierung und Limitierung von Cyberkonflikten wurde als nicht kompatibel mit den strategischen Interessen der Vereinigten Staaten angesehen. Nach den russischen Einflussoperationen der letzten Jahre, die teils erstaunlich präzise den im damaligen russischen Konventionsvorschlag aufgeführten Elementen entsprachen, hat sich diese Haltung möglicherweise etwas verändert.

Bewährte Schritte auf dem Weg zu internationalen Konventionen sind traditionell bilaterale Abkommen, die dann auf immer mehr Staaten erweitert werden. Die von der Obama-Administration mit China geschlossene Übereinkunft, von Operationen gegen kritische Systeme des jeweils anderen Landes abzusehen, war ein interessanter erster Schritt in diese Richtung. Dass seit der Wahl von Donald Trump die Berichte aus den Vereinigten Staaten über Operationen, die China zugerechnet werden, wieder zunehmen, zeigt allerdings, dass die Volksrepublik sich offenbar an dieses Abkommen nicht mehr gebunden fühlt. Solche eher informellen Absprachen bedürfen einer kontinuierlichen Vertrauensbasis, um langfristig erfolgreich zu sein.

Insgesamt waren in der Zeit der Obama-Regierung die Ideen für internationale Cyberabkommen langsam wieder aus der Schublade geholt worden, auch weil man erkannte, dass mit China und Russland ebenbürtige Gegner entstanden waren. Der damalige US-Präsident betonte zwar stets die überlegenen Möglichkeiten der Vereinigten Staaten im Bereich digitaler Angriffe, fügte aber in einer Rede im Jahr 2015 an, dass auch andere Staaten über beachtliche Angriffswaffen verfügten. Daher wolle er sich dafür einsetzen, ein internationales Regelwerk für den Einsatz von Cyberwaffen zu finden. Er verglich solche Übereinkünfte dabei explizit mit Nuklearwaffenabkommen und fügte an, dass jeder ein Verständnis dafür entwickeln müsse, auch selbst angreifbar zu sein. Aus heutiger Sicht bleibt zu konstatieren, dass Obama mit der Übereinkunft mit China einen vorsichtigen ersten Schritt in Richtung eines internationalen Cyberabkommens gegangen ist.

Die Schwierigkeiten bei der Attribution von Cyberattacken erzeugen natürlich das grundlegende Problem, dass digitale Nichtangriffspakte letztlich immer auf die Ehrlichkeit und das Vertrauen der beteiligten Staaten angewiesen sind. Trotzdem bleiben solche Abkommen sinnvoll, weil sie die Hemmschwelle für Angriffe erhöhen. Die Entscheidung, eine Operation durchzuführen und damit gegen bilaterale oder multilaterale Übereinkommen zu verstoßen, wiegt sehr viel schwerer als der derzeitige Zustand, in dem es praktisch keine bindenden Regeln gibt. Die Gewohnheitsrechte und Usancen, die sich momentan aus den durchgeführten Angriffen herausbilden, sollten sich keineswegs einbürgern.

Selbst für hochgradig informelle Vereinbarungen, wie sie in der Geheimdienstwelt üblich sind, hat die Vergangenheit gezeigt, dass sie eine befriedende, das Risiko von Eskalationen reduzierende Wirkung entfalten können. Während des Kalten Krieges gab es eine Art Gentlemen's Agreement zwischen der amerikanischen CIA und dem sowjetischen KGB, in dem Regeln zur Deeskalation vereinbart wurden. So versicherten sich die Geheimdienste etwa, nicht die Agenten der Gegenseite umzubringen und auch nicht die Währung des anderen Landes zu fälschen. Natürlich wurden diese Regeln nicht immer eingehalten. Sie erzeugten jedoch eine Situation, in der ein Verstoß eine bewusste Entscheidung auf hoher oder höchster Ebene erforderte. Wie wir aus Quellen wie dem Mitrochin-Archiv wissen, wurden Vorschläge für KGB-Operationen, die gegen diese Regeln verstoßen hätten, mehrfach auf höchster sowjetischer Ebene abgelehnt, weil sie eben eine offensichtliche Eskalation erzeugt hätten, deren schwerwiegende Folgen als politisch unkalkulierbar bewertet wurden.

In Anlehnung an das Tallinn-Manual und die existierenden Konventionen über den Einsatz militärischer Mittel scheint es sinnvoll, auch im Bereich der digitalen Kriegführung in einem ersten Schritt solche Operationen bilateral oder international zu ächten, die direkt die Souveränität eines Staates beeinträchtigen, seine Regierungsfähigkeit angreifen und kritische zivile Infrastruktur wie Stromnetze, Produktionsanlagen, Gesundheits- und Nahrungsmittelversorgung sowie Kommunikationsnetze zum Ziel haben.

Natürlich liegt bei einem solchen Abkommen der Teufel im Detail, vor allem Definitionen und Abgrenzungen werden heftig umstritten sein. Aus Verhandlungen über den Einsatz anderer Waffengattungen wissen wir zudem, dass solche Konventionen regelmäßig von denjenigen Staaten hintertrieben werden, die bereits über die zu ächtenden Mittel verfügen. Aktuell wird beispielsweise in Genf auf der

Ebene von Regierungskonsultationen die Idee einer UN-Konvention verhandelt, die tödliche autonome Waffensysteme ächten soll. Dabei geht es um Kampfsysteme, die eine Entscheidung zum Waffeneinsatz gegen »belebte Ziele«, also Menschen, selbstständig und ohne direktes Zutun einer Person fällen. Der einzige Staat der Welt, der dazu bisher nicht einmal in Verhandlungen treten will, sind die Vereinigten Staaten. Sie gelten durch ihre militärische Dominanz als das Land, das am ehesten solche tödlichen autonomen Waffensysteme zum Einsatz bringen wird. Wobei die jüngsten Entwicklungssprünge chinesischer Drohnen möglicherweise bei den US-amerikanischen Verhandlungspartnern zu einem Umdenken führen könnten – hoffentlich nicht zu spät.

Ein ähnliches Schicksal könnte der Weltgemeinschaft drohen, wenn es um digitale Angriffswaffen geht. Auch hier besteht eine deutliche Dominanz aufseiten der Vereinigten Staaten, was die Einigung über eine internationale Konvention sicher nicht einfacher macht. Hinzu kommt, dass elektronische Mittel inklusive Überwachung und Hacking für das Militär in allen Bereichen immer wichtiger werden. Auch von dieser Seite ist also Widerstand gegen eine allzu stark bindende Konvention zu erwarten.

Abzuwarten und die Hände in den Schoß zu legen, während alle Seiten weiter aufrüsten, ist jedoch keine Option. Was zählt, ist einen Anfang zu machen, so unvollkommen er zunächst auch scheinen mag. Alle Abkommen, die in der Vergangenheit erfolgreich zu einer Reduzierung der Bedrohungslage und der Eskalationspotenziale beitragen konnten, sind wiederholt nachgebessert, präzisiert und ausgeweitet worden. Sobald Staaten in kontinuierlichem Austausch über die Inhalte und Verifikation solcher Abkommen stehen, bildet sich ein gewisses Maß an Vertrauen und Verlässlichkeit, das die Grundlage für die nächste Anpassungs- und Erweiterungsrunde ist. Gerade in einem sich so schnell entwickelnden Feld wie Cyberkonflikten ist es unerlässlich, solche Abkommen nicht als einmalige Kraftanstrengung zu betrachten, sondern als fortlaufenden Prozess, der über die Zeit zu Verbesserungen führt.

Deutschland ist – interessanterweise gerade durch den bisher unterbliebenen Ausbau von größeren Offensivfähigkeiten – in einer hervorragenden moralischen Position, solche Initiativen bilateral und international voranzutreiben. Ein guter erster Schritt wäre ein Moratorium, das die weitere Cyberaufrüstung beschränkt. Dieses hätte natürlich nur den Charakter einer freiwilligen, schwer überprüfbaren Absichtserklärung, hätte aber sicher einen Signaleffekt. Andere Staaten könnten sich dem Vorbild Deutschlands anschließen und ebenfalls auf den Ausbau von offensiven Cyberwaffen verzichten.

Neben den zu verhandelnden bilateralen und internationalen Abkommen gilt es zugleich, im Verhältnis des Staates zu seinen Bürgern einen Cyberkrieg im Inneren zu verhindern. Das vom Bundesverfassungsgericht gesetzte »Cyber-Grundrecht«, korrekt »Grundrecht auf Gewährleistung der Integrität und Vertraulichkeit informationstechnischer Systeme«, legt für Deutschland fest, dass der Staat in den Geräten seiner Bürger nichts zu suchen hat. Aus der staatlichen Fürsorgepflicht zur Abwendung von Risiken ergibt sich vielmehr, dass er alles tun muss, um Cyberrisiken zu reduzieren und abzuwenden. Statt Exploits anzukaufen, um mit Online-Durchsuchung und Staatstrojanern Geräte zu verwanzen, braucht es eine grundsätzliche Regelung, dass alle staatlichen Behörden verpflichtet sind, ihnen bekannt gewordene Sicherheitslücken unverzüglich an denjenigen zu melden, der sie am schnellsten schließen kann.

Statt immer wieder zu versuchen, Verschlüsselung zu umgehen oder zu schwächen und unsichere Standards zu unterstützen, muss der Staat alles tun, um sichere Verschlüsselungstechniken flächendeckend zum Einsatz zu bringen. Deutschlands Wirtschaft steht in einem gnadenlosen internationalen Wettbewerb mit ausländischen Firmen, deren Heimatländer mitunter keine Skrupel haben, ihre Geheimdienste für Wirtschaftsspionage einzusetzen. Der deutsche Staat muss dafür sorgen, dass es potenziellen Spionen möglichst schwer gemacht wird, an Entwicklungen und Produktionsverfahren zu gelangen, die das Fundament der deutschen Wirtschaft ausmachen.

Die Eckpunkte der deutschen Kryptopolitik, die genau dies zum Ziel haben, müssen aufrechterhalten und gestärkt werden, um die Unterminierung durch die großen IT-Plattformen zu verhindern. Die Abhörinteressen der Geheimdienste dürfen dabei keinen Vorrang vor dem Wohl von Bevölkerung und Wirtschaft haben. Alle Versuche, »bessere Hintertüren« durch »verantwortungsvolle Verschlüsselung« und ähnliche Tricks zu etablieren, müssen im Zweifel gesetzlich verhindert werden. Die technische Entwicklung fördert momentan das Abfließen von immer mehr sensiblen Daten Richtung China, weil chinesische Plattformen, die mit dem chinesischen Staat alle Informationen teilen müssen, auch in Europa immer stärker vertreten sind. Die Pflicht, alle Dienste, die in Europa angeboten werden, mit einer Ende-zu-Ende-Verschlüsselung auszustatten, könnte diesem Datenabfluss einen effektiven Riegel vorschieben – auch wenn chinesische Anbieter dem wohl kaum nachkommen können, ohne in Konflikt mit ihrer Regierung zu geraten.

Und nicht zuletzt ist eine kluge Regulierung nötig, um die weitere Verbreitung von Abhörsystemen und Cyberangriffswerkzeugen zu verhindern. Die Kunst wird darin bestehen, einerseits den Herstellern solcher Produkte das Leben schwer zu machen und andererseits Sicherheitsforscher nicht zu kriminalisieren. Die derzeitigen Regeln sind zwar gut gemeint, aber in der Praxis relativ wirkungslos, während sie Sicherheitsforscher verunsichern und in ihrer Arbeit beeinträchtigen. Die momentane Ambivalenz der Politik in diesem Bereich resultiert eben aus dem Wunsch von Polizeien und Geheimdiensten, Angriffswerkzeuge selbst erwerben zu können, um sie auch im Inneren einzusetzen. Die Entscheidung muss hier klar zugunsten der Sicherheit von Bürgern und Wirtschaft und nicht im Sinne der Cyberkrieger und Spionageapparate getroffen werden.

Mehr Transparenz zum Wohle aller: Informationspflichten

Niemand kann informierte Entscheidungen treffen, wenn er im Trüben fischt. Das gilt sowohl für den Gesetzgeber und jeden Wissenschaftler, der im Bereich der IT-Sicherheit forscht, als auch für die Wirtschaft und Behörden. Aus Sicht der Wirtschaft sprechen allerdings wichtige Gründe gegen einen offenen Umgang mit umfangreichen Angriffen und Spionageoperationen, hinter denen ein staatlicher Teilnehmer oder mindestens eine professionell organisierte Struktur steht. Zwar ließe sich viel daraus lernen, wenn genaue Informationen zu Angriffen und zur Abwehr nach Vorfällen detailliert veröffentlicht würden. Doch aus Sicht der betroffenen Unternehmen dürfte die Motivation zur Preisgabe solcher Details oft gering sein.

Der Grund ist nachvollziehbar: Man befürchtet Nachteile, wenn IT-Sicherheitsvorfälle und Datenabflüsse bekannt werden. Während ein Unternehmen, das einen digitalen Angriff öffentlich macht, durch die eigene Offenheit keinen sofortigen Vorteil hat, muss es mit diversen nachteiligen Konsequenzen rechnen: verlorenes Vertrauen bei Kunden sowie Imageverluste, ein fallender Aktienkurs, Entlassungen von Verantwortlichen in der Unternehmensspitze.

In einigen Ländern wurden Gesetze erlassen, die Unternehmen zwingen, bestimmte IT-Vorfälle in ihren Computersystemen an dafür ausgewählte Behörden zu melden oder aber zu veröffentlichen. Dafür sprechen gute Gründe, vor allem die Tatsache, dass eventuell weitere Betroffene eines digitalen Einbruchs davon erfahren können. Daneben erleichtert eine solche Vorschrift natürlich die Forschung in der IT-Sicherheit, sofern es sich um Vorfälle mit großer Tragweite handelt. Denn bisher sind verlässliche Informationen über professionelle Angreifergruppen noch immer rar und lückenhaft.

Für eine Pflicht zur Veröffentlichung spricht auch ein weiterer Effekt, der typische Verhaltensweisen aufbrechen kann. Wenn erhebliche IT-Sicherheitsvorfälle regelmäßig öffentlich eingeräumt werden müssen, könnte sich ein positiver Einfluss auf die strukturellen Abwehrmaßnahmen der Unternehmen ergeben: Für die Unternehmen bestünde nun ein Anreiz, mehr Personal und Geld in Unternehmensbereiche zu investieren, die für die IT-Sicherheit zuständig sind. Aus Sicht des Unternehmens mögen solche Investitionen kurzfristig teuer sein. Sie würden jedoch nicht nur der eigenen Sicherheit des Unternehmens und dessen guten Ruf dienen, auch mit Blick auf die Situation in der IT-Sicherheit insgesamt wären sie wünschenswert.

Dass mit öffentlichen Informationen gegeizt wird, weil man Nachteile befürchtet, gilt nicht nur für Wirtschaftsunternehmen, sondern auch für Behörden wie beispielsweise die Verwaltung des Bundestags. Nachdem im Mai 2015 ein Angriff gegen das deutsche Parlament und dessen IT-Infrastruktur bekannt wurde, der als »Bundestagshack« durch die Presse ging, hielt man sich wochenlang nicht nur gegenüber den betroffenen Abgeordneten und deren Mitarbeitern bedeckt, sondern gab auch gegenüber der Öffentlichkeit sehr wenige technische Details bekannt. Lange war nicht einmal klar, ab wann die Spionagesoftware im Bundestag mitgelauscht hatte. Wer verantwortlich für den digitalen Angriff ist, konnte bisher, wie wir gesehen haben, nicht mit Sicherheit bestätigt werden. Im Verdacht steht aber APT28, die als russische Hackergruppe gilt.

Auf einen Blick: Softwaresicherheit kennzeichnen

Für mehr Sicherheit in der digitalen Sphäre ist es unabdingbar, auch normale Käufer und Nutzer von IT-Geräten in die Lage zu versetzen, auf der Basis von verlässlichen Informationen Entscheidungen für oder gegen Produkte und Dienstleister zu fällen. Ein einfacher Weg dazu ist die Entwicklung eines Systems, das ähnlich wie der Energieausweis für Elektrogeräte eine Beurteilung der Sicherheit von Software und Systemen erlaubt.

Ein hochinteressanter Ansatz dafür wird vom Cyber Independent Testing Lab (CITL) in den Vereinigten Staaten verfolgt, das nach dem Muster von Stiftung-Warentest-artigen Bewertungen halbautomatische Analysen von Softwarepaketen durchführt. Im Kern wird dabei beurteilt, ob sich die Entwickler an den aktuellen Stand der Technik halten, etwa sicher programmieren und die verfügbaren Methoden verwenden, um den erfolgreichen Einsatz von Exploits zu erschweren.

Das Prinzip lässt sich mit etwas Ressourceneinsatz ausdehnen auf weitere Kriterien wie die Verwendung sicherer Programmiersprachen, allgemein akzeptierter Verschlüsselungsverfahren und die Handhabung von kritischen Daten in einer Weise, die einem Angreifer den Zugriff erschweren. Die Etablierung eines solchen Bewertungssystems, dessen Ergebnis eine einfach zu verstehende Note für die Sicherheit eines Produktes ist, würde eine starke Motivation für Hersteller und Softwareentwickler erzeugen, sich an die relativ einfach zu befolgenden etablierten Methoden für sichere Softwareentwicklung zu halten. Man nimmt im Zweifel lieber einen Webbrowser, der die Note A bekommen hat, als einen, der bei der Sicherheit nur ein C oder D schafft. Einem Anwender, der kaum Anhaltspunkte hat, ob ein Softwareprodukt nur mit guten Sicherheitsmaßnahmen wirbt oder ob sie bei dessen Entwicklung tatsächlich zum Einsatz gebracht worden sind, könnte das bei der Entscheidung für oder gegen einen Kauf helfen.

Ein weiterer Schritt in diese Richtung wäre die Einführung eines Transparenzsystems für Hersteller und Händler, das klar ersichtlich macht, wie oft und für welchen Zeitraum Sicherheitsupdates verfügbar sind. Es ist vollkommen unverständlich, warum eine solche einfach zu lesende Kennzeichnung noch nicht längst verpflichtend ist. Der Kunde sollte wissen, wie lange das Gerät vom Hersteller oder seinem Dienstleister durch Software-Updates unterstützt und so auf dem aktuellen Stand der Sicherheit gehalten wird. Gerade im Bereich alltäglicher vernetzter Geräte wie Mobiltelefone, DSL-Router oder Tablets ist es derzeit noch völlig üblich, dass die Hersteller sich nach dem Verkauf nicht mehr um Sicherheitsupdates kümmern und stattdessen ihre Energie in die Entwicklung neuer Produkte stecken. Im Extremfall ist das Tablet, das man gerade erworben hat, schon beim Verlassen des Ladens riskanter Elektroschrott, mit dem man sich aufgrund fehlender Sicherheitspatches nicht mehr ins Internet wagen sollte.

Ein erster Schritt in die Richtung einer klaren Sicherheitskennzeichnung könnte eine freiwillige Selbstverpflichtung sein. Für Hersteller, die an der Sicherheit ihrer Produkte interessiert sind, böte die Einführung der Kennzeichnung den Vorteil, sich von der Konkurrenz absetzen zu können. Interessanterweise haben auch die Händler durchaus ein großes Interesse an einer solchen Kennzeichnung, da es ihnen oft schwerfällt, dem Kunden zu erklären, wieso er für das Gerät eines Markenherstellers, der sich um die Sicherheit für einige Jahre kümmert, mehr bezahlen soll als für ein praktisch gleich aussehendes Gerät eines No-Name-Herstellers, der keine Updates bietet. Eine klare, eindeutige Kennzeichnung wäre auch deswegen sinnvoll, um die Hersteller dazu zu zwingen, die Kosten für kontinuierliche Updates ehrlich in den Produktpreis einzurechnen und nicht das Sicherheitsproblem auf den Kunden abzuwälzen. Wenn dann eine solche Kennzeichnung am Markt etabliert ist und es einen expliziten Wettbewerb bei besseren Sicherheits-Güteklassen gibt, wird der Schritt, die Sicherheitskennzeichnung verpflichtend zu machen, relativ einfach sein. Diese Erkenntnis hat sich glücklicherweise in der deutschen Diskussion inzwischen auch durchgesetzt. Auf verschiedenen Ebenen wird debattiert, welche Form eine solche Kennzeichnung haben kann und auf welchem Wege sie eingeführt werden sollte.

Die Frage der Haftung

Ein Thema, das in der Branche regelmäßig für Schnappatmung und erhöhten Blutdruck sorgt, ist die Einführung einer Haftungsregelung für Digitalprodukte. In keiner anderen Branche gibt es den Zustand, wie er derzeit bei allem herrscht, was mit Software zu tun hat. Die Dutzenden Seiten Kleingedrucktes, die man als Nutzer eigentlich vor der Inbetriebnahme eines Gerätes oder eines Softwarepaketes lesen muss, bevor man sie wegklickt, enthalten im Wesentlichen eine Aussage: »Der Hersteller lehnt jede Haftung ab, viel Glück, lieber Kunde.«

Diese Philosophie hat, das darf man nicht verkennen, einen wesentlichen Beitrag zur rasanten Innovations- und Entwicklungsgeschwindigkeit im Digitalbereich in den letzten Jahrzehnten geführt. Das Problem ist nun jedoch, dass auch die Fallhöhe enorm zugenommen hat. Wenn Software versagt oder nicht sicher ist, geht der Anwender bei der Nutzung ein hohes Risiko ein, das er meist in keiner Weise überblicken kann. Generell ist es schwierig, die Risiken, die einer Software anhaften, irgendwie abzuschätzen, selbst für professionelle Anwender.

Schaut man in die Geschichte der Technikentwicklung, findet sich in Haftungsfragen ein Muster, das sich bei allen großen Technologiewellen gleicht: Dampfmaschine, Eisenbahn, Elektrizität, Automobile, Flugzeuge. Die ersten Dampfmaschinen waren Unikate, die von findigen Ingenieuren zusammengenietet wurden – und die zuweilen auch katastrophal explodierten. Die häufigen Unglücke, oft mit Dutzenden Toten, brachten nicht nur die ganze Branche in Verruf, sie nagten auch am Gewissen der Ingenieure. Sie begannen, sich gegenseitig auf die Finger zu schauen und die Sicherheit ihrer Konstruktionen zu beurteilen. Es wurde üblich, dass eine neue Maschine von kundigen Kollegen beschaut wurde, bevor sie in Betrieb ging.

Nach und nach entwickelte sich daraus eine Institution: der Dampfkessel-Revisionsverein, aus dem in modernen Zeiten der TÜV wurde. In der Folge entstand die Regel, dass es nur für TÜV-geprüfte Systeme möglich ist, eine Haftpflichtversicherung abzuschließen. Am Beispiel des Autos wird das Prinzip schnell deutlich: Ohne Haftpflichtversicherung darf man das Auto nicht fahren. Um aber eine Haftpflichtversicherung zu bekommen, muss das Auto von einer anerkannten Prüfstelle als technisch sicher und nicht übermäßig umweltschädlich beurteilt werden (das wird durch TÜV und Abgasuntersuchung sichergestellt).

Das System beruht also auf drei Komponenten: einem anerkannten Stand der Technik, Instanzen zur Überprüfung der Einhaltung dieses Standes der Technik und einer Verpflichtung zum Abschluss einer Versicherung, die im Zweifel für die Schäden aufkommt, die durch die risikogeneigte Technologie verursacht werden können. Es ist an der Zeit, Ähnliches für den Softwarebereich anzustoßen. Wir können nicht länger so tun, als wären die Risiken durch digitale Systeme vernachlässigbar, als könnte außer vielleicht ein paar verlorenen Dateien wenig passieren.

Natürlich gibt es eine Reihe wesentlicher Unterschiede zwischen Software und Dampfmaschinen oder vordigitalen Autos. Die Sicherheitsprinzipien bei Maschinen werden im Wesentlichen durch die Gesetze der Physik diktiert und beruhen auf Erfahrungen, in welcher Weise Mechanismen versagen. Welche Wandstärke aus welchem Stahl ein Dampfkessel haben muss, um einen bestimmten Kesseldruck dauerhaft auszuhalten, ließ sich zunächst beobachten und später ausrechnen. Wie tief das Profil auf den Reifen mindestens sein muss, um hinreichende Straßenhaftung sicherzustellen, wurde ebenfalls durch Experimente und Berechnungen ermittelt und standardisiert. Dass es notwendig ist, mindestens zwei unabhängige Bremssysteme zu haben, um auch beim Versagen eines Systems noch sicher anhalten zu können, ist zu einem anerkannten Standard der Fahrzeugkonstruktion geworden. Interessanterweise bedurfte es aber immer wieder staatlicher Intervention, um Sicherheitsverbesserungen wie Dreipunktgurte, ABS, ESP oder auch nur eine hinreichende Fahrzeugbeleuchtung durchzusetzen.

Standards einzuführen, um die Sicherheit gegen technisches Versagen zu verbessern, ist prinzipiell einfacher, als technische Systeme gegen Angriffe durch Menschen zu schützen. Der Schutz vor technischem Versagen, wie er bei Dampfkesseln, Elektroanlagen und Autos eingeführt wurde, wird im Englischen mit dem Begriff »safety« bezeichnet. Schutz vor menschlichen Angriffen wird im Englischen hingegen als »security« bezeichnet. Um Standards in diesem Bereich zu etablieren, braucht es etwas mehr Mühe, auch weil Menschen so erfinderisch und kreativ sind.

Doch es ist grundsätzlich möglich, »security« herzustellen. Ein Beispiel aus der physischen Welt sind Alarmanlagen und Tresore. Wenn man etwa in seinem Geschäft leicht transportable Güter für eine halbe Million Euro lagern will, zwingt einen die Versicherung dazu, eine Alarmanlage einer bestimmten Zertifizierungsklasse zu installieren oder einen Tresor mit einer bestimmten Mindestwandstärke und Schlossgüte zu verwenden. Die technischen Sicherheitsmaßnahmen werden danach beurteilt, was sich erfahrungsgemäß als wirksam herausgestellt hat, um Einbrecher aufzuhalten oder zumindest einen Einbruch zu erkennen. Darüber hinaus können zu den Anforderungen auch nichttechnische Elemente gehören, wie etwa die Anbindung der Alarmanlage an ein Wachschutzunternehmen oder die Polizei, um bei einem Alarm eine schnelle Reaktion sicherzustellen. Die Anforderungen werden regelmäßig angepasst, um dem Fortschritt aufseiten der Angreifer Rechnung zu tragen. Natürlich kann auch eine dem Standard entsprechende Absicherung nicht absolut zuverlässig verhindern, dass Einbrecher Erfolg haben. Aber sie steigern den Einbruchsaufwand erheblich, vergrößern das Entdeckungsrisiko und sorgen so dafür, dass das Risiko kalkulierbar und damit versicherbar wird.

Das Kernproblem für die Übertragung dieses Ansatzes in den Cyberbereich ist die monetäre Bewertung eines Schadens. Die bisherigen Versuche, den (potenziellen) Schaden von Cyberangriffen zu beziffern, haben eher experimentellen Charakter und befassen sich vor allem mit kriminellen und weniger mit orchestrierten geheimdienstlichen Angriffen eines Staates. Cyber-Schadensversicherungen, für die solche Rechnungen angestellt werden, umfassen in erster Linie die direkten Kosten für das betroffene Unternehmen: Wiederherstellung der Arbeitsfähigkeit, Verdienstausfall, bei US-Unternehmen auch noch die Kosten für Monitoringdienste für betroffene Kunden, durch die ein Identitätsdiebstahl erkannt werden soll. Um die immateriellen Kosten machen die meisten Versicherer einen großen Bogen, weil sie kaum zu kalkulieren sind. Schäden durch Reputationsverlust und daraus folgende Geschäftseinbußen oder Aktienwertverluste werden genauso wenig abgedeckt wie die individuellen Dramen bei Kunden, deren Daten in die falschen Hände fallen, verloren gehen oder publiziert werden.

Der Ausweg aus diesem Problem liegt in einer Definition von Schadenswerten durch den Gesetzgeber. Ein Vorbild könnte dabei die EU-Datenschutzgrundverordnung sein, bei der Unternehmen für Datenschutzvergehen mit einem Prozentsatz ihres Umsatzes haftbar gemacht werden. Dass sich durch die Androhung solcher erheblichen Strafen die Motivation kommerzieller Anbieter erhöht, einer Schutzbestimmung nachzukommen, bewiesen die weitgreifenden, termingenauen Anpassungen beim Datenschutz, die im Mai 2018 in Europa und darüber hinaus zu beobachten waren.

Im Bereich der IT-Sicherheit bleibt jedoch das haarige Problem der Definition von technischen Mindeststandards. Die Entwicklungs- und Innovationsgeschwindigkeit wird auch in Zukunft weiterhin sehr hoch sein, während die Angreifer ihre Mittel ebenfalls in schneller Folge innovativ weiterentwickeln. Deshalb muss der Stand der Sicherheitstechnik relativ dynamisch definiert werden. Eine realistische Schlagzahl für Updates des verpflichtenden Mindestsicherheitsstandards wäre ein Rhythmus von zwei oder drei Monaten.

Die bisherigen Ansätze für Gütesiegel im Bereich der IT-Sicherheit beruhen auf eher statischen Zertifizierungsmethoden wie dem Common-Criteria-Prozess, der versucht, auf generellen Prinzipien für das Design von sicherer Informationsverarbeitung aufzubauen. Es ist ein Schreibtischtest, der lange Checklisten von Sicherheitsmaßnahmen und Designkriterien abarbeitet, die jedoch keinen Prozess, sondern einen Zustand beschreiben. Das Problem dabei ist auch, dass die Zertifizierung typischerweise mehrere Jahre dauert – in der digitalen Welt ist das eine halbe Ewigkeit. Im Ergebnis hat man dann ein System, das zwar zertifiziert, aber in der Praxis durch die inzwischen weit fortgeschrittenen Erkenntnisse über Sicherheitslücken auf verschiedenen Wegen angreifbar ist. Da sich die Common-Criteria-Zertifizierung aber auf ein klar definiertes System mit festgeschriebenen Softwareversionen bezieht, kann der Hersteller nach Ende der Zertifizierung nicht ohne Weiteres Updates vornehmen, ohne diese Zertifizierung wieder zu verlieren. Der Kunde hat im Ergebnis nur die Wahl zwischen einem unsicheren, aber zertifizierten und einem aktualisierten, aber nicht mehr zertifizierten System. Das ist natürlich äußerst unbefriedigend und setzt darüber hinaus falsche Anreize.

Demgegenüber könnte ein wirklich dynamischer Prozess einen echten Sicherheitsgewinn bringen. Dazu müssen aber die Hersteller und Entwickler einbezogen sowie die für die jeweilige Branche und den Anwendungsfall unterschiedlichen Anforderungen und üblichen Technologien berücksichtigt werden. Ein sinnvolles Modell wäre die Bildung von Arbeitsgruppen aus Herstellern, Branchenspezialisten, IT-Praktikern, Entwicklern für den Bereich wichtiger freier Software und Sicherheitsforschern, die den Stand der Sicherheitstechnik in Form von Checklisten und »best practice«-Hinweisen für ihren Bereich dokumentieren. Die Aktualisierung dieses Standes muss dann in relativ hoher Taktzahl geschehen, etwa alle zwei oder drei Monate, kombiniert mit Eilhinweisen, wenn von aktuell bekannt gewordenen Sicherheitslücken eine hohe Gefahr ausgeht.

Angesichts der Risiken, die durch Cyberangriffe drohen, ist klar, dass die Moderation dieser Arbeitsgruppen und ihre solide Finanzierung eine staatliche Aufgabe im Rahmen der Daseinsvorsorge sein muss. Auf freiwilliger Basis oder als reine Industriekonsortien lässt sich eine solche Aufgabe nicht kontinuierlich erfüllen oder läuft Gefahr, durch die Kostensparinteressen der Industrie zu einer reinen Alibiveranstaltung zu verkommen.

Im Bereich kritischer Infrastrukturen wurde ein ähnliches Verfahren bereits etabliert: die Branchenspezifischen Sicherheitsstandards, kurz B3S. Die bisherigen Erfahrungen aus diesem Ansatz, insbesondere was die Probleme bei Kontinuität, Praktikabilität und Verbindlichkeit angeht, müssen für die Umsetzung eines solchen »Dynamischer Stand der Technik«-Konzeptes berücksichtigt werden. Als ein klares Defizit hat sich bei B3S herausgestellt, dass die Motivation von Unternehmen, qualifizierte Mitarbeiter für die Arbeit in den jeweiligen Arbeitsgruppen freizugeben, nicht ausreicht. Hier gilt es, finanzielle und rechtliche Anreize zu schaffen, die sicherstellen, dass die Updates qualifiziert sind und kontinuierlich passieren. Zudem müssen praktikable Werkzeuge besser verfügbar sein, um einfacher zu prüfen, ob der eigene Stand der IT-Technik mit dem generellen Stand der Technik übereinstimmt.

Ist ein solches System erst einmal etabliert, wird es sehr viel einfacher, die nächsten Schritte zu gehen, um sinnvolle Haftungsregelungen einzuführen. Dabei müssen die Beteiligten jedoch darauf achten, dass letztlich nicht nur noch große Unternehmen in der Lage sind, die Anforderungen zu erfüllen, und kleine Firmen, nicht kommerzielle Entitäten oder Privatpersonen stark benachteiligt werden. Lösen ließe sich dieses Problem mit verschiedenen Ansätzen: Förderprogramme und reduzierte Versicherungsprämien für Start-ups und kleine Unternehmen, Bagatellgrenzen für nicht kommerzielle Projekte, Generalausnahmen und staatlich finanzierte Code-Audits für freie Software wären nur einige Beispiele für Maßnahmen, die die Einführung eines Haftungssystems mit Haftpflichtversicherung sinnvoll flankieren würden.

Sobald ein solches Haftungssystem existiert, hätten Unternehmen ein starkes finanzielles Interesse daran, ihre IT-Sicherheit auf dem aktuellen Stand der Technik zu halten. Denn wenn sie es nicht tun, würden sie den Haftpflichtversicherungsschutz verlieren und wären im Falle eines erfolgreichen Angriffs eben haftbar, egal, ob die Attacke krimineller Natur oder eine Cyberoperation durch einen Staat wäre. Der heutige – oft leichtfertige – Umgang mit Risiken, die durch vernetzte digitale Systeme entstehen, wäre nicht länger möglich.

Um abzuschätzen, wie sinnvoll und segensreich ein solches Haftungssystem wäre, sollte man sich noch einmal vor Augen führen, dass die Mehrzahl der Angriffe heute nicht über Exploits unbekannter Sicherheitslücken durchgeführt wird, sondern durch die Ausnutzung von lange bekannten Schwachstellen, für die es meist auch längst Patches gibt – die allerdings nicht oder nicht hinreichend schnell angewendet werden. Die Haftungsandrohung würde letztlich dazu führen, dass die Hersteller und Entwickler ihre Produkte Update-freundlicher gestalten, sodass die bisher üblichen Probleme entfallen, die eine zügige Anwendung von Sicherheitsupdates erschweren. Es entstünde eine positive Dynamik hin zu grundlegend sicheren Systemen, die Angriffe sehr viel schwieriger, teurer und damit seltener machen.

IT-Sicherheit ist kein Hexenwerk

Eine unabdingbare Voraussetzung für die nachhaltige Verbesserung der Softwaresicherheit ist und bleibt, dass sichere Programmiertechniken und konzeptionelle Sicherheit in der Breite Eingang in die Informatikausbildung finden. Dabei geht es nicht nur um die Informatikstudiengänge. In allen Ausbildungsarten – egal ob in Fachhochschulen, Universitäten oder Ausbildungsberufen –, bei denen die Absolventen im Rahmen ihres Berufes Software entwickeln und schreiben, müssen die Lehrpläne entsprechend angepasst werden. Eine gute Methode dazu ist, in einem ersten Schritt praktisch zu lehren, wie ein Angreifer denkt. Wer weiß, wie unsichere Software ausgenutzt werden kann, und danach lernt, wie man solche Programmierfehler vermeidet, ist weitaus besser in der Lage, später in seinem eigenen Code weniger Sicherheitslücken zu hinterlassen. Auch die Grundsätze, wie man sichere Systemarchitekturen konzipieren kann, lassen sich praxisnah lehren.

In der Ausbildung muss es darum gehen, Sicherheit von Anfang an mitzudenken und nicht am Ende des Projektes noch schnell zu versuchen, die gröbsten Lücken zu stopfen. Dieses Prinzip ist kein Hexenwerk, sondern nur sorgfältiges Handwerk, das gelehrt und trainiert werden kann. Verschiedene Universitäten haben in den letzten Jahren gute Lehrmaterialien dafür entwickelt. Es gilt nun, durch verpflichtende Lerninhalte dafür zu sorgen, dass jeder, der in der Softwareentwicklung Programmierer oder Projektleiter wird, hinreichend viel über Sicherheit weiß, um wenigstens die offensichtlichen und einfach zu verhindernden Fehler zu vermeiden.

Für die flächendeckende Umsetzung eines solchen Bildungsprogramms ist zunächst erforderlich, dass die betreffenden Institutionen das Problem erkennen, um sich dann beim Staat um die nötige Förderung zu bemühen. In den Universitäten, die bereits mit der Integrierung von Sicherheitsaspekten in den Studienplan begonnen haben, sind die Erfahrungen durchweg positiv: Hacken lernen macht schließlich auch Spaß, weckt die Neugier, und nicht zuletzt verbreitern sich die Berufsaussichten für die Absolventen oft erheblich.

Aktive Defensivstrategie

Derzeit investieren Militärs und Geheimdienste vor allem viel Geld in den Ausbau von digitalen Offensivkapazitäten. Bei der Verteidigung konzentrieren sie sich dagegen auf den Kauf von mehr Sicherheitsprodukten und mehr Überwachungslösungen. Diese einseitige Ausrichtung kann langfristig nicht erfolgreich sein. Denn potenzielle Gegner werden sich, wie wir in Kapitel 5 gesehen haben, von noch so gut gefüllten Angriffswerkzeug-Waffenschränken nicht abschrecken lassen. Daher muss eine sinnvolle, zukunftsfähige Cyberstrategie defensiv ausgelegt sein.

Dabei muss jedoch deutlich mutiger und umfassender gedacht werden, als nur unsere hochgradig angreifbare Technologiebasis irgendwie durch Stückwerk abzusichern. Wenn wir uns die derzeitige IT-Technologie als ein Druckwasserrohr vorstellen, dann tropft und rinnt es an Zehntausenden von Stellen, während Klempner versuchen, mit Heftpflaster einige Löcher abzudichten. Dabei streiten sie leidenschaftlich darüber, ob nun blaue oder rote Pflaster besser sind oder ob nicht solche in quadratischer Form länger halten als runde. Ungefähr so sinnvoll ist die andauernde Diskussion darum, welche Sicherheitsprodukte man am besten verwendet.

Was wir stattdessen brauchen, ist ein radikalerer Ansatz: Es gilt, die IT-Technologie von Grund auf neu zu errichten, auf technischen Konzepten, die IT-Sicherheitsanforderungen von Anfang an beinhalten und mitdenken. Um im Bild zu bleiben: Wir müssen ein neues Rohr bauen, das von Anfang an dicht ist und die notwendige Wartung mit abschätzbarem Aufwand erleichtert. Solch ein Unterfangen erfordert natürlich langfristiges Denken. Die Fundamente unserer digitalen Welt neu zu errichten, ist wahrscheinlich ein Projekt, das man auf zehn oder 15 Jahre auslegen und über diesen Zeitraum kontinuierlich und großzügig finanzieren muss.

Zum Glück hat die Entwicklung von sicheren Informationstechnologien so große Fortschritte gemacht, dass ein solcher Plan nicht mehr unrealistisch oder gar unerreichbar ist. Mittlerweile gibt es Programmiersprachen, die es dem Entwickler sehr schwer machen, die typischen Fehler zu begehen, die heute durch Exploits ausgenutzt werden können. Bevor ein Quellcode zum Einsatz kommt, kann er inzwischen automatisch auf Sicherheitslücken überprüft werden. Ob auch Formen der künstlichen Intelligenz dabei helfen können, Fehler, ungewünschte Abhängigkeiten oder typische Einfallstore beim Programmieren zu identifizieren, werden die nächsten Jahre zeigen.

Die wissenschaftliche Forschung an neuen Architekturen für Betriebssysteme hat in den letzten Jahren ebenfalls große Fortschritte gemacht. Im Kern sehen sie eine Aufgliederung der Funktionen in kleine, überschaubare, voneinander isolierte Einheiten vor. Dadurch wird es möglich, das jeweilige System aus perfekt aufeinander abgestimmten Bausteinen aufzubauen, die jeweils nur eine klar begrenzte Aufgabe erfüllen und jeder für sich überprüfbar sind. Damit könnten typische Einfallstore für Schadsoftware in Betriebssystemen künftig vermieden werden.

Dazu passen die aktuellen Trends in der Entwicklung neuer Computerchips. Diese gehen dahin, viele kleine Prozessoren zu verbauen, auf die dann die nötigen Aufgaben verteilt werden. Das ermöglicht es, überschaubare Einheiten als Bausteine zu verwenden, die so klein sind, dass sie noch einzeln verifiziert werden können – was bei den heute üblichen sehr großen PC-Prozessoren von Intel oder AMD aufgrund ihrer enormen Komplexität praktisch nicht mehr möglich ist. Wenn man nun jeden der Systembausteine in einen oder mehrere relativ kleine Prozessoren »einsperrt«, ergibt sich eine Architektur, die eine im Vergleich mit heutigen Systemen erheblich verringerte Angriffsfläche hat. Die Kosten des Angreifers für eine Attacke gegen ein System, das aus Modulen besteht, die in sicheren Programmiersprachen geschrieben und voneinander isoliert aufgebaut sind, würden drastisch steigen – und die Wahrscheinlichkeit, mit dem Angriff Erfolg zu haben, würde erheblich sinken.

Die finanziellen Dimensionen für ein solches grundlegendes Neubauprojekt unserer IT-Infrastruktur sind, wenn man die derzeitigen Militärausgaben als Maßstab nimmt, vollkommen harmlos. Für den Preis von einer Handvoll Eurofighter pro Jahr ließe sich ein Fördersystem aufsetzen, das die Probleme in viele kleine Baustein-Projekte aufgliedern sollte, die von verschiedenen Teams entwickelt werden können und kontinuierlich zu Verbesserungen führen. Grundvoraussetzung ist dabei, dass der Neubau als Open-Source-Software und unter Lizenzen erfolgt, die eine problemlose Verwendung in der Industrie erlauben. Neben der Aufgliederung in kleine Einheiten wäre eine Standardisierung der Schnittstellen zwischen den Modulen essentiell sowie eine langfristige Finanzierung für Weiterentwicklung, Sicherheitsüberprüfungen und Ausbildung. Dadurch wäre es möglich, für die Lösung des gleichen Problems quasi auf verschiedene Pferde zu setzen.

Ein Vorbild kann das bei der US-amerikanischen DARPA erprobte »Cyber Fast Track Program« sein. Die Idee hinter dem Programm war, klar definierte Probleme von kleinen Teams in relativ kurzer Zeit lösen zu lassen. Der Schwerpunkt lag auf schnellen Förderentscheidungen und überschaubaren, zeitlich begrenzten Problemstellungen. Dieses Prinzip unterscheidet sich grundlegend von den bisherigen Ansätzen für Förderprogramme, die eher darauf ausgerichtet sind, dass großen Forschungseinrichtungen oder den üblichen Konzernen jahrelange hochkomplexe Projekte finanziert werden, die dann in der Regel keine praktische Wirksamkeit entfalten. Mit solch einem Ansatz ist natürlich kein Blumentopf zu gewinnen, wenn es um einen umfangreichen, praktisch allumfassenden Neubau der Software-Infrastruktur geht, mit der unsere Welt betrieben wird.

Wie sollte nun so ein langfristiges Projekt, das die Fundamente der digitalen Welt neu errichten soll, konkret aussehen? Trotz der Vielfalt von Anforderungen, Architekturen und Systemen beruhen die meisten Produkte auf einigen Dutzend Komponenten für Kernfunktionen, die sich stark ähneln oder sogar auf dieselbe Code-Basis zurückgehen. Sinnvollerweise fängt man also mit diesen Komponenten an, definiert einheitliche Schnittstellen und schreckt auch nicht davor zurück, mehrere Projekte, die verschiedene Ansätze für die gleiche Aufgabe verfolgen, zu fördern, um am Ende mindestens ein erfolgreiches Resultat zu bekommen. Wichtig ist vor allem, dass die Grundsätze wie Modularisierung, Isolation der Komponenten voneinander, Verwendung sicherer Programmiersprachen, vollständige und automatisierbare Tests und, soweit möglich, formale Verifizierbarkeit eingehalten und überprüft werden.

Ein nicht unerheblicher Teil der Förderung muss dabei in

die manuelle Überprüfung des Quellcodes fließen, da auch fortgeschrittene automatisierte Methoden nicht alle Probleme finden können. Auch deswegen müssen die Module unter einer freien Lizenz stehen, die den uneingeschränkten Zugang zum Quellcode und die Weiterverwendbarkeit auch in kommerziellen Projekten problemlos ermöglicht. Projekte, die innerhalb der kurzen initialen Förderzeit zum Erfolg führen, müssen zudem kontinuierlich weiterfinanziert werden, um die Weiterentwicklung, Sicherheitsupdates und Anpassung an sich ändernde Bedürfnisse sicherzustellen. Um mit solch einem umfangreichen Projekt Erfolg zu haben, muss die Finanzierung von Anfang an auf lange Sicht angelegt sein. Das widerspricht dem bisher Gewohnten in der Forschungslandschaft, die sich in letzter Zeit an kurze, nur wenige Jahre dauernde Förderungen angepasst hat.

Doch mit vielleicht politisch opportunen, aber zu kurzsichtigen Hauruck-Initiativen lässt sich wenig erreichen. Man kann natürlich von vornherein vor solch einem Großprojekt zurückschrecken, weil wir langfristiges Denken nicht mehr gewöhnt sind. Die Zeiten, als große Ziele wie in der Raumfahrt über Jahrzehnte verfolgt wurden, scheinen zumindest im Westen vorbei. Doch wenn wir uns nicht langfristig und umfassend an die immensen IT-Probleme und die damit einhergehende drastische Vertrauenskrise wagen, dann sind wir in zehn Jahren keinen Schritt weiter. Statt immer über dieselben Probleme zu jammern, können wir jetzt endlich entscheiden, nicht noch mehr Zeit ins Land gehen zu lassen, das Problem an der Wurzel zu packen und zu lösen.

Im Ergebnis entstünde ein über die Jahre wachsender Bestand an sicheren Softwarekomponenten, der auch in kommerziellen Produkten verwendet werden kann. Da diese Komponenten zum anerkannten Stand der Technik würden, könnten sie in immer mehr digitalen Bereichen verwendet werden – auch solchen, die sich heute noch gar nicht abschätzen lassen.

Eine defensive Cyberstrategie, die langfristig angelegt ist und grundlegend den Stand der Sicherheit digitaler Systeme verbessert, statt weiter ausschließlich Flickschusterei zu betreiben, erfordert politischen Mut, erhebliche finanzielle Ressourcen und eine gute Portion Durchhaltefähigkeit. Sie führt aber letzten Endes zu mehr Sicherheit in einer Welt, die ohne Zweifel durchdigitalisiert sein wird und in der die Normen des friedlichen Zusammenlebens auch von der zugrunde liegenden Infrastruktur befördert werden.

Die derzeitige Konzentration vieler Staaten auf digitale Offensivstrategien führt hingegen dazu, dass unsere Welt unsicherer und gefährlicher wird – und zwar für alle. Ein immerwährender Krieg im Cyberspace mit einem hohen Risiko von Katastrophen, Kollateralschäden und Konflikten, die das Leben von Millionen Menschen beeinträchtigen werden, ist kein erstrebenswerter Zustand. Und auch für jene Staaten, die sich selbst gern zu den Großmächten solcher Cyberkonflikte zählen, gilt: Sie sind miteinander technisch verflochten und von denselben digitalen Systemen abhängig wie der Rest der Welt. Sie sind genauso verwundbar wie wir alle.

Register